¿Quien creó a Dios?

¿Quien creó a Dios?

Y RESPUESTAS

A MÁS DE

100

PREGUNTAS

ACERCA DE

CUESTIONES DE FE

RAVI ZACHARIAS
NORMAN GEISLER
EDITORES GENERALES

La misión de Editorial Vida es proporcionar los recursos necesarios a fin de alcanzar a las personas para Jesucristo y ayudarlas a crecer en su fe.

¿QUIÉN CREO A DIOS?
Edición en español publicada
por Editorial Vida - 2007
Miami, Florida

© 2003 por Ravi Zacharias y Norman Geisler

Publicado en inglés bajo el título:
Who Made God?
por the Zondervan Corporation
© 2003 por Ravi Zacharías y Norma Geisler

Traducción: *Marcela Robaína*
Edición: *Carlos Peña*
Diseño interior: *Eugenia Chinchilla*
Adaptación de cubierta: *Grupo Nivel Uno, Inc.*

ISBN – 10: 0-8297-4890-3
ISBN - 13: 978-0-8297-4890-1

Categoría: RELIGIÓN / Ministerio cristiano / Evangelismo

Impreso en Estados Unidos de América
Printed in the United States of America

07 08 09 10 ❖   6 5 4 3 2 1

CONTENIDO

PRIMERA PARTE: PREGUNTAS ACERCA DE LA FE CRISTIANA

Capítulo tres

SEGUNDA PARTE: PREGUNTAS ACERCA DE OTRAS RELIGIONES

PREFACIO

Tengo un recuerdo demasiado vívido de un día en que, cuando era un joven creciendo en la India, mi madre puso en mis manos una exquisitez. Caminaba feliz en el jardín, disfrutando la suculenta delicia, y deseando que nunca se acabara. De pronto, de la nada, un águila se abalanzó sobre mí y, antes de que me diera cuenta o de que pudiera reaccionar, el manjar había desaparecido de mis manos y mi rostro había quedado con un arañazo. Estaba paralizado por la experiencia. Mi primera reacción fue correr a casa, llorando y pidiendo a mi madre que me consolara, con la esperanza de que me ayudara y me diera más de esa delicia. En cambio, no recibí sino una severa advertencia de que debía estar en guardia contra esos depredadores al acecho que en cualquier momento nos podían dejar con las manos vacías.

Esta experiencia me vino a la mente mientras pensaba en las pérdidas que nuestra cultura ha sufrido en el transcurso de las últimas tres décadas. Como cristianos, hemos caminado alegremente por toda la Tierra con la Biblia en la mano, predicando su mensaje pero dejándola desprotegida, al alcance de los vándalos que deseaban quitárnosla y dejarnos desorientados. Para muchas personas en nuestro medio, este es un fiel retrato del escenario, mientras entran trastabillando en nuestras iglesias, en busca de socorro y de consuelo.

Pablo exhortó a Timoteo que cuidara bien lo que se le había confiado (cf. 1 Timoteo 6:20). No podemos hacer menos; se nos ha llamado a hacer lo mismo en el tiempo que nos toca vivir. Por lo tanto, cuando Norman Geisler me sugirió que coeditáramos este libro, no pude más que sentir placer y temor: placer porque este es un libro necesario, y temor porque él fue mi profesor en la universidad. Desde entonces lo he considerado un maestro, tanto por sus escritos como por ser una fuente de consulta para todo aquello que he necesitado en mis estudios de Apologética Cristiana. Siento la influencia de mi cultura cuando pienso en lo temerario que es para un estudiante que su nombre figure al lado de áquel con quien ha aprendido. Nunca se puede pagar la deuda que mantiene con su instructor. Accedí a participar de este proyecto con mucha aprensión, pero con una profunda gratitud por todo lo que he aprendido de él y de muchos otros.

Señalo todo esto porque deseo recalcar que, en la actualidad, la iglesia necesita con desesperación ser instruida en este campo; y un estudio como este nos permitirá acceder a algunas de las mentes más eruditas. No está de más acotar que podríamos haber incorporado a muchos otros colaboradores. Sin embargo, hemos optado por un número limitado que facilitara la coordinación. Creo que conseguimos una maravillosa muestra de pensadores que practican a la vez lo que predican.

Es un privilegio aprender de estos hombres. Nos ayudan a cuidar bien lo que se nos ha confiado: el glorioso evangelio de Jesucristo. Si no aprendemos a cuidar bien lo que se nos ha confiado, mañana nos encontraremos derramando lágrimas y lamentando el hecho de que las garras del escepticismo nos han arrebatado el alimento nutritivo de la Palabra, que es la única esperanza que nuestra sociedad tiene para sobrevivir. Rindo homenaje al Dr. Geisler y a todos los que nos han ayudado a comprender estos temas tan importantes. Es un honor ser parte de este emprendimiento. ¡Quiera Dios que sus esfuerzos colectivos nos permitan estar mejor equipados para llevar la belleza y el poder del evangelio a un mundo confundido y atribulado!

Ravi K. Zacharias

RECONOCIMIENTOS

Este libro es el resultado del esfuerzo colectivo de muchas personas. En un principio, Joan Cattell, la asistente de investigación de Norman Geisler, trabajó mucho para coordinar la contribución de todos. Su paciencia fue un buen ejemplo de la disposición cordial que debe caracterizar al apologista. Danielle DuRant, la asistente de investigación de Ravi Zacharias, se desempeñó como editora y trabajó incansable y desinteresadamente para que el manuscrito llegara de forma bien organizada y acabada a la editorial. Sin ella, nunca hubiéramos podido cumplir con todos los plazos. Nuestro más sincero agradecimiento, Danielle. A quienes colaboraron en este trabajo y al personal editorial de Zondervan, nuestro agradecimiento de corazón. Agradecemos a Dios que finalmente esta obra es publicada.

NOTA: no todas las ideas vertidas en los siguientes capítulos reflejan las opiniones de los editores.

COLABORADORES

William Lane Craig

Es profesor de Filosofía en la Facultad de teología Talbot, de La Mirada, California. Obtuvo un doctorado en Filosofía de la Universidad de Birmingham, Inglaterra, antes de hacer un doctorado en teología en Ludwig Maximilians Universität en Munich, Alemania, donde integró la cátedra de Alexander Von Humboldt Stiftung. Antes de su nombramiento en Talbot, trabajó siete años en el Instituto Superior de Filosofía de la Universidad Católica de Lovaina, Bélgica. Es autor de más de una docena de libros, entre los cuales cabe nombrar: *The Kalam Cosmological Argument* [El argumento cosmológico Kalam]; *Divine Foreknowledge and Human Freedom* [La presciencia divina y la libertad humana]; y *Theism, Atheism, and Big Bang Cosmology* [Teísmo, ateísmo y la cosmología de la Gran Explosión], así como cientos de artículos en revistas académicas de Filosofía y teología, como *The Journal of Philosophy, American Philosophical Quarterly, Philosophical Studies, Philosophy* y *British Journal for Philosophy of Science.*

Norman Geisler

Es un escritor galardonado y coautor de más de cincuenta libros y cientos de artículos. Hace cuarenta y tres años que enseña a nivel universitario y de posgrado y ha dado conferencias y debatido en los cincuenta estados de los Estados Unidos y en veintiséis países. Educado en *William Tyndale College* y *Wheaton Graduate School*, tiene un doctorado en Filosofía de la Universidad de Loyola y es presidente del

Southern Evangelical Seminary en Charlotte, Carolina del Norte. Muchas de las obras del Dr. Geisler se usan como libros de texto en las universidades y los seminarios cristianos, como A *General Introduction to the Bible* [Introducción general a la Biblia]; *When Skeptics Ask* [Cuando los escépticos preguntan]; *When Critics Ask* [Cuando los críticos preguntan]; *Christian Apologetics* [Apologética cristiana]; y *Baker Encyclopedia of Christian Apologetics* [Enciclopedia Baker de Apologética Cristiana].

Lawrence Theodore Jeyachandran

Es director de misiones del *Ravi Zacharias International Ministries* (RZIM) en Singapur. Es oriundo del sur de la India y posee una maestría en Ingeniería Estructural del Instituto de Tecnología de la India, una facultad de ingeniería de renombre en Chennai. Jeyachandran trabajó durante veintiocho años como ingeniero civil para el gobierno central (federal) en varias regiones de su país. Se jubiló tempranamente del gobierno, en 1993, para incorporarse a RZIM en la India, como director de ministerios. Es un ávido estudioso de teología y religiones comparadas, y está también interesado en el estudio de la lengua India, así como en otros idiomas extranjeros.

Ronald Rhodes

Es presidente de *Reasoning from the Scriptures Ministries*, una organización de apologética con sede en Frisco, Texas. Ha impartido cursos en instituciones como la Universidad de Biola, el *Southern Evangelical Seminary*, y el Seminario Teológico de Dallas. Es autor de varios libros, entre los que se incluye: *The Complete Book of Bible Answers* [El libro completo de respuestas bíblicas]; *The Challenge of the Cults and New Religions* [El reto de los cultos y las nuevas religiones];

Reasoning from the Scriptures with Jehovah's Witnesses
[Razonando con las Escrituras con los Testigos de Jehova]; y
Find It Fast: Handy Bible Encyclopedia [Fácil de encontrar:
enciclopedia bíblica práctica].

Lee Strobel

Es un escritor galardonado, con una trayectoria reconoci-
da, y pastor de enseñanza en la Iglesia Saddleback Valley
Community en Orange County, California, donde predica
regularmente a quince mil personas con inquietudes religiosas y a cristianos que asisten a la iglesia todos los fines de
semana. Fue ateo y tiene una maestría en Derecho de la
Facultad de Derecho de Yale. Fue premiado mientras se
desempeñaba como editor de la sección legal del *Chicago
Tribune*, antes de su conversión, en 1981. Dos de sus libros
ganaron la Medalla de Oro: *Inside the Mind of Unchurched
Harry and Mary* [Dentro de la mente de Harry y Mary que
nunca fueron a la iglesia] y *The Case for Christ* [El caso de
Cristo], que alcanzó el número uno entre los libros cristianos
más vendidos. Otros de sus libros son: *God's Outrageous
Claim* [El anuncio escandaloso de Dios]; *What Jesus Would
Say* [Lo que diría Jesús] y *The Case for Faith* [El caso de la fe].
Es miembro fundador de la junta de *Willow Creek Association*,
una red de cinco mil iglesias con el propósito de comunicar
el mensaje cristiano a todas aquellas personas con inquietudes espirituales. También anfitrión de *Defining Moments*, un
mensaje oral mensual para líderes de iglesias.

Robert White

Se graduó de la Universidad de Auburn en Montgomery,
Alabama, con una licenciatura en Derecho Penal, y terminó
sus estudios en *Jones School of Law*, también en Montgomery,
egresando con un doctorado en Derecho. Durante sus estu-

dios en Jones, fue electo presidente de la *Christian Legal Society* y representante estudiantil para el Colegio de Abogados de Alabama. Se dedicó al ministerio en 1994 y fue ordenado como ministro por la Convención Bautista del Sur. Ha desarrollado y producido el programa radial para jóvenes *Saved by Grace* [Salvos por gracia], y colaborado con varios ministerios locales en la evangelización y la organización de proyectos de desarrollo comunitarios. En la actualidad, se desempeña como pastor asistente de la Iglesia Cristiana Comunitaria Central de Montgomery.

PRIMERA PARTE

PREGUNTAS ACERCA DE LA FE CRISTIANA

Capítulo uno

PREGUNTAS DIFÍCILES ACERCA DE DIOS

NORMAN GEISLER

Mi hija Ruth, esposa de un pastor, le dijo a su hijo mayor, Samuel, que entonces tendría unos cuatro años: «Pregúntale a tu abuelo». Después de un rato me enfrentaba con esta pregunta: «Abuelo, ¿en qué lugar del cerebro está la mente?». La pregunta no ofrece dificultad alguna a un estudiante de filosofía universitario o seminarista que sabe en qué consiste una confusión de categorías, pero ¿cómo explicárselo a un niño de cuatro años?

Como cualquier padre o líder de iglesia que haya ministrado a niños pequeños puede atestiguar, las cuestiones más difíciles suelen ser las planteadas por los miembros más jóvenes de la congregación. A menudo están relacionadas con Dios. Por ejemplo: «Papá, ¿quién creó a Dios?». Seguro que son muchos los padres que han escuchado esta pregunta con anterioridad, aunque solo un puñado sabría responderla.

Debemos estar preparados para responder (cf. 1 Pedro 3:15) a toda pregunta hecha con sinceridad (cf. Colosenses 4:6). Las siguientes preguntas me las han planteado en los últimos cincuenta años de ministerio. Haré lo mejor posible por dar una respuesta que pueda ser entendida aun por los niños más jóvenes.

¿QUIÉN CREÓ A DIOS?

Nadie. No fue creado. Siempre existió. Solo las cosas que tienen un principio, como el mundo, necesitan que haya un creador previo. Dios no tuvo principio y, por lo tanto, no necesitaba ser creado.

Para quienes son un poco mayores es posible agregar algo más. Tradicionalmente, la mayoría de los ateos que niegan la existencia de Dios creen que el universo no fue creado; simplemente siempre estuvo «allí». Apelan a la primera ley de la Termodinámica para respaldar su argumento: «La energía no se crea ni se destruye», insisten. Correspondería realizar varias observaciones.

Primero, esta manera de expresar la primera ley no es científica, más bien es una aseveración filosófica. La ciencia se basa en observaciones, y no hay ninguna observación empírica que pruebe ese dogmático «nada se creó», implícito en dicha afirmación. Para ser científica, debería expresarse de la siguiente forma: «Según las observaciones, la cantidad de energía presente en el universo permanece constante». Es decir, nadie ha observado el aumento de nuevas existencias de energía o la disminución de las actuales. Esta ley, debidamente entendida, no se pronuncia acerca de la eternidad ni dice nada acerca de que el universo tenga o no principio. Se entiende de esta que la energía bien podría, como bien no, haber sido creada. Se limita a afirmar que si la energía fue creada, lo más que se puede decir es que la cantidad total ha permanecido constante desde entonces.

Es más, supongamos que la energía, el universo de energía que llamamos cosmos, no haya sido creado, como muchos ateos han creído tradicionalmente, entonces no tendría sentido preguntar quién creó el universo. Si la energía es eterna y nunca fue creada, nadie la pudo haber creado. Siempre existió. Por lo tanto, si no tiene sentido preguntar: «¿Quién creó el universo?», ya que siempre existió, tampoco tiene sentido preguntar: «¿Quién creó a Dios?», por cuanto siempre existió.

Si el universo no es eterno es necesario que obedezca a una causa. Pero, por otra parte, si no tiene principio, no necesita una causa que le dé origen. De igual modo, si existe un Dios que no tiene principio, es absurdo preguntar: «¿Quién creó a Dios?». Preguntar: «¿Quién creó lo no creado?» o «¿Quién hizo lo no creado?» es una confusión de categorías. Sería lo mismo que preguntar: «¿Quién es la esposa del soltero?».

¿POR QUÉ EL MUNDO NO PODRÍA HABER EXISTIDO DESDE SIEMPRE?

Los cristianos, naturalmente, creen que debe haber un Dios porque el mundo tuvo un principio. Y todo lo que tenga un origen requiere de alguien que le haya dado origen. La pregunta que corresponde responder, entonces, es cómo sabemos que el mundo tuvo un principio. Tal vez siempre existió.

El famoso agnóstico, Bertrand Russell, presentó el dilema en los siguientes términos. Existen dos posibilidades: el mundo tuvo un principio o no lo tuvo. Si no lo tuvo, no necesita una causa (Dios). Si lo tuvo, podemos preguntar: «¿Cuál es la causa de Dios?». Pero si Dios tuvo una causa, no es Dios. En cualquiera de los casos, no podemos concluir que haya una primera causa sin causa (Dios).

La dificultad de este difícil dilema es que implica también plantearse una pregunta que no tiene sentido: ¿Quién creó a Dios? Expresado de otro modo, supone erróneamente que «*todo* obedece a una causa» cuando en realidad no afirma más que «*todo lo que tenga un principio* obedece a una causa», que es muy distinto. Por supuesto, todo lo que tuvo un principio tuvo a alguien que le dio origen. La nada no puede crear algo. Como cantaba Julie Andrews: «No puede salir nada de la nada. Sería imposible». Dios, por lo tanto, no obedece a ninguna causa porque no tuvo principio.

Si este es el caso, bastará demostrar que el universo tuvo un principio y probar que obedece a una causa (por ejemplo, a Dios). Hay dos argumentos contundentes que permiten probar que el universo tuvo un principio. Uno proviene de la ciencia: la segunda ley de la Termodinámica. El segundo proviene de la filosofía, y consiste en la imposibilidad de un número infinito de momentos.

Según la segunda ley de la Termodinámica, la energía utilizable del universo se está agotando[1]. Ahora bien, si el universo está agotándose, no puede ser eterno. De lo contrario, ya se habría agotado completamente. Si la cantidad de energía fuera ilimitada no se podría agotar, pero una cantidad limitada de energía puede agotarse. Por lo tanto, el universo debió tener un principio. Pongamos una ilustración. Cualquier vehículo cuenta con una cantidad limitada de energía (combustible). Por eso es necesario cargar el tanque cada tanto tiempo, más seguido que lo que desearíamos. Si contáramos con un enorme e ilimitado tanque de combustible, ya no tendríamos que cargar nunca más. El que tengamos que cargar el tanque cada tanto tiempo demuestra que tuvo que haber sido llenado una primera vez. O, para usar otro ejemplo: un viejo reloj que poco a poco se queda sin movimiento, y al que debemos darle cuerda para que siga andando, no se detendría si no se le hubiera dado cuerda en un principio. En resumidas cuentas, el universo tuvo un principio. Y todo lo que haya tenido principio, requiere de alguien que le haya dado origen. Por lo tanto, el universo tuvo alguien que le dio origen: Dios.

Algunos han especulado con que el universo se retroalimenta o recupera automáticamente. Pero esta posición no es más que mera especulación sin ninguna evidencia empírica que la sustente. De hecho, es contraria a la segunda ley de Termodinámica por cuanto aun si el universo pudiera recuperar su estado inicial, como un balón que rebota, gradualmente perdería fuerza. No hay sencillamente ninguna observación que pruebe que el universo se retroalimenta automáticamente. Incluso los astrónomos agnósticos, como Robert Jastrow, han señalado: «Una vez que el hidrógeno de la estrella se ha consumido y convertido en elementos más pesados, nunca puede ser restaurado a su estado original». Por lo tanto, «minuto a minuto, y año tras año, a medida que las estrellas consumen el hidrógeno, las reservas de este elemento disminuyen»[2].

Si la cantidad total de energía permanece constante pero la cantidad utilizable en el universo disminuye, nunca hubo una cantidad infinita, porque una cantidad así nunca disminuiría. Esto implica que el universo no podría haber existido eternamente en el pasado. Debió tener un principio. O, para expresarlo de otra manera, según la segunda ley de Termodinámica, dado que aumenta el desorden en el universo, este no puede ser eterno. De lo contrario, el desorden ya sería completo, lo cual no es el caso. Por lo tanto, debió haber tenido un principio; uno extremadamente ordenado.

Un segundo argumento para probar que el universo tuvo un principio, y por lo tanto que hay alguien que le dio origen, lo aporta la filosofía. Plantea que no podría haber existido un número infinito de momentos antes de hoy; de lo contrario, hoy nunca hubiera llegado a ser (cuando efectivamente lo es). Esto se debe a que, por definición, el infinito no se puede atravesar: no tiene fin (ni principio). Pero como los momentos anteriores a hoy han sido atravesados, porque así hemos llegado al día de hoy, debe concluirse que solo puede haber existido un número finito (limitado) de momentos anteriores a hoy. O sea, el tiempo tuvo un principio. Pero si el universo de tiempo y espacio tuvo un principio, su existencia debió obedecer a una causa. Esta causa de todo lo que existe se llama Dios. ¡Dios existe!

Incluso el gran escéptico, David Hume, aceptaba las dos premisas de esta argumentación a favor de Dios. Es más, nunca negó que la existencia de las cosas se debiera a una causa. Escribió: «Nunca afirmé una proposición tan absurda como que algo pudiera surgir sin una causa que le diera origen»[3]. También dijo que era absurdo creer que había un número infinito de momentos: «El mundo temporal tuvo un principio. Un número infinito de partes de tiempo real, que se suceden y agotan unas tras otras, es una contradicción tan evidente que ningún hombre, cabría uno pensar, cuyo juicio no está corrompido, en vez de ser mejor debido a la ciencia, podría admitir»[4]. Ahora bien, si ambas premisas son verdaderas, debemos concluir que debió haber un Creador del universo temporal y espacial que llamamos cosmos. Por lo tanto, Dios existe.

¿CÓMO PUDO DIOS CREAR ALGO DE LA NADA?

Si Dios y absolutamente nada más existía antes de la creación del mundo, el universo llegó a existir a partir de la nada. Pero, ¿acaso no es absurdo decir que algo se originó de la nada? Es absurdo decir que la nada puede ser causa de algo, porque la nada no existe y no tiene poder para hacer nada. No obstante, no es absurdo decir que alguien (por ejemplo, Dios) hizo que el universo existiera a partir de la no existencia. La nada no puede crear algo, pero alguien, que solo es Dios, puede crear algo a partir de la nada.

De hecho, si el universo tuvo un principio (como demostramos anteriormente), entonces hubo un tiempo en que el universo no existía y luego existió, después de que Dios lo creara. Esto es lo que significa la creación «de la nada» (en latín, *ex nihilo*). No significa que Dios tomara un «puñado de nada» e hiciera algo, como si la «nada» fuera algo a partir de lo que se pudiera hacer el mundo. Lo único que había era

Dios y nada más. Dios hizo que existiera algo que hasta ese momento no había existido.

Dicho de otra manera, la creación «de la nada» simplemente significa que Dios no creó algo a partir de algo que ya existía junto con él, como sostienen ciertas formas de dualismo que suponen la existencia de dos entidades esenciales eternas. Esto sería propiamente dicho creación *ex materia*: la creación a partir de un material preexistente ajeno a Dios. Era la posición sostenida por el filósofo griego Platón.

Tampoco creó Dios el mundo a partir de sí mismo (*ex Deo*). Es decir, no tomó una parte de su ser para dar origen al mundo a partir de eso. En realidad, el Dios cristiano ortodoxo no tiene partes. Él es un todo íntegro que es absolutamente Uno. Por lo tanto, no había manera de que Dios pudiera tomar una parte de sí para hacer el mundo. Dios es Infinito y el mundo es finito. No se puede producir un infinito a partir de ninguna cantidad de partes finitas, ya que sea cual fuera la cantidad de partes o piezas que se tuvieran, siempre cabría la posibilidad de agregar una más. Pero tampoco puede haber más de un infinito. Por lo tanto, ninguna cantidad de partes podrían igualar un infinito. Por lo tanto, Dios no podría haber creado al mundo de una parte de sí (por ejemplo, *ex materia*).

El mundo *provino de* Dios pero no *es de* Dios. Él fue su causa pero no su sustancia. Dio origen a la existencia del mundo, *por* él, pero no está hecho con partes de él, no es *de* él en ese sentido. Sin embargo, si el mundo no fue creado a partir de Dios (*ex Deo*) ni a partir de ninguna otra cosa (*ex materia*) co-existente con él, el mundo debió haber sido creado de la nada (*ex nihilo*). No hay otra alternativa. Dios creó una cosa que antes de que la creara no existía, ni en él ni en ninguna otra parte.

El único lugar en que el mundo «existía» antes de que Dios lo creara era como una idea en su mente. Así como un pintor puede tener en mente una idea de su obra antes de pintarla, Dios tenía una idea del mundo antes de crearlo. En este sentido, el mundo preexistió en la mente de Dios como una idea que todavía no tenía existencia.

¿QUÉ HACÍA DIOS ANTES DE CREAR AL MUNDO?

Otra pregunta acerca de Dios que a menudo plantea dificultades es: ¿Qué hacía Dios antes de crear el mundo? Agustín, el famoso erudito cristiano del siglo quinto, tenía dos respuestas: una graciosa y la otra en serio. La primera era que Dios ocupaba su tiempo preparando el infierno para las personas que hacían este tipo de preguntas. La respuesta seria era que no disponía de tiempo porque el tiempo no existía antes de haberse creado. El tiempo comenzó con la creación. Antes de la creación, el tiempo no existía y, por lo tanto, Dios no disponía de tiempo. El mundo no tuvo principio con una creación *en* el tiempo sino con la creación *del* tiempo. *Pero*, tal vez se pregunten, *si el tiempo no existía antes de que comenzara el tiempo, ¿qué había en vez de tiempo?* La respuesta es: la eternidad. Dios es eterno, y lo único que había antes de que existiera el tiempo era la eternidad.

Además, la idea implícita en este tipo de pregunta es que un ser infinitamente perfecto como Dios podría aburrirse. El aburrimiento, sin embargo, es un signo de imperfección e insatisfacción, mientras que la satisfacción de Dios es perfecta. Por lo tanto, de ninguna manera se puede concebir a Dios aburriéndose, ni siquiera aunque haya tenido largos períodos de tiempo en sus manos. Una mente infinitamente creativa siempre encuentra algo interesante para hacer. Solo las mentes finitas, cuando no encuentran nada interesante que hacer, se aburren.

Por último, el Dios cristiano son tres personas que están en perfecta comunión. No hay manera de que dicho ser pueda aburrirse o sentirse solo. Además de tener siempre alguien «con quien hablar», este alguien es un ser cuyo amor, comprensión y comunión son perfectas. El aburrimiento en dicho ser es imposible.

¿CÓMO PUEDE HABER TRES PERSONAS EN UN DIOS?

¿Cómo puede Dios ser tres y sin embargo Uno? ¿Acaso no es eso una contradicción? Todo parecería indicar que si Dios es Uno no puede ser tres, o que si es tres no puede ser Uno. Pero no puede ser al mismo tiempo tres y uno. Sería una violación al principio más fundamental de la lógica, el principio de no contradicción.

En primer término, creer como cree el cristianismo en una Trinidad, tres personas en una, no es una contradicción. Estamos frente a una contradicción solo cuando algo es A y no es A al mismo tiempo y en el mismo sentido. Dios es tanto tres y uno al mismo tiempo pero no *en el mismo sentido*. Él es tres personas pero una en esencia. Dios es tres personas pero solo una en naturaleza.

Sería una contradicción decir que Dios tiene tres naturalezas en una naturaleza o que son tres personas en una persona. Pero no hay ninguna contradicción cuando se afirma que Dios es tres personas en una naturaleza. Dios es como un triángulo; tiene al mismo tiempo tres ángulos y, sin embargo, es solo un triángulo. Cada ángulo no es lo mismo que todo el triángulo. O sea, Dios es como la tercera potencia (1^3). $1 \times 1 \times 1 = 1$. Dios no es $1 + 1 + 1 = 3$, en cuyo caso sería tri-teísmo o politeísmo. Dios es uno, manifestado eterna y simultáneamente en tres personas diferentes.

Dios es amor (cf. 1 Juan 4:16). Pero para que haya amor, debe haber un ser que ame (el Padre), un ser amado (el Hijo) y un espíritu de amor (el Espíritu Santo). Por lo tanto, el amor mismo es una unidad tripartita.

Otra ilustración de la Trinidad es que Dios es como mi mente, las ideas, y las palabras. Hay una unidad entre éstas y, sin embargo, es posible diferenciarlas unas de otras.

Por supuesto, la Trinidad es un misterio. No es posible comprenderla con la razón pero tampoco es contraria a la razón. Podemos entenderla, pero no podemos llegar a comprenderla en toda su plenitud. Alguien, con mucha sabiduría, ha dicho: «Si intentáramos entender a Dios completamente, podríamos llegar a perder el juicio, pero si no creemos sinceramente en la Trinidad, ¡perderemos el alma!».

¿CÓMO PUEDE UN DIOS BUENO MANDAR A LAS PERSONAS AL INFIERNO?

Esta pregunta supone que Dios envía a las personas al infierno contra la voluntad de ellas. Pero no es ese el caso. Dios quiere que todos sean salvos (cf. 2 Pedro 3:9). Quienes no son salvos es porque no desean serlo. Jesús dijo: «¡Jerusalén, Jerusalén, que matas a los profetas y apedreas a los que se te envían! ¡Cuántas veces quise reunir a tus hijos, como reúne la gallina a sus pollitos debajo de sus alas, pero no quisiste!» (Mateo 23:37).

Como lo expresó C.S. Lewis: «La puerta del infierno se cierra del lado de adentro». Todos aquellos que se encuentran allí lo hacen por decisión propia. Además agrega: «En última instancia, hay solo dos tipos de personas: aquellas que le dicen a Dios: "Hágase tu voluntad" y aquellas a quien Dios les dice: "Hágase *tu* voluntad". Todas las personas que eligen hacer su propia voluntad acabarán en el infierno». Lewis creía que «sin esa decisión personal no habría infierno. Ningún alma que quiera ferviente y constantemente tener gozo quedará defraudada. Quienes buscan, encontrarán. A quienes llame, se les abrirá»[5].

Dios es Justo y debe castigar el pecado (cf. Habacuc 1:13; Apocalipsis 20:11-15), pero es también Amor (cf. 1 Juan 4:16), y este no puede obligar a nadie a amarlo. El amor no obra por coerción sino solo por persuasión. Amar por obligación es una contradicción de términos. Por lo tanto, el amor de Dios exige que haya un infierno donde aquellas personas que no desean amarlo puedan experimentar el gran divorcio cuando él les diga: «¡Hágase tu voluntad!».

¿CÓMO PUEDE DIOS SER AMANTE Y JUSTO A LA VEZ?

Puede parecer que el amor y la justicia son atributos incompatibles. Si Dios es Justo, debe castigar el pecado. Pero si es un Dios de amor, debería perdonar el pecado. ¿Cómo puede tener a la vez ambos atributos?

Los atributos (o características) de Dios no son contradictorios. Él es absolutamente Justo y, no obstante, incondicionalmente un Dios de amor. Ambos atributos se complementan. Dios es «Santo por ser Justo» y es «Justo por ser Santo». Es decir, imparte su justicia con amor, y propaga su amor con justicia.

El perfecto ejemplo de cómo el amor y la justicia de Dios se concilian lo encontramos en la cruz. En su amor, Dios envió a su Hijo para pagar el castigo de nuestros pecados para que su justicia fuera satisfecha y su amor se manifestara. Porque «la paga del pecado es muerte» (Romanos 6:23). Y el pecado contra el Dios eterno exige la muerte eterna (cf. Apocalipsis 20:14-15). Por eso, cuando Cristo murió por nuestros pecados como leemos en Romanos 5:8, el Justo sufrió por los injustos (cf. 1 Pedro 3:18) para llevarnos a Dios. «Al que no cometió pecado alguno, por nosotros Dios lo trató

como pecador, para que en él recibiéramos la justicia de Dios»
(2 Corintios 5:21).

La justicia de Dios exige que el pecado sea castigado, pero
su amor lo lleva a salvar a los pecadores. Con la muerte de
Cristo se satisface la justicia divina y se manifiesta su amor.
Por lo tanto, no hay contradicción entre la justicia absoluta
y el amor incondicional. A modo de ilustración, Dios es
como un juez que, después de pronunciar la sentencia a la
parte culpable, se quitó la toga, se paró junto al convicto y
pagó la pena. En el calvario, Jesús hizo lo mismo por nosotros. En la cruz se conciliaron la justicia y misericordia.

Conclusión

Hasta los niños más pequeños como mi nieto pueden
hacer preguntas difíciles, pero hay buenas respuestas para
todas estas «preguntas acerca de Dios» y la Biblia nos exhorta a encontrarlas y darlas. Pablo escribió: «Que su conversación sea siempre amena y de buen gusto. Así sabrán cómo
responder a cada uno» (Colosenses 4:6).

Una acotación, mi nieto acaba de graduarse y se está preparando para estudiar Apologética (la defensa de la fe) en un
seminario. Pronto estará preparado para responder al mismo
tipo de preguntas que hizo. Uno no puede más que imaginarse qué estaría haciendo hoy si nadie hubiese respondido a sus
preguntas.

PREGUNTAS PARA LA REFLEXIÓN Y LA DISCUSIÓN

1. Lea 1 Pedro 3:15 y Colosenses 4:6. Como estos versículos se escribieron para todos los creyentes, ¿qué podemos hacer para ponerlos en práctica?

2. ¿En qué casos, si es que hay algúno, no deberíamos responder a las preguntas que nos hacen los incrédulos? Para responder, tome en consideración los pasajes de Proverbios 26:4 y Mateo 7:6.

3. ¿Por qué es tan importante responder a las preguntas acerca de Dios? ¿Qué relación hay entre creer en Dios y creer que la Biblia es la Palabra de Dios y que Jesucristo es el Hijo de Dios?

Capítulo dos

PREGUNTAS DIFÍCILES ACERCA DE LA MALDAD

RONALD RHODES

A principios de 1999, el hijo de mi hermano Greg fue atropellado por un auto y murió. Después del entierro, la pregunta que todos sus amigos y familiares nos hacíamos era: «¿Por qué tuvo que suceder algo así?». Es la misma pregunta que en cualquier época, frente a una tragedia, todos se han hecho: ¿por qué pasan cosas malas a las personas buenas? ¿Qué nos dice acerca de Dios que pasen este tipo de cosas? Pensemos simplemente en lo que deben haber sentido los amigos y parientes de las casi tres mil personas que perdieron su vida en los atentados terroristas de Nueva York y Washington el 11 de setiembre de 2001. En cierta ocasión, se comisionó al encuestador George Barna para que averiguara qué pregunta las personas le harían a Dios si tuvieran la oportunidad. La pregunta que ocupó por un amplio margen el primer lugar, la más urgente, fue: «¿Por qué hay tanto dolor y sufrimiento en el mundo?»[1].

Mi meta es examinar brevemente algunas de las cuestiones que más dificultad ofrece la idea de la maldad. Se tratará de una aproximación tentativa al tema, porque un análisis exhaustivo del mismo exigiría todo un libro y no un breve capítulo. Como tratar cualquier asunto de manera abreviada siempre conlleva el riesgo de caer en la superficialidad, exhorto al lector que complemente este estudio somero con algunas de las obras más exhaustivas que se citan en las notas o en los recursos bibliográficos listados al final del libro.

Antes de entrar en tema, sería conveniente dejar sentadas algunas ideas preliminares con respecto a la maldad. Ésta no es algo que tenga existencia propia; más bien, es una corrupción de algo que ya existe. *La maldad es la ausencia o la privación del bien.* La descomposición, por ejemplo, solo pueden existir mientras exista un árbol. Las caries solo pueden existir siempre que exista un diente. Lo mismo sucede con la corrosión de la chapa y la carrocería de un vehículo. El mal existe como corrupción de algo bueno; es una privación y no tiene esencia propia.[2] Norman Geisler, dice: «El mal es como una herida en el brazo, o como los agujeros en una prenda apolillada. Su existencia depende de la existencia de otra cosa; no puede tener existencia propia»[3].

Por supuesto, decir que la maldad no tiene existencia propia no es lo mismo que negar la realidad de la maldad. Ésta puede no tener sustancia propia pero involucra una privación real de las sustancias buenas. Geisler, señala: «No es una entidad real pero es una verdadera corrupción de una entidad real»[4]. Un árbol en estado de descomposición, un automóvil con la chapa corroída, los dientes cariados, el cáncer cerebral, la muerte de Greg... son todos ejemplos de cómo la maldad es la corrupción de algo bueno.

Una cosa es entender lo que *es* la maldad. Otra cosa completamente diferente es entender por qué la maldad puede existir en un mundo creado por Dios. El problema de la maldad puede considerarse de manera simple como un conflicto que involucra tres conceptos: *el poder de Dios, la bondad de Dios* y *la presencia de la maldad en el mundo*. El sentido común nos dice que estas tres cosas no pueden ser verdad al mismo tiempo.[5] Las soluciones al problema de la maldad, típicamente implican modificar uno o más de estos tres conceptos: *limitar el poder de Dios, limitar la bondad de Dios* o *modificar la existencia de la maldad* (concibiendo a la maldad como una ilusión, por ejemplo).[6]

Sin duda que si Dios no declarará que es Bueno, la existencia del mal sería más fácil de explicar. Pero Dios efectivamente ha dicho que es Bueno. Si el poder de Dios fuera limitado de manera tal que no pudiera resistir el mal, la existencia del mal también sería más fácil de explicar. Pero Dios, efectivamente, ha dicho que es Todopoderoso. Si la maldad no fuera más que una ilusión, carente de realidad, el problema ni siquiera se plantearía. Pero la maldad no es una ilusión. Es real.[7]

Hoy enfrentamos la realidad del *mal moral* (la maldad cometida por agentes morales libres, que se involucran en guerra, crímenes, crueldad, lucha de clases, discriminación, esclavitud, limpieza étnica y genocidios, ataques suicidas con bombas, y varias otras injusticias) y el *mal natural* (que involucra cosas como huracanes, inundaciones, terremotos, y otras catástrofes naturales). Dios es Bueno, Dios es Todopoderoso, pero la maldad existe. Este es el planteamiento básico del problema del mal.

Pensadores prominentes como David Hume, H.G. Wells y Bertrand Russell han concluido, sobre la base de sus observaciones del sufrimiento y la maldad, que el Dios de la Biblia no existe.[8] Hume lo expresó, sucintamente, cuando escribió, refiriéndose a Dios: «¿Está dispuesto a evitar la maldad pero no puede? Entonces es impotente. Sí puede, ¿pero no está dispuesto? Entonces es malévolo. Puede y está dispuesto a evitar la maldad, ¿por qué existe la maldad, entonces?»[9]. Si hay un Dios, que es *absolutamente Bueno* y *Todopoderoso*, nunca podrían haber sucedido atrocidades como el genocidio de seis millones de judíos perpetrado por Hitler.

Ningún cristiano duda que lo que Hitler hizo con los judíos fue un crimen espantoso. Pero debo apresurarme a señalar, antes de ofrecer una perspectiva bíblica del problema de la maldad, que el hecho mismo de categorizar las acciones de Hitler como malas plantea una importante cuestión filosófica. Como muchos pensadores han observado, para decir que hay maldad en el mundo, es necesario determinar en primer lugar qué criterios se usarán para juzgar algo como malo.[10] ¿Qué cosas se juzgarán malas y qué cosas no se juzgarán así? ¿Cuál será la unidad de medida moral que se usará para evaluar moralmente a las personas y los sucesos? ¿Qué proceso permitirá diferenciar el bien del mal y viceversa?

La realidad es que es imposible distinguir el mal del bien si no contamos con un punto de referencia infinito que sea absolutamente bueno.[11] De lo contrario, uno sería como una persona navegando a la deriva en el mar, en la oscuridad de la noche y sin brújula (o sea, que no hay manera de distinguir el Norte del Sur sin el punto de referencia absoluto de la aguja del compás).

El punto de referencia infinito para diferenciar el bien del mal solo se puede encontrar en la persona de Dios, porque solo él puede colmar la definición de «absolutamente Bueno». Si Dios no existe, no hay absolutos morales que nos den derecho a juzgar algo (o a alguien) como malo. Más específicamente, si Dios no existe, no hay ninguna razón absoluta para juzgar, por ejemplo, los crímenes de Hitler. A la luz de esto, la realidad de la maldad en realidad reivindica la existencia de Dios más que refutarla.

¿CUÁL ES EL ORIGEN DE LA MALDAD?

La creación original fue «muy buena» (Génesis 1:31). No había pecado, no existía la maldad, no había sufrimiento ni muerte. Hoy, en cambio, el mundo está sumido en el pecado, la maldad, el sufrimiento y la muerte. ¿Cómo se llegó a este estado? Las Escrituras enseñan que el descenso comenzó cuando Adán y Eva se aprovecharon del libre albedrío que Dios les había dado y le desobedecieron (cf. Génesis 3).

Algunas personas se preguntan por qué Dios no podría haber

creado al ser humano de manera tal que nunca hubiera podido pecar, no dando cabida así a la maldad. El hecho es que dicho escenario implicaría que no fuéramos verdaderamente humanos. No tendríamos la capacidad para tomar decisiones ni para amar libremente. Este escenario hubiera requerido la creación de robots capaces de actuar solo conforme a lo que estaban programados, como esas muñecas que hablan cuando halamos una cuerda y dicen: «Te amo».[12] Paul Little señala que con dicha muñeca «no habría insultos, jamás habría conflictos, ¡nadie diría ni haría nada que pudiera entristecerte! Pero, ¿quién querría vivir en ese estado? Tampoco existiría la posibilidad del amor. El amor es voluntario. Dios podría habernos hecho como robots, pero habríamos dejado de ser hombres. Aparentemente pensó que valía la pena correr el riesgo de crearnos como nos creó»[13].

El amor no puede programarse; debe expresarse libremente. Dios quería que Adán y toda la humanidad mostraran amor eligiendo libremente la obediencia. Por eso, Dios le dio a Adán y a todos los demás seres humanos el libre albedrío. Geisler tiene razón cuando dice que «el amor forzado es una violación; y Dios no es un violador divino. No hará nada que coaccione las decisiones de los hombres»[14]. Una elección *libre*, sin embargo, deja abierta la posibilidad de una elección *errónea*. Como lo expresa J.B. Phillips: «La maldad es algo inherente al riesgo implícito en el don del libre albedrío»[15].

En vista de los hechos bíblicos, podemos concluir que el plan de Dios tenía el potencial para la maldad cuando concedió la libertad de elección a los seres humanos, pero que el origen concreto de la maldad fue resultado de un hombre que se apartó de la voluntad de Dios y prefirió concentrarse en sus propios deseos egoístas.[16] Norman Geisler y Jeff Amanu, señalan: «Mientras que Dios creó el *hecho* de la libertad, son los humanos los que ejercen los *actos* de la libertad. Dios hizo posible el mal, las criaturas lo hicieron efectivo»[17]. Desde que

Adán y Eva hicieron efectiva la maldad, aquella primera vez en el Jardín de Edén, la naturaleza del pecado se ha transmitido a todo hombre y mujer (cf. Romanos 5:12; 1 Corintios 15:22), y es debido a la naturaleza pecaminosa que hoy continuamos ejerciendo nuestro libre albedrío para hacer efectiva la maldad (cf. Marcos 7:20-23).

Es más, los males naturales, como los terremotos, los tornados y las inundaciones, radican en el mal uso que damos a nuestro libre albedrío. No debemos olvidar que como vivimos en un mundo caído, estamos sujetos a desastres de la naturaleza que no habrían ocurrido si el hombre no se hubiera rebelado contra Dios en un principio (cf. Romanos 8:20-22).[18] En el Jardín de Edén no había ni desastres naturales ni muerte hasta después del pecado de Adán y Eva (cf. Génesis 1-3). No habrá desastres naturales ni muerte en el cielo nuevo y la tierra nueva, cuando Dios, de una vez por todas, ponga fin a la maldad (cf. Apocalipsis 21:4).[19]

¿QUÉ PROPÓSITO TIENE DIOS AL PERMITIR LA MALDAD?

A Dios no le sorprende que el ser humano se aproveche del libre albedrío que le dio y lo desobedezca. C.S. Lewis sugiere que Dios, en su omnisciencia, «vio que de un mundo de criaturas libres, aunque hubieran caído, podría hacer surgir ... una felicidad más profunda y un esplendor más radiante que nunca hubiera sido posible en un mundo de autómatas»[20]. O, como bien puntualiza Geisler, el que cree en Dios no tiene que alegar que nuestro mundo presente sea el mejor de los mundos posibles, sino que es el mejor camino *hacia* el mejor mundo posible:

«Si Dios ha de preservar la libertad y derrotar a la maldad, esta sería la mejor manera de hacerlo. La libertad se preserva en la medida de que cada persona determine libremente su destino. La maldad se vence en tanto que quienes rechazan a Dios son apartados de los demás, las decisiones de cada persona se convierten en permanentes. Quienes eligen a Dios serán confirmados y el pecado dejará de ser. Quienes rechazan a Dios están en cuarentena eterna y no podrán trastocar el mundo perfecto que se ha instaurado. Se habrá logrado el propósito final de un mundo perfecto con criaturas libres, si bien la manera de llegar a ese estado requerirá que aquellos que abusan de su libertad sean expulsados»[21].

Un factor importante y crítico implícito en la sugerencia de que este no es el mejor de los mundos posibles pero es el mejor camino *hacia* el mejor de los mundos posibles es que *Dios todavía no ha acabado* su obra. Con demasiada frecuencia la gente cae en la trampa de creer que, como Dios todavía no ha acabado con la maldad, no está haciendo nada en absoluto. Mi viejo colega, Walter Martin, solía decir: «Ya leí el último capítulo del libro, y ¡ganamos!». Un día no habrá más maldad. El que la maldad todavía no haya sido liquidada no significa que jamás lo será.

En vista de estos factores, la existencia de la maldad en el mundo es compatible con la existencia de un Dios que es absolutamente Bueno y Todopoderoso. Podemos resumir los hechos de la siguiente manera:

1. Si Dios es absolutamente Bueno, vencerá a la maldad.

2. Si Dios es Todopoderoso, puede vencer a la maldad.

3. La maldad todavía no ha sido derrotada.

4. Por lo tanto, Dios puede y un día vencerá a la maldad.[22]

Un día, en el futuro, Cristo regresará, despojará a los malvados de su poder, y todos los hombres y las mujeres deberán rendir cuentas de lo que hicieron durante su estadía en la Tierra (cf. Mateo 25:31-46; Apocalipsis 20:11-15). La justicia al fin prevalecerá. Quienes lleguen a la eternidad, sin haber confiado en Jesucristo para su salvación, entenderán lo bien que Dios se encargó del problema de la maldad.

Algunas soluciones inadecuadas al problema de la maldad.

¿NO SERÍA MEJOR QUE DIOS ACABARA CON LA MALDAD DE UNA VEZ POR TODAS?

Algunos escépticos pueden verse tentados a postular que un Dios Todopoderoso no debería invertir toda la historia humana encargándose del problema de la maldad. No cabe duda que Dios podría liquidar la maldad en un instante, pero esta opción tendría implicaciones definitivas y funestas para todos nosotros. Como puntualizó Paul Little: «Si Dios acabara hoy mismo con la maldad, lo haría de manera concluyente. Su acción tendría que incluir nuestras mentiras e impurezas, nuestra falta de amor, nuestra incapacidad de hacer el bien. Supongamos que Dios decretara que, a partir de la medianoche, acabaría con la maldad en el universo, ¿quién de nosotros quedaría después de medianoche?» [23].

Aunque la solución final de Dios para el problema de la maldad está pendiente, como he argumentado, él ya ha tomado recaudos para que el mal no cunda caóticamente. En realidad, Dios nos ha dado gobiernos humanos para contrarrestar la ilegalidad (cf. Romanos 13:1-7). Estableció la iglesia para que fuera una luz en medio de la oscuridad, con el fin de fortalecer a su pueblo y aun para restringir, mediante el poder del Espíritu Santo, la propagación de la maldad en el mundo (p.ej. Hechos 16:5; 1 Timoteo 3:15). En su Palabra, Dios nos ha provisto una norma moral para guiarnos y conducirnos por el camino de rectitud (cf. Salmo 119). Nos ha dado el núcleo de la familia para traer estabilidad a esta sociedad (p.ej. Proverbios 22:15; 23:13), ¡y muchísimo más![24]

¿COMPRUEBA LA EXISTENCIA DE LA MALDAD QUE DIOS ES FINITO?

La idea de un Dios finito se popularizó a principios de la década de los ochenta cuando el rabino Harold Kushner, escribió el éxito de ventas *When Bad Things Happen to Good People* [Cuando le pasan cosas malas a la gente buena]. Al considerar la muerte prematura de su hijo, Kushner, llegó a la conclusión que Dios quiere que los justos tengan vidas felices pero que a veces no puede hacer que eso suceda. Hay algunas cosas que simplemente están fuera del control de Dios. Dios es Bueno, pero no es lo suficientemente Poderoso para hacer efectivo todo el bien que desearía. En resumidas cuentas, Dios es finito. Kushner, escribe: «Reconozco sus limitaciones. Dios está limitado por las leyes de la naturaleza y por la evolución de la naturaleza humana y la libertad moral de la persona»[25]. Se lamenta de que «incluso Dios tiene problemas para mantener a raya el caos y para limitar el daño que puede provocar la maldad»[26].

La idea de un Dios finito implica un Dios que, debido a su finitud, solo puede ser un ser contingente que a su vez necesita una causa. Dicho Dios no es digno de nuestra adoración. Tampoco es digno de nuestra confianza, porque no hay ninguna garantía de que podrá derrotar el mal en el futuro.

La finitud no toma en consideración que los tiempos de Dios no son los tiempos humanos. Como señalamos anteriormente, el hecho de que él todavía no haya vencido al mal no significa que no lo eliminará en el futuro (cf. 2 Pedro 3:7-12; Apocalipsis 20:22). No estamos en el mejor de todos los mundos posibles, pero es la mejor manera de llegar al mejor de los mundos posibles.

Esta idea de finitud es contraria al testimonio bíblico de Dios. Las Escrituras nos presentan un Dios que es un ser *Omnipotente*. Dios tiene poder para hacer todo lo que quiera y hacer cumplir su voluntad. Cincuenta y seis veces las Escrituras declaran que Dios es Todopoderoso (p.ej. Apocalipsis 19:6).[27] El poder de Dios es grande (cf. Salmo 147:5), la grandeza de su poder es incomparable (cf. 2 Crónicas 20:6; Efesios 1:19-21). Nadie puede oponerse al poder y la mano de Dios (cf. Daniel 4:35). Nadie puede desbaratar las acciones de Dios (cf. Isaías 43:13), y nadie podrá impedir lo que haya determinado (cf. Isaías 14:27). Para Dios nada es imposible (cf. Mateo 19:26; Marcos 10:27; Lucas 1:37), y no hay nada difícil para él (cf. Génesis 18:14; Jeremías 32:17, 27). El Todopoderoso reinará (cf. Apocalipsis 19:6), y un día derrocará al mal.

¿ES LA MALDAD SOLO UNA ILUSIÓN?

Algunas personas, en particular las afiliadas a las ciencias mentales, arguyen que el mal es una ilusión. Mary Baker Eddy, fundadora de la Ciencia Cristiana, argumentaba que la materia, el mal, la enfermedad y la muerte no tienen realidad y que son ilusiones de la mente mortal.[28] Dentro de la Corriente Unitaria del Cristianismo, Emily Cady, escribió de modo similar: «El mal no existe… El dolor, la enfermedad, la pobreza, la vejez, y la muerte no son reales, y no tienen poder sobre mí»[29]. Ernest Holmes, fundador de la Ciencia Religiosa, escribió: «Todo el mal aparente es resultado de la ignorancia, y desaparecerá de tal grado que nadie más pensará en este, ni creerá en este, ni lo sufrirá»[30].

Si el mal no es más que una ilusión, sin embargo, ¿por qué combatirlo? Aunque Mary Baker Eddy sostenía que el sufrimiento de la enfermedad corporal y la muerte no eran más que ilusiones, es un hecho histórico que, en los últimos años de su vida, estuvo bajo atención médica, recibió inyecciones de morfina para aliviarle el dolor, usó lentes, tuvo extracciones de dientes, y al final murió, «retractándose» de todo lo que había profesado creer y enseñar.[31]

Cuando las personas dicen que el mal es una ilusión, creo que tengo derecho a preguntarles si de noche cierran con llave las puertas de sus hogares. (Si lo hacen, les pregunto por qué). ¿Dejan acaso las llaves dentro de sus autos cuando lo estacionan en la avenida principal del centro? (Si no lo hacen, ¿por qué?). ¿Se abrochan los cinturones de seguridad cuando viajan en auto? (¿Por qué?). ¿Van al dentista? (¿Por qué? ¿No quedamos en que el dolor de muelas era una ilusión?). ¿Le colocan chalecos salvavidas a sus hijos pequeños cuando se bañan en la playa? (¿Por qué?). ¿Les advierten a sus hijos pequeños que no se acerquen demasiado al fuego cuando hacen un asado al aire libre? (¿Por qué?). ¿Apoyan las leyes contra los pederastas? (¿Por qué?). Si el mal no es más que una ilusión, estas acciones serían completamente innecesarias y nadie tendría de qué preocuparse.

Explicar la maldad aduciendo que no es más que una ilusión es contraria a toda experiencia humana y lógica. Limitarse a negar la existencia del mal no elimina su realidad. Esta explicación del mal es en sí la peor de las ideas ilusorias. Jesús, sin duda, creía en la realidad del mal. En la oración del Padre Nuestro, no dijo que oráramos: «Líbranos de la ilusión del mal», sino que nos enseñó a orar: «Líbranos del mal».

De aceptar el punto de vista de la Ciencia Cristiana que el mal es una ilusión, estaríamos negando nuestras propias experiencias sensoriales y personales. Vale la pena notar que las Escrituras a menudo nos exhortan a prestar atención a la experiencia empírica que nos aportan nuestros cinco sentidos. Frente a la duda de Tomás, Jesús le pidió que pusiera sus dedos en las cicatrices de los clavos para demostrarle que efectivamente había resucitado de entre los muertos (cf. Juan 20:27). En Lucas 24:39, Jesús resucitado le dijo a sus seguidores: «Miren mis manos y mis pies. ¡Soy yo mismo! Tóquenme y vean; un espíritu no tiene carne ni huesos, como ven que los tengo yo». En 1 Juan 1:1, leemos que Juan y los apóstoles hablaron de «lo que hemos oído, lo que hemos visto con nuestros propios ojos, lo que hemos contemplado, lo que hemos tocado con las manos, esto les anunciamos respecto al Verbo que es vida». Los mismos sentidos que nos permiten testificar con tanta convicción del Cristo resucitado, testifican de la realidad del mal en nuestro mundo, no solo a un puñado de personas, sino universalmente y en todas las edades.

¿PUEDE EL PANTEÍSMO DE LA NUEVA ERA EXPLICAR LA EXISTENCIA DE LA MALDAD?

Tengo un amigo, Jim, que ha leído algunos de mis libros sobre apologética y el movimiento de la Nueva Era. Un día se vio aquejado por una enfermedad física concreta y fue a ver a un doctor que le habían recomendado. Irían por la mitad del examen cuando, Jim, comenzó a sospechar que el médico podría ser un promotor de la medicina de la Nueva Era. Él, que no se caracteriza por andarse con vueltas, le dijo: «¿Usted es dios?», a lo que el médico le respondió con entusiasmo: «Por supuesto, y usted también y todo el mundo». Jim salió del consultorio más rápido que un rayo.

El panteísmo es el punto de vista que propugna que Dios es todo y todo es Dios. La palabra *panteísmo* deriva de dos palabras griegas: *pan* («todo») y *theos* («Dios»). El panteísmo considera que la realidad está permeada por la divinidad. El dios del panteísmo de la Nueva Era es una «cosa» impersonal y amoral opuesta al «ser» personal y moral del cristianismo. Según esta perspectiva, la distinción entre el creador y la creación se desdibuja completamente.

Si es cierto que «todo es uno» y que «todo es Dios», como sostiene la visión del mundo de la Nueva Era, la distinción entre el bien y el mal, al final, desaparece. David Spangler, promotor de las ideas de la Nueva Era, afirma que la ética de su creencia «no se basa en ... la dualidad de los conceptos del "bien" y el "mal"» [32]. No hay un mal moral absoluto ni un bien moral absoluto. Todo es relativo. Por supuesto, hace mucho tiempo que los filósofos han señalado la debilidad filosófica de dicho punto de vista, porque es lo mismo que decir que la única verdad absoluta es que no hay absolutos. Cuando una persona afiliada a las ideas de la Nueva Era me dice que no hay absolutos, siempre le pregunto si está absolutamente seguro de ésto.

Uno de los principales problemas de la cosmovisión panteísta de la Nueva Era es que no explica adecuadamente la existencia de la realidad de la maldad en el mundo. Si Dios es la esencia de todas las formas de vida de la creación es necesario concluir que tanto el bien como la maldad tienen su origen en la misma esencia (Dios). En otras palabras, las manifestaciones de la maldad como la Primera y la Segunda Guerra Mundial, Hitler, los asesinatos, el cáncer, o las violaciones, son una parte de Dios.

La Biblia, en cambio, enseña que Dios es Bueno y no malo (cf. 1 Crónicas 16:34; Salmo 118:29: 136:1; 145:8-9; Mateo 19:17). El Dios de la Biblia es luz y «en él no hay ninguna oscuridad» (1 Juan 1:5; cf. Habacuc 1:13; Mateo 5:48). Es particularmente convincente el argumento en griego, que literalmente se traduciría: «Y en él no hay ninguna oscuridad, absolutamente ninguna». Juan no lo podría haber expresado con más fuerza.

Tuve la oportunidad de conversar con el ex gurú Rabi Maharaj, que se explayaba sobre la insatisfacción ética que le producía una cosmovisión monástica, panteística, especialmente en lo pertinente al problema de la maldad.

«Cada vez estaba más convencido que Dios, como Creador, distinto y separado del universo que había creado, se oponía al concepto hindú que Dios era todo, de que el creador y la creación eran una y la misma cosa. Si solo había una realidad, entonces (Dios) era el mal además del bien, tanto la muerte como la vida, el odio como el amor. Eso hacía que nada tuviera sentido, la vida era un absurdo. No era fácil mantener la cordura y la idea de que el bien y el mal, el amor y el odio, la vida y la muerte, eran una sola Realidad»[33].

Rabi optó por la única salida lógica que tenía: ¡se hizo cristiano!

¿ACASO CREAMOS NUESTRAS REALIDADES?

Muchos de los que se afilian a las ideas de la Nueva Era, creen que las personas crean, con el poder de la mente, *todas* sus realidades, las buenas y las malas. Los escritores populares de la Nueva Era, David Gershon y Gail Straub, señalan que «no podemos evitar crear nuestra realidad; cada vez que se nos ocurre un pensamiento estamos creándola. Cada creencia que tengamos va dando forma a lo que experimentamos en la vida»[34]. Con esto en vista, «si aceptamos la premisa básica de que nuestros pensamientos crean nuestra realidad, esto significa que necesitamos asumir la responsabilidad de crear *toda* nuestra realidad, las partes que nos agradan y las partes que no»[35].

Un problema crítico con este punto de vista es que si los humanos (en tanto dioses) crean su propia realidad, como sostienen aquellos que se afilian a las ideas de la Nueva Era, no hay posibilidad de condenar a los individuos que infligen maldad a otros. Por ejemplo, debemos concluir que los millones de judíos que fueron ejecutados bajo el régimen de Hitler, crearon su propia realidad. Por ende, las atrocidades de Hitler no son condenables ni éticamente malas dado que él no fue más que una parte de la realidad que los propios judíos se crearon. De modo similar, no es posible condenar a los terroristas que hicieron explotar los aviones el 11 de septiembre, porque los pasajeros que allí viajaban crearon esa realidad.

Cuando la hija de la profesora de teatro de Shirley MacLaine, en una colisión frontal, sufrió quemaduras que le desfiguraron el rostro, MacLaine se preguntó: «¿Por qué tuvo que elegir morir de esa manera?» [36]. El apologista cristiano, Douglas Groothuis, después de leer el libro de MacLaine, *It's All in the Playing* [Todo es parte del juego], relata cómo el libro presenta a «Shirley llorando frente a su televisor mientras mira los efectos de un volcán chileno que mató a veinticinco mil personas. ¿Por qué llorar? ¿Acaso no eligieron esa muerte?» [37].

Cuanto más ahondamos en las explicaciones que la Nueva Era postula para explicar la maldad, tanto más absurdas nos resultan.

¿PUEDE LA REENCARNACIÓN EXPLICAR LA EXISTENCIA DE LA MALDAD?

Muchas personas que creen en las ideas de la Nueva Era basan su ética en la reencarnación y el Karma. El proceso de reencarnación (renacimientos continuos) se repite hasta que el alma alcanza un estado de perfección y, entonces, se fusiona de nuevo con su fuente («Dios o el Alma Universal»). El Karma se refiere a la «deuda» que el alma acumula por causa de las acciones buenas o malas que cometió durante la vida (o en las vidas anteriores). Si uno acumula Karma bueno, él o ella, supuestamente, se reencarnarán en un estado más deseable.

Muchas personas que creen en los postulados de la Nueva Era explican la existencia de la maldad en nuestro mundo estrictamente en función del Karma. El escritor popular de Nueva Era, Gary Zukav, por ejemplo, dice que no debemos apresurarnos a juzgar cuando la gente sufre cruelmente, porque «no sabemos qué cosas se están sanando (por medio del

Karma) en estos sufrimientos»[38]. Lo que Zukav llama «justicia no crítica» nos exime de la necesidad de juzgar con respecto a la maldad aparente; la ley del Karma, al final, traerá
la justicia.

¿Será posible que Zukav quiera hacernos creer que cuando
las milicias en Ceilán dispararon contra una madre que estaba amamantando a su hijo y luego usaron los dedos de los
pies del bebé para hacer tiro al blanco, de algún modo esto
traía «sanidad» a las almas de la madre y el niño? Cuando los
chiitas de la Unión Soviética abrieron el vientre de una
mujer armenia embarazada y desmembraron al feto (hechos
reales registrados en el periódico), ¿Zukav realmente espera
que confiemos en esta «justicia no crítica» en vez de suble-
varnos moralmente? ¿Qué tienen de divino o sagrado estas
acciones?

La doctrina de la reencarnación plantea numerosos problemas. En términos prácticos, debemos preguntarnos: ¿por
qué se castiga a los individuos por cosas que no recuerdan
haber hecho en una vida anterior? Además, si (como se nos
dice) el propósito del Karma es que la humanidad se despren-
da de sus deseos egoístas, ¿por qué no hay ninguna mejora
evidente en la naturaleza humana después de milenios de
reencarnaciones? ¿Por qué continúa propagándose la maldad? Más aun, si la reencarnación y la ley del Karma son tan
beneficiosas, desde el punto de vista práctico, como alegan
quienes creen en la doctrina de la Nueva Era, ¿cómo se explican los permanentes problemas sociales y económicos, entre
los que se encuentran la pobreza generalizada, el hambre, las
enfermedades, y los espantosos sufrimientos que aquejan la
India, justamente donde esta creencia se ha enseñado siste-
máticamente durante toda su historia?

Es evidente que la reencarnación no es bíblica y que contradice lo que las Escrituras enseñan acerca de la muerte y la
vida después de la muerte. Hebreos 9:27 es tajante: «Está

establecido que los seres humanos mueran una sola vez, y después venga el juicio». Todos los seres humanos tienen una vida como mortales sobre la Tierra, mueren una vez, y luego enfrentarán el juicio. Los hombres y las mujeres no tendrán una segunda oportunidad reencarnándose en otro cuerpo (cf. Lucas 16:19-31; 2 Corintios 5:8).

La confianza en Dios en un mundo de sufrimiento

Hay otras explicaciones inadecuadas para el problema del mal que podríamos examinar, pero no están tan extendidas en la actualidad y el espacio disponible no nos lo permite.[39]

Después de haber establecido que la existencia de la maldad es de hecho compatible con la existencia de un Dios que es absolutamente Bueno y Todopoderoso, es apropiado que, para terminar, recalquemos que nuestro amante Padre celestial nos invita a confiar en él con la fe de un niño, mientras vivimos en este mundo de sufrimiento. A veces, como padre, he tenido que tomar decisiones con respecto a mi hijo o mi hija que implican un poco de dolor (como sería el caso de llevarlos al dentista). Desde la perspectiva de mis hijos, tal vez no entiendan por qué insisto tanto en esa consulta. Les aseguro que, a pesar de la molestia (o incluso el dolor), es por su propio bien que los llevo.

Los seres humanos a veces nos preguntamos por qué Dios permite que pasemos por algunas circunstancias tan dolorosas. Pero solo porque tengamos dificultad para imaginar qué razones pueden llevar a Dios a obrar de dicho modo no significa que no tenga sus razones. Desde nuestra perspectiva humana y finita, a menudo no podemos ver más que unos hilos del gran tapiz de la vida y de la voluntad de Dios. No podemos ver todo el cuadro. Por eso Dios nos invita a confiar en él (cf. Hebreos 11). Dios sí ve todo el cuadro y no comete errores. Él tiene una razón para permitir las circunstancias dolorosas que se atraviesan en nuestra vida, aun cuando se escapen a nuestra comprensión.

Geisler nos da algo importante para pensar a este respecto: «Aun dentro de nuestra finitud, es posible que los humanos descubramos algunos propósitos buenos para el dolor, como podría ser una advertencia de un mal peor (basta con que un infante toque una sola vez los fuegos de una cocina para que no los vuelva a tocar), y para protegernos de la destrucción propia (las terminaciones nerviosas nos permiten detectar el dolor para que, por ejemplo, no continuemos sosteniendo una olla caliente). Si el ser humano finito puede descubrir algunos propósitos buenos para el dolor, seguramente un Dios Sabio e Infinito tendrá buenos propósitos para todo el sufrimiento»[40]. Tal vez no entendamos ese propósito ahora, en la temporalidad «del presente», pero sin duda que existe. Nuestra incapacidad para discernir por qué a veces nos pasan cosas malas no contradice la benevolencia de Dios, no hace más que exponer nuestra ignorancia.[41]

Es bueno tener presente la dimensión del tiempo. De la misma manera que evaluamos una visita al dentista a la luz de los beneficios a largo plazo que dicha visita producirá, las Escrituras exhortan a los cristianos a apreciar los sufrimientos actuales a la luz de la eternidad. Como observó el apóstol Pablo: «De hecho, considero que en nada se comparan los sufrimientos actuales con la gloria que habrá de revelarse en nosotros» (Romanos 8:18; cf. 2 Corintios 4:17; Hebreos 12:2; 1 Pedro 1:6-7) [42].

Y no nos olvidemos que aun cuando tengamos que sufrir, Dios, como Gobernador Soberano del universo, puede hacer que el mal redunde para bien (cf. Romanos 8:28). Tenemos un ejemplo en la vida de José. Sus hermanos le tenían celos (cf. Génesis 37:11), lo odiaban (cf. v. 4,5,8), querían matarlo (cf. v. 20), lo metieron dentro de un pozo (cf. v. 24), y lo vendieron como esclavo (cf. v. 28). Sin embargo, más adelante, pudo decirles a sus hermanos: «En realidad fue Dios quien me mandó delante de ustedes para salvar vidas» (c. 45:5), y «es verdad que ustedes pensaron hacerme mal, pero Dios transformó ese mal en bien para lograr lo que hoy estamos viendo: salvar la vida de mucha gente» (c. 50:20). A pesar de todas las cosas malas que le sucedieron, Dios tenía un propósito providencial al haberlas permitido.

Es seguro que al apóstol Pablo no le agradaba estar encarcelado, pero Dios tenía un propósito providencial al permitir que así sucediera. Al fin de cuentas, fue en la cárcel que escribió las epístolas a los Efesios, Filipenses, Colosenses, y a Filemón (cf. Efesios 3:1, Filipenses 1:7; Colosenses 4:10; y Filemón 9). Resulta claro que Dios hizo que el sufrimiento de Pablo redundara para bien.

A veces el «bien» que Dios produce, a partir de nuestro sufrimiento, implica acercarnos más a él. Joni Eareckson Tada, que se quebró la espina dorsal en un accidente de natación y quedó cuadripléjica, dice que su tragedia la acercó mucho más a Dios. Incluso se la cita diciendo que preferiría estar en una silla de ruedas con Dios antes que caminar sin él.

A veces el «bien» que Dios produce, a partir de nuestro sufrimiento, implica un cambio positivo en nuestro carácter. Pedro se refiere a esto cuando dice: «Esto es para ustedes motivo de gran alegría, a pesar de que hasta ahora han tenido que sufrir diversas pruebas por un tiempo. El oro, aunque perecedero, se acrisola al fuego. Así también la fe de ustedes, que vale mucho más que el oro, al ser acrisolada por las pruebas demostrará que es digna de aprobación, gloria y honor cuando Jesucristo se revele» (1 Pedro 1:6-7; paráfrasis moderna: «Al que quiere celeste, que le cueste»).

Todo esto pretende subrayar la necesidad de la fe en medio de este mundo de sufrimiento. Dios ciertamente está obran-

do su propósito en medio nuestro, y debemos confiar en él.
Me agrada la manera en que Gary Habermas y J.P. Moreland
lo han expresado. Nos animan a mantener una perspectiva
«de arriba a abajo»:

> «El Dios del universo nos invita a contemplar la vida y la
> muerte desde su posición eterna de privilegio. Si lo hace-
> mos, veremos con qué prontitud puede revolucionar nues-
> tras vidas: las angustias diarias, los dolores emocionales, las
> tragedias, nuestras respuestas y responsabilidades hacia los
> demás, las posesiones, la riqueza, e incluso nuestro dolor físi-
> co y la muerte. Todo esto y mucho más se comprenden y
> permite discernir las verdades del cielo. El testimonio reite-
> rado del Nuevo Testamento es que los creyentes deberían
> considerar todos los problemas, y aun toda su existencia, a
> partir de una perspectiva que llamamos "de arriba abajo":
> primero Dios y su reino, y luego los diversos aspectos de
> nuestra existencia terrenal»[43].

Al comienzo del capítulo, mencioné que Greg, el hijo de
mi hermano, había muerto trágicamente. Debo admitir que
una de las cosas que más sostiene a toda la familia es esta
perspectiva «de arriba a abajo». En el futuro, cuando finalmente lleguemos «al mejor de los mundos posibles» que Dios
tiene provisto, esa ciudad celestial «de la cual Dios es arqui-
tecto y constructor» (Hebreos 11:10), ¡nos reuniremos para
nunca más separarnos! La muerte, el mal, el dolor y las lágrimas serán una cosa del pasado lejano.

PREGUNTAS PARA LA REFLEXIÓN Y LA DISCUSIÓN

1. Explique por qué «es imposible distinguir el mal del bien si no contamos con un punto de referencia infinito que sea absolutamente bueno».

2. ¿Qué quiere decir el autor cuando expresa que «el que cree en Dios no tiene que alegar que nuestro mundo presente es el mejor de los mundos posibles sino que es el mejor camino *hacia* el mejor mundo posible»?

3. ¿De qué manera una perspectiva «de arriba a abajo» puede ayudarnos a soportar la maldad y el sufrimiento? ¿Qué podríamos hacer para tener esa perspectiva?

Capítulo tres

PREGUNTAS DIFÍCILES ACERCA DE LA CIENCIA

WILLIAM LANE CRAIG

P or el año 1896, el presidente de la Universidad de Cornell, Andrew Dickson White, publicó un libro con el título A *History of the Warfare of Science with Theology in Christendom* [Una historia de la lucha entre la ciencia y la teología en el cristianismo].[1] Bajo la influencia de White, la metáfora de una lucha para describir la relación entre la ciencia y la religión cristiana se extendió durante la primera mitad del siglo veinte. La visión dominante en la cultura de nuestra sociedad, incluso entre cristianos, fue que la ciencia y el cristianismo no eran *aliados* en la búsqueda de la verdad sino *adversarios*. A modo de ilustración, hace unos años atrás acepté participar en un debate con un filósofo de la ciencia en la Universidad Simon Fraser de Vancouver. El asunto a debatir era: «¿Son la ciencia y el cristianismo recíprocamente incompatibles? Pero cuando llegué al campus, vi que los estudiantes cristianos que patrocinaban el debate lo estaban promocionando con grandes carteles y pancartas que decían: «La ciencia vs. el cristianismo». Los estudiantes cristianos estaban perpetuando la misma mentalidad de antagonismo que Andrew Dickson White había proclamado cien años antes.

LA CIENCIA Y EL CRISTIANISMO, ¿ALIADOS O ADVERSARIOS?

Lo que sucedió, sin embargo, durante la segunda mitad del

siglo veinte, fue que los historiadores y filósofos de la ciencia se dieron cuenta que esta supuesta historia de antagonismos era un mito. Como Charles Thaxton y Nancy Pearcey señalan en su libro *The Soul of Science* [El alma de la ciencia][2], en los trescientos años que representan el desarrollo de la ciencia moderna, desde 1500 hasta fines de 1800, la relación entre la ciencia y la religión podría ser bien descrita como una alianza. El libro de White hoy se considera más bien como una broma de mal gusto, una propaganda tendenciosa y tergiversada. Hoy se la cita solo como ejemplo de cómo *no* se debe hacer historia de la ciencia.

Los historiadores de la ciencia, en la actualidad, reconocen el papel indispensable que desempeñó la fe cristiana en el crecimiento y el desarrollo de la ciencia moderna. La ciencia no es algo natural a la humanidad. Como lo recalca el escritor científico Loren Eiseley, la ciencia es «una institución cultural inventada» que requiere un «terreno propicio» a fin de fructificar.[3] La ciencia moderna no surgió en oriente ni en África sino en la civilización occidental. ¿A qué se debió esto? A la singular contribución de la religión cristiana a la cultura occidental. Como afirma Eiseley: «Fue el mundo cristiano lo que finalmente dio a luz de modo claro y articulado el método experimental propio de la ciencia».

A diferencia de las religiones orientales y vulgares, el cristianismo no considera que el mundo sea divino ni esté habitado por espíritus, sino que es el producto natural de un Creador Trascendental que lo diseñó y lo hizo existir. Por ende, el mundo es un lugar racional abierto a la exploración y al descubrimiento. Hasta las últimas décadas del siglo diecinueve, los científicos eran típicamente creyentes cristianos que no veían ningún conflicto entre su ciencia y su fe, hombres como Kepler, Boyle, Maxwell, Faraday, Kelvin, y otros. La idea de una lucha entre la ciencia y la religión es una invención relativamente reciente de fines del siglo diecinueve, un mito cuidadosamente fomentado por pensadores seculares con el propósito de minar el dominio cultural del cristianismo y de reemplazarlo por el naturalismo, que postula que nada fuera de la naturaleza es real y que la única manera de descubrir la verdad es por medio de la ciencia. Fueron tremendamente exitosos en llevar a cabo sus planes.

Pero los filósofos de la ciencia, durante la segunda mitad del siglo veinte, llegaron a la conclusión que toda la empresa científica se basa en ciertas premisas que no pueden ser probadas científicamente, sino que *están* garantizadas por la visión del mundo cristiano: por ejemplo, las leyes de la lógica, la naturaleza ordenada del mundo exterior, la confiabilidad en nuestras facultades cognitivas para conocer el mundo, la validez del razonamiento inductivo y la objetividad de los valores morales usados por la ciencia. Desearía enfatizar que la ciencia ni siquiera podría existir sin estas premisas y que, sin embargo, éstas no pueden ser demostradas científicamente. Son premisas filosóficas que, y esto es lo más interesante, son parte integral de la cosmovisión cristiana. Por lo tanto, la teología es una aliada de la ciencia en cuanto le proporciona el marco conceptual para que la ciencia pueda existir. Aun más, la religión cristiana, históricamente, proveyó el marco conceptual en que la ciencia nació y se desarrolló.

Vivimos, por lo tanto, en una época de renovado interés en las relaciones entre la ciencia y la teología cristiana. En realidad, durante el último cuarto del siglo veinte, ha prosperado un fructífero diálogo entre la ciencia y la teología en Norteamérica y Europa. Han surgido numerosas sociedades para la promoción de este diálogo: la Sociedad Europea para el Estudio de la Ciencia y de la teología, el Foro para la Ciencia y la Religión, el Centro de teología y Ciencias Naturales (CTNS), así como otras instituciones. En particular, es significativo que han tenido lugar conferencias patrocinadas por el CTNS y el Observatorio del Vaticano, en la que prominentes científicos como Stephen Hawking y Paul Davies han explorado las implicancias de la ciencia para la teología con teólogos de la talla de John Polkinghorne y Wolfhart Pannenberg. Además de haber publicaciones especializadas dedicadas al diálogo entre la ciencia y la religión, como *Zygon* y *Perspectives on Science and Christian Faith* [Perspectivas sobre la ciencia y la religión cristiana], es aun más significativo que revistas seculares como *Nature* y el *British Journal for the Philosophy of Science* (revista dedicada a la cilosofía de la ciencia) también publiquen artículos acerca de las implicancias recíprocas entre la ciencia y la teología. El diálogo entre éstas se ha vuelto tan relevante en nuestros días que, tanto la Universidad de Cambridge como la Universidad de Oxford, han establecido cátedras sobre ambas. Menciono todo esto simplemente para contrarrestar un mito cultural, un mito arraigado en la ignorancia y rechazado hoy por la mayoría de la academia: el mito de que la ciencia y la religión cristiana son adversarios inherentes más que aliados en la búsqueda de la verdad.

¿CUÁL DEBERÍA SER LA RELACIÓN ENTRE TEOLOGÍA Y CIENCIA?

Las respuestas a esta pregunta tan discutida pueden dividirse básicamente en dos grandes campos: quienes insisten en que no hay conflicto posible entre la ciencia y la teología y aquellos que consideran que dicho conflicto es posible. Los cristianos deberían ser cautelosos antes de aceptar la respuesta fácil del primer campo. Es muy tentador para los creyentes religiosos tratar de evitar todo el problema y afirmar que la religión y la ciencia nunca pueden entrar en conflicto, no hay nada de qué preocuparse. Pero esta respuesta puede ser considerada inaceptable una vez que la examinamos con más detenimiento, porque cualquiera que opte por esta primera respuesta, debe sostener *una teoría de la doble verdad*, según la cual algo puede ser científicamente falso pero teológicamente verdadero; o que son *complementarias*, que la ciencia y la teología son dos campos que no se superponen (la ciencia se refiere a los hechos y la teología nos da el marco de los valores y el sentido). Sin embargo, la teoría de la doble verdad es incoherente, dado que hay una verdad objetiva acerca de la realidad. (Afirmar: «No hay verdad objetiva» sería en sí una verdad objetiva y, por lo tanto, ¡estaría refutando lo que pretende afirmar!). Pero si hay una verdad objetiva acerca de cómo es el mundo, no es lógico afirmar, por ejemplo, que mientras, desde el punto de vista científico, es verdadero que el universo es eterno y no fue creado, no obstante, desde el punto de vista teológico, es verdad que tuvo un principio y que fue creado.

Con respecto a que se traten de dos disciplinas complementarias, la aproximación popular demasiado a menudo no es más que una excusa velada para desestimar los postulados de verdad de la religión, como es evidente en el comentario cándido de Freeman Dyson: «A fin de cuentas, la ciencia trata acerca de cosas y la teología trata acerca de palabras»[5]. La idea de que sean dos campos complementarios también es inaceptable, porque la fe cristiana hace afirmaciones históricas, y la historia tiene, desde un punto de vista epistemológico, la misma jerarquía que la ciencia, como es evidente especialmente en las ciencias históricas como la paleontología y la cosmología. Por lo tanto, no se puede evitar la posibilidad de verdades conflictivas entre la ciencia y la religión. Debemos reconocer el riesgo que esto implica para la fe cristiana: la verdad del cristianismo estaría en peligro. Sin embargo, ahí radica también su grandeza, porque el mundo que ambos campos tienen en común y que hace posible el conflicto también ofrece la posibilidad de verificar las verdades preconizadas por la teología cristiana.

¿Cómo describe la ciencia moderna al mundo?

C.P. Snow se lamentaba en su famoso ensayo: «The Two Cultures» [Las dos culturas], que a pesar de que la mayoría de las personas viven en una era científica y disfrutan diariamente los beneficios de la misma, no tienen idea de lo que ésta enseña acerca del mundo.[6] Aunque la mayoría hemos cursado materias de ciencia en la escuela y la secundaria, pocos podríamos describir ni siquiera a grandes rasgos la imagen del mundo representada por la ciencia moderna. Sin embargo, si no se entiende cómo concibe el mundo, resulta imposible poder relacionar nuestra teología con la ciencia y arribar a una cosmovisión unificada. Por lo tanto, con la ayuda de Victor Weisskopf,[7] quisiera esbozar un perfil de la visión que la ciencia moderna tiene del mundo conforme a su desarrollo histórico:

1. Unificación de la mecánica celestial y terrenal: las mismas leyes de la naturaleza rigen en todo el universo.

2. La existencia de especies atómicas: toda la materia es el resultado de la combinación de unos cientos de átomos elementales diferentes.

3. El calor es movimiento aleatorio: el calor se debe al movimiento de las partículas de la materia y no es en sí una sustancia.

4. La unificación de la electricidad, el magnetismo y la óptica: son todas manifestaciones del mismo campo electromagnético.

5. La evolución de los seres vivos: la vida y la complejidad biológica surgió como se describe en la síntesis Neodarwiniana.

6. La teoría de la Relatividad: el espacio y el tiempo están unificados en las cuatro dimensiones espacio y tiempo, cuya curvatura corresponde a campos gravitacionales.

7. La teoría Cuántica: a un nivel sub-atómico las nociones de posición y de momento tienen límites debidos a la indeterminación causal.

8. La Biología Molecular: el descubrimiento de la macro-molécula de ADN reveló que el código genético es responsable del desarrollo de los seres vivos.

9. La «Escala» Cuántica: los sistemas materiales están ordenados jerárquicamente de manera que, cuanto menor sea el sistema, mayor será la energía condensada allí, develando así el secreto de la energía nuclear.

10. Un universo en expansión: el universo tiene una evolución histórica que comenzó con una gran explosión.

Muchas de estas cuestiones dan lugar a importantes cuestiones de orden apologético. Los cristianos alertas, especialmente los líderes, necesitan contar con una comprensión general de estas cuestiones y estar preparados para ofrecer su perspectiva al respecto y sugerir recursos apropiados a quienes deseen respuestas más profundas. Lamentablemente, las cuestiones que deben discutirse son tantas y la amplitud de los temas es tan vasta que el espacio del que disponemos no permitirá más que un tratamiento superficial de los mismos. Por lo tanto, he decidido considerar brevemente solo cuatro áreas que se han caracterizado últimamente por una interacción significativa entre la teología cristiana y la ciencia.

¿CUÁL ES EL ORIGEN DEL UNIVERSO?

El punto diez, con respecto al contorno de la visión científica del mundo, plantea la cuestión de los orígenes del cosmos. Es la pregunta crucial de la creación: ¿cuál es el origen del universo? ¿Por qué existe? La Biblia comienza con las palabras: «Dios, en el principio, creó los cielos y la tierra». Nos enseña así que el universo tuvo un principio. La Biblia no dice que este principio haya sido reciente. Eso es una inferencia equivocada basada en la suma de las edades de diversas figuras del Antiguo Testamento. Pero las genealogías del Antiguo Testamento no pretenden registrar todas las generaciones y, en todo caso, dicho recuento solo nos llevaría a la creación de la vida sobre la Tierra (cf. Génesis 1:2) y no al origen mismo del universo (cf. Génesis 1:1). Desde la antigüedad hasta el siglo veinte, la doctrina bíblica de que el universo tiene un origen ha sido repudiada tanto por la filosofía griega como por el ateísmo moderno. A pesar de esto, la Iglesia se ha mantenido firme en su afirmación de la creación temporal del universo a partir de la nada.

Luego, en 1929, sucedió algo alarmante. Un científico, llamado Edwin Hubble, descubrió que la luz de las galaxias más alejadas parecían más rojas de que lo que era de esperar. La conclusión insólita a la que Hubble arribó fue que la luz es más roja porque el universo se está separando, está en expansión. Esto afecta, por lo tanto, la luz de las galaxias, ya que cada vez se alejan más de nosotros.

Pero esta es la parte interesante: Hubble no solo demostró que el universo se está expandiendo sino que se está expandiendo igual en todas las direcciones. Para hacernos una idea de esto, imaginemos un globo con botones pegados a su superficie. Al inflarlo, los botones se alejan entre sí cada vez más, aunque están bien adheridos en un lugar. Estos botones se asemejan a las galaxias en el espacio. Como el espacio se está expandiendo, todas las galaxias están cada vez más alejadas entre sí.

Increíblemente, esto implica que si nos retraemos en el tiempo, todo debió estar antes más y más próximo entre sí. Al final, en algún momento del pasado finito, todo el universo conocido estaba concentrado en un punto matemático, que los científicos llaman la «singularidad», a partir de la cual el universo ha estado expandiéndose desde entonces.

Cuanto más nos retraemos en el tiempo, más denso se torna el universo, hasta que, al final, se llega a un punto de densidad infinita a partir del cual comenzó a expandirse. Este suceso inicial se conoce como el «big bang», o la gran explosión.

El suceso que marca el principio del universo llega a ser más increíble cuando se tiene en cuenta que no existía nada antes de este. No existía nada antes de la singularidad, porque está en los límites del espacio físico y del tiempo. Representa, por lo tanto, el origen, no solo de la materia y de la energía, sino también del espacio físico y del tiempo mismo. Los físicos John Barrow y Frank Tipler observan: «En esta singularidad comienza la existencia del espacio y del tiempo; literalmente no existía nada antes de la singularidad, por lo que, si el universo se originó allí, verdaderamente tendríamos una creación de la nada»[8].

Se trata de una conclusión profundamente inquietante para cualquiera que la reflexione, porque hay una pregunta que no se puede suprimir: ¿por qué existe *el universo* en vez de la nada? No puede haber ninguna causa natural y física para la gran explosión dado que, en palabras del filósofo Quentin Smith: «Pertenece analíticamente al concepto de la singularidad cosmológica que no es el efecto de hechos físicos anteriores. La definición de singularidad ... conlleva que es imposible extender el marco espaciotemporal más allá de la singularidad ... lo que obliga a descartar la idea de que la singularidad es un efecto de algún proceso natural anterior»[9]. Sir Arthur Eddington, al considerar el inicio del universo, opinaba que la expansión del mismo era un concepto tan prepotente e increíble que «Me siento indignado de que alguien pueda creer en él, excepto yo mismo»[10]. Al final, se vio obligado a concluir: «El principio parece presentar dificultades insalvables a menos que acordemos considerarlo como un evento francamente sobrenatural»[11].

Algunas personas se sintieron comprensiblemente perturbadas por la idea de que el universo, aparentemente, hubiera sido creado de la nada. Intentaron, por lo tanto, descubrir el modo de eludir la singularidad inicial y recuperar la idea de un universo eterno, pero todo fue en vano. La historia de la cosmología del siglo veinte ha sido la historia de reiteradas refutaciones de dichas teorías no estándares y la corroboración de la teoría de la Gran Explosión.[12] El veredicto, abrumadoramente mayoritario, de la comunidad científica ha sido que ninguna de estas teorías alternativas son superiores a la teoría de la Gran Explosión. Una y otra vez, los modelos que pretenden evitar las implicaciones del modelo estándar de un principio absoluto del universo han tenido que ser rechazados por insostenibles o por no poder probar la ausencia de un principio. Por ejemplo, en algunas de dichas teorías, como en la de un universo oscilatorio (que se expande y contrae indefinidamente) o la de un universo caóticamente inflacionario (que genera continuamente nuevos universos), si bien los hipotéticos universos tienen un futuro potencialmente infinito, tienen en cambio un pasado finito. Las teorías de un universo fluctuando en el vacío (que postulan un vacío eterno que dio origen a nuestro universo) no pueden explicar por qué, si el vacío era eterno, no podemos observar un universo infinitamente viejo. Si bien estas teorías circulan de vez en cuando en la prensa popular, dichos modelos han sido abandonados por casi todos los teóricos de hoy.

Uno de los intentos recientes más celebrados para evitar la singularidad inicial ha sido postulado por la teoría de Gravedad Cuántica de Stephen Hawking, que en su momento recibió mucha atención en la prensa popular, gracias a su éxito de ventas *A Brief History of Time* [Una breve historia del tiempo]. Según su teoría, el pasado es finito pero no tienen ningún principio o límite. Hawking no teme sacar conclusiones teológicas de su modelo. Escribe: «El universo no tendría ni principio ni fin y no sería ni creado ni destruido.

Simplemente, sería. ¿Qué lugar queda entonces para un Creador?»[13].

Por desgracia, para los detractores de la creación, el modelo de Hawking no puede ser una descripción realista del universo. Para mencionar solo un aspecto: él presupone que el universo existe en un tiempo imaginario en vez de en un tiempo real. Esto significa que, en sus ecuaciones, Hawking usa números imaginarios para las coordenadas de tiempo, números como la raíz cuadrada de -1. El problema es que dichos números no son más que algoritmos matemáticos o funciones sin significado físico. Ya, en 1920, Eddington exploró lo que llamó el «truco» de usar números imaginarios para definir las coordenadas del tiempo, pero concluyó que «no era muy productivo» para especular acerca de las implicancias que podía tener porque, según él, «no se trata más que de instrumentos analíticos»[14]. El tiempo imaginario, dijo, era meramente un instrumento ilustrativo que «no correspondía a ninguna realidad física»[15].

Asombrosamente, en un libro más reciente, *The Nature of Space and Time* [La naturaleza del espacio y el tiempo] (1996), Hawking reconoce precisamente esto. Dice: «Una teoría física no es más que un modelo matemático y no tiene sentido preguntarse si corresponde a la realidad ... Lo que importa es que la teoría pueda predecir los resultados de las mediciones»[16]. Ahora bien, si lo único que hace la teoría de Hawking es esto, es obvio que no elimina un verdadero principio para el universo ni la necesidad de un Creador. Se trata simplemente de usar términos matemáticos para redescribir el universo con un principio singular de manera tal que la singularidad no figure en la redescripción. En cualquier caso, la teoría de Hawking, de interpretarse de manera realista, todavía implica un origen absoluto del universo, aunque no se haya originado en una singularidad, como postula la teoría de la Gran Explosión.[17] Su modelo no tiene un *punto* de principio sino que tiene solo un pasado finito y, por lo tanto, un origen absoluto. El mismo Hawking se encarga de resumir la situación: «Casi todos hoy creen que el universo, y el tiempo mismo, tuvo su principio con la Gran Explosión»[18].

Dadas las obvias implicancias teológicas planteadas por un origen del universo a partir de la nada es factible esperar que se continúen proponiendo teorías alternativas al modelo de la Gran Explosión, en un intento de restaurar un universo eterno. Paul Steinhardt, de la Universidad de Princeton, recientemente fue objeto de gran cobertura en la prensa popular por su nuevo modelo cíclico o ekpirótico del universo.[19] Estas propuestas alternativas deberían ser recibidas con beneplácito y cotejadas con la evidencia, porque el patrón continuado de fracasos de dichos modelos alternativos no hace más que corroborar la predicción de un principio absoluto según el modelo estándar de la Gran Explosión, aumentando la credibilidad de esta teoría. A pesar de la predisposición contraria de muchas personas, la evidencia acumulada apoya consistentemente la visión de un universo creado de la nada. J.M. Wersinger, profesor de física de la Universidad de Auburn, hace las siguientes observaciones:

«Al principio, la comunidad científica era reacia a aceptar la idea del nacimiento del universo.

»El modelo de la gran explosión no solo parecía dar la razón a la idea judeo-cristiana de un principio para el mundo, sino que también parecía requerir la intervención de una creación sobrenatural…

»Se requirió tiempo, observaciones y cuidadosas verificaciones de las predicciones del modelo de la gran explosión, antes de que la comunidad científica se convenciera y aceptara la idea de una génesis cósmica.

»La gran explosión es un modelo muy productivo que, por su fuerza, se impuso a una comunidad científica reacia»[20].

Contra toda expectativa, la ciencia corroboró la predicción de la Biblia del principio del universo.

¿QUÉ SIGNIFICA «LA PUESTA A PUNTO» DEL UNIVERSO?

El hecho de que el universo exista no es garantía de que
tenga condiciones propicias para la vida. Los científicos solían pensar que cualquiera que fueran las condiciones iniciales
del universo, eventualmente evolucionaría a las complejas
formas de vida que conocemos hoy, como postula el punto
cinco con respecto a la concepción científica del mundo
(pág. 53). Uno de los últimos descubrimientos, con respecto
al origen y la evolución de la vida, sin embargo, ha sido el de
lo increíblemente coordinado que nuestro universo debió
estar desde el mismo momento de la gran explosión para que
la vida pudiera originarse en el cosmos. Durante los últimos
casi treinta años, los científicos han quedado atónitos por el
descubrimiento de lo complejo y sensible que debió ser el
equilibrio de las condiciones iniciales en ocasión de la gran
explosión para que el universo permitiera el origen y la evolución de la vida. En los diversos campos de la Física y la
Astrofísica, la Cosmografía clásica, la Mecánica Cuántica y
la Bioquímica, los descubrimientos han develado reiteradas
veces que la existencia de la vida depende de un equilibrio
delicado de constantes y cantidades físicas. De producirse la
más mínima alteración de éstas, el equilibrio se destruiría y la
vida no existiría. En realidad, en muchos casos, ni siquiera las
estrellas y los planetas ni la química ni la materia atómica
propiamente dicha podrían existir, mucho menos la vida biológica. En realidad, el universo parece haber sido «puesto a
punto» desde el momento incipiente para permitir la existencia de vida inteligente.

Por ejemplo, cambios en la fuerza de gravedad o la fuerza

electromagnética en el orden de uno en 10^{40} hubiera hecho imposible la existencia de estrellas como nuestro Sol, y, por lo tanto, la vida tampoco hubiera sido posible. Una disminución o aumento en la velocidad de la expansión de solo una fracción en un millón de millones, cuando la temperatura del universo era 10^{10} grados hubiera resultado en el colapso del mismo en un magma de fuego o hubiera hecho imposible que las galaxias se condensaran, haciendo imposible la vida en ambos casos. Es necesario que lo que se conoce como la constante cosmológica, crucial para el desarrollo de nuestro universo, haya sido inexplicablemente «puesta a punto» en no más ni menos que una fracción de 10^{53} para que fuera posible la existencia de un universo con condiciones para la vida. Esta es solo una de las muchas constantes y cantidades que deben estar presentes para que haya condiciones aptas para la vida en el universo.

No es cuestión de que cada cantidad esté en su justa medida, sino que también deben estar «puestas a punto» las cantidades relativas entre estas. Por ende, la situación no se asemeja a una ruleta en los casinos de Montecarlo que debe arrojar un conjunto de ciertos números; sino que se parece más a la ruleta de Montecarlo arrojando un conjunto de ciertos números, y que esos números tengan determinada relación entre sí. Por ejemplo, que el número arrojado por una ruleta sea siete veces más grande que el número arrojado por otra ruleta y que un tercio del número en otra ruleta. La existencia de un universo con condiciones aptas para la vida es abrumadoramente improbable.

¿Cómo deberíamos entender la noción de probabilidad presente en un universo con condiciones aptas para la vida? John Barrow, físico británico, nos sugiere algunas ideas.[21] Nos invita a trazar un punto rojo en una hoja de papel para que represente nuestro universo. Ahora bien, una variación mínima en algunas de las condiciones iniciales nos permite representar un universo diferente. Si hay condiciones para la vida, trazamos otro punto rojo, si no hay condiciones para la vida, trazamos un punto azul. Repitamos esto una y otra vez hasta que la hoja de papel esté completamente cubierta de puntos. ¿Con qué terminamos? Terminamos con un mar azul y unos pocos puntitos rojos. Es en este sentido que puede decirse con propiedad que la existencia de un universo con condiciones para la vida sería increíblemente improbable.

Algunas personas dirán: «Sí, nuestro universo es improbable. Pero cualquier otro universo sería igualmente improbable. Sería como ganar la lotería. La posibilidad de que cualquier persona gane la lotería es muy improbable, pero *alguien* tiene que ganar». Esta objeción sirve para destacar que no es solo cuestión de probabilidades, sino de probabilidad *específica* lo que está en juego. No es solo la probabilidad de la existencia de un universo u otro, sino la probabilidad de la existencia de un universo *con condiciones aptas para la vida*. Por lo tanto, la analogía correcta sería una lotería en la que un billón de billones de billones de bolitas negras se revuelve con una bolita blanca y luego se nos invitara a tomar una bolita con los ojos cubiertos. Si bien todas las bolitas tienen la misma probabilidad de salir, será muchísimo más probable que la bolita que saquemos sea negra y no blanca. Para completar esta analogía, supongamos que nuestra vida dependiera de sacar una bolita blanca: ¡si no sacas una bolita blanca, estás muerto! Si metiéramos la mano, con los ojos cubiertos, entre todos esos millones y millones de bolitas negras, y de pronto descubriéramos que habíamos sacado la única blanca que había, con todo derecho sospecharíamos que alguien había hecho trampa. Si todavía eres escéptico, suponte que para evitar la ejecución debieras sacar una bolita blanca tres veces seguidas. Las probabilidades no serían significativamente diferentes, pero nadie, en su sano juicio, pensaría que si saca una tras otra bolita blanca hubiera sido solo por casualidad.

¿QUÉ SIGNIFICA LA HIPÓTESIS DE «MUCHOS MUNDOS»?

Los teóricos que defienden la alternativa de la casualidad se han visto, por lo tanto, obligados a adoptar una hipótesis extraordinaria: la de «muchos mundos». De acuerdo con esta, nuestro universo sería solo un elemento más de una colección mayor de universos, todos reales, y universos existentes y no solo posibles. Para asegurar que en el concierto de mundos apareciera, por casualidad, un universo con condiciones propicias para la vida, se estipula que hay una cantidad infinita de universos en el conjunto (para que se realicen todas las posibilidades) y que las constantes y cantidades físicas se ordenan de manera aleatoria (para que los mundos no sean todos iguales). Por ende, en alguna parte de este concierto de mundos aparecerán solo, por casualidad, universos armónicamente ajustados como el nuestro. No debería sorprendernos observar condiciones precisamente—balanceadas, ya que observadores como nosotros solo existen en aquellos universos que están bien «puestos a punto».

El hecho de que científicos serios, deban sentirse forzados a recurrir a dicha hipótesis metafísica extraordinaria es una medida del grado a que estos clamores de «puesta a punto» exigen justificación. Paul Davies no hace mucho declaró que el caso a favor del diseño se mantiene en pie o cae conforme al éxito de la hipótesis de muchos mundos.[22]

¿Qué se puede decir, entonces, de esta hipótesis? En primer lugar, debemos darnos cuenta que no es más científica ni menos metafísica que la hipótesis de un «diseñador cósmico». Como dice el teólogo y científico John Polkinghorne: «La gente procura pergeñar un relato de "muchos universos" en términos seudocientíficos, pero eso es seudo ciencia. Pensar que pudiera haber muchos universos con diferentes leyes y circunstancias no es otra cosa que una conjetura metafísica»[23]. Pero como hipótesis metafísica, la de muchos mundos es argumentativamente inferior a la del diseño, porque ésta es *más simple*. Según un principio conocido como la navaja de Ockham, no se deberían multiplicar las causas más allá de lo necesario para explicar los efectos. Y es más simple postular un diseñador cósmico para explicar nuestro universo que la de una colección infinitamente recargada e inventada de universos, como requiere la hipótesis de muchos mundos. Por lo tanto, es preferible la hipótesis del diseño.

En segundo lugar, no hay manera conocida de generar un concierto de mundos. Nadie ha sido capaz de explicar cómo o por qué dicha colección diversa de universos pudiera y debiera existir. Además, los intentos que se han hecho requieren también estar ajustados. Por ejemplo, aunque algunos expertos en cosmografía apelan a las llamadas teorías inflacionarias del universo para generar un concierto de mundos, el único modelo inflacionario consistente es la teoría Inflacionaria del Caos de Linde, la cual requiere una puesta a punto inicial para comenzar el proceso de inflación.

En tercer lugar, la hipótesis de muchos mundos enfrenta un grave cuestionamiento desde la teoría «de la Evolución Biológica», que es uno de los puntos de la cosmovisión científica.[24] Antes de continuar, un poco de antecedentes: durante el siglo diecinueve, el físico alemán Ludwig Boltzmann, propuso un tipo de hipótesis de muchos mundos para explicar por qué no encontramos el universo en un estado de «muerte por calor» o equilibrio termodinámico en el que la energía estuviera distribuida en forma uniforme por todo el universo.[25] Boltzmann planteó la hipótesis de que el universo, en su conjunto, está, de hecho, en un estado de equilibrio, pero que con el transcurso del tiempo las fluctuaciones en el nivel de energía ocurren aquí y allá en todo el universo de manera que solo por casualidad habrá regiones aisladas en las cuales exista el desequilibrio. Boltzmann se refiere a estas regiones aisladas como «mundos». No deberíamos sorprendernos al observar que nuestro mundo está en un estado de desequilibrio muy improbable dado que en el concierto de todos los mundos la probabilidad exige que algunos mundos estén en desequilibrio... y el nuestro es uno de esos mundos.

El problema de esta osada hipótesis de muchos mundos es que si el nuestro no es más que una fluctuación en un mar de energía difusa, sería muchísimo más probable que tuviéramos que observar una región de desequilibrio mucho menor que la presente. Para que existiéramos, una fluctuación menor, aunque solo fuera una que produjo nuestro mundo en un instante por un enorme accidente, sería muchísimo más probable que una progresiva disminución de la entropía para dar forma al mundo tal como lo conocemos. En realidad, esta hipótesis, de adoptarse, nos obligaría a considerar que el pasado es ilusorio, que todas las cosas solo tienen una mera apariencia de antigüedad, y que las estrellas y los planetas son igual de ilusorios. Y dicho tipo de mundo, en que las estrellas no son más que «imágenes», en cierto modo sería mucho más probable, dado el estado de equilibrio generalizado, que un mundo con hechos temporalmente genuinos y espacialmente distantes. Por lo tanto, esta hipótesis de muchos mundos ha sido rechazada por toda la comunidad científica, y el desequilibrio actual suele considerarse nada más que como el resultado de una condición de baja entropía inicial misteriosamente existente al principio del universo.

Ahora bien, la hipótesis de muchos mundos conlleva un problema paralelo igual a la explicación de un universo bien ajustado. Según la teoría Hegemónica de la Evolución Biológica, la vida inteligente como la nuestra, si ha de evolucionar, lo hará hacia el fin de la vida del sol tanto como sea posible. Cuanto menor sea el tiempo disponible para el funcionamiento de los mecanismos de mutación genética y de selección natural, menor será la probabilidad de evolución de vida inteligente. Dada la complejidad del organismo humano es muchísimo más probable que nosotros evolucionemos más tardía que tempranamente en la vida del sol. Por lo tanto, si nuestro universo no es más que uno en un concierto de mundos, sería abrumadoramente más probable que estuviéramos observando un sol muy viejo más que uno relativamente joven de solo unos pocos billones de años. Si somos producto de la evolución biológica, deberíamos hallarnos en un mundo en que evolucionamos tardíamente en la vida de nuestra estrella. En realidad, adoptar la hipótesis de muchos mundos, para evitar explicar la «puesta a punto» del universo, también resulta en una forma extraña de ilusionismo. Sería mucho más probable que todas nuestras estimaciones astronómicas, geológicas y biológicas de edades relativamente jóvenes estuvieran erradas, que en realidad existimos tardíamente en la vida del sol y que la apariencia de juventud del mismo y la tierra no es más que una enorme ilusión, lo que es científicamente un disparate. Por lo tanto, o no somos productos de la casualidad de la evolución biológica (en cuyo caso el diseño debe ser cierto) o no somos productos de la casualidad en un concierto de mundos (en cuyo caso el diseño debe ser cierto). Sea cual fuere el caso, la lógica nos conduce a un diseñador.

Con el fracaso de la hipótesis de muchos mundos, el último obstáculo a la inferencia del diseño en la «puesta a punto» del universo termina por resquebrajarse. Dada la incomprensible improbabilidad especificada de que las condiciones iniciales del universo fueran ya propicias para la vida es plausible creer, como dice la Biblia, que este mundo fue providencialmente ordenado por Dios para sostener la vida.

¿CUÁL ES LA EXPLICACIÓN DEL VERDADERO ORIGEN DE LA VIDA?

La «puesta a punto» del universo provee ciertos prerrequisitos para la existencia de vida en cualquier parte del cosmos, pero no garantiza que la vida en realidad surja en el universo. En otras palabras, si bien estas condiciones propicias eran *necesarias* para la vida, no eran *suficientes* para la vida. Por lo tanto, podemos preguntarnos ¿qué más se necesita? ¿Cómo explicar el verdadero origen de la vida?

A la mayoría posiblemente se nos enseñó en la escuela que la vida se originó en un «caldo primitivo» por reacciones químicas aleatorias. En la década de los cincuenta, Stanley Miller fue capaz de sintetizar aminoácidos al hacer pasar una corriente eléctrica por gas metano. Aunque los aminoácidos no son seres vivos, las proteínas están compuestas de aminoácidos, y las proteínas están presentes en todos los seres vivos, y entonces la esperanza era que, de alguna manera u otra, era posible explicar el origen de la vida.

A primera vista, dicho escenario para el origen de la vida parecería ser indefectiblemente improbable. Fred Hoyle y Chandra Wickramasinghe estimaron que la probabilidad para que entre diez y veinte aminoácidos requeridos se combinaran libremente (recordemos que en esta situación no hay selección natural y por lo tanto no se puede hablar de evolución química) para formar una enzima era una en casi 10^{20}. Dado el tamaño de los océanos de la tierra y los billones de años disponibles, pensaban que dicha improbabilidad no era insalvable. Pero señalaban que hay dos mil enzimas hechas de aminoácidos, todas las cuales tendrían que haber sido producto de la casualidad, y la probabilidad para que eso ocurriera sería de uno en 10^{4000}, una probabilidad tan «increíblemente pequeña» que sería impensable «ni siquiera aunque todo el universo consistiera de un caldo orgánico»[26]. Y esto no es más que el principio. Todavía queda pendiente la formación de cadenas de ADN a partir de proteínas y de la compleja maquinaria presente en las células. Estos asuntos son demasiado complicados para poder cuantificarlos.

Por lo tanto, el escenario de un caldo primigenio nunca tuvo muchas posibilidades. Lo que la mayoría de la gente común y corriente no se da cuenta, sin embargo, es que todos estos escenarios antiguos del «origen químico de la vida» han sido descartados y abandonados. Este punto ha sido maravillosamente documentado en el libro *The Mystery of Life's Origin* [El misterio del origen de la vida].[22] Los autores puntualizan que, probablemente, nunca existió una cosa así llamada caldo primigenio, porque los procesos naturales de destrucción y dilución hubieran evitado las reacciones químicas que supuestamente hubieran originado la vida. Además, originalmente se pensó que se contaba con billones de años para que la vida pudiera originarse por casualidad. Sin embargo, hoy tenemos evidencia fósil de que la vida existía hace ya tres mil ochocientos millones de años. Esto significa que «la ventana de oportunidad» en que la vida debía originarse por casualidad estaría siendo progresivamente menor, quedando reducida a solo unos veinticinco millones de años, lo que es un margen de tiempo muy breve para estos escenarios de causalidad. Además, para los escenarios de origen químico de la vida es indispensable que la atmósfera terrestre, en sus orígenes, tuviera muy poco oxígeno; la evidencia, sin embargo, sugiere que la atmósfera originalmente era rica en oxígeno. Todavía más, no existía manera de preservar los productos de la evolución química para el supuesto segundo paso en el desarrollo. Los mismos procesos que los formaban servían para destruirlos. La Termodinámica también plantea un problema insuperable para dichos escenarios, porque no hay manera de controlar la energía bruta del ambiente, por ejemplo, la energía de los rayos o del Sol, para que puedan catalizar la evolución química.

Por estas razones, y más, todo el campo de los estudios del origen de la vida está en una encrucijada. Todas las viejas teorías no se sostienen en pie; no se avizora ninguna nueva teoría aceptable en el horizonte. El origen de la vida sobre la tierra parece ser algo inexplicable. Francis Crick ha reflexionado acerca de esto y ha dicho que «es casi como si fuera un milagro»[28]. Debido a estos problemas, algunos científicos están diciendo que, tal vez, la vida no se originó en la tierra, sino que fue originalmente transportada por meteoritos de algún otro planeta. Pero eso implica un salto de fe pura y lo único que hace es aplazar el problema. ¿Cómo se originó la vida en otro lugar? En vez de responder a la pregunta, hace que la pregunta carezca de respuesta.

A veces la gente dice que si el universo fuera infinito (o si hubiera muchos universos), entonces, a pesar de lo improbable que fuera la vida, se originaría en algún lugar por casualidad. En realidad, si el universo es infinito, la vida existiría por casualidad infinitamente muchas veces en todo el universo. Pero el problema con esta objeción es que multiplica los recursos probabilísticos sin justificación. Si pudiéramos hacer esto, podríamos explicar de la misma manera virtual cualquier hecho improbable, y con esto excluiríamos cualquier conducta racional. A pesar de lo improbable que algo pudiera ser, siempre podríamos encontrarle una explicación diciendo que en un universo infinito en algún lado podría suceder. ¿Pueden imaginarse el siguiente diálogo en una mesa de póquer en un salón de juegos en el oeste de Texas?

—Compadre ¡no estás jugando limpio! ¡Eres un tramposo! Cada vez que repartes ¡sacas cuatro ases!

—Pues mira, viejo, sé que puede parecerte sospechoso que cada vez que reparto me toquen cuatro ases, pero tienes que entender que en este universo infinito hay una cantidad infinita de partidas de póquer teniendo lugar como esta en otros lados. Así que es muy probable que en algunas de ellas, cada vez que reparto me toquen cuatro ases. Así que ¡cállate la boca de una vez y a ver si te dedicas a jugar a las cartas!

Ahora, si tú fueras el viejo, ¿serías tan tonto como para seguir jugando más partidas de póquer? Según este tipo de razonamiento, la paradoja es que nunca tendríamos prueba de que el universo es infinito, porque cualquier evidencia que así lo demuesstre podría explicarse diciendo que es el resultado de la casualidad en un universo suficientemente grande (si bien todavía finito) para que la evidencia fuera solo resultado de la mera casualidad. Por lo tanto, la objeción, en última instancia, es insostenible y no puede afirmarse racionalmente.

Ahora bien, la Biblia no dice cómo se originó la vida. Solo dice: «Y dijo Dios: "¡Que haya vegetación sobre la tierra; que ésta produzca hierbas que den semilla, y árboles que den su fruto con semilla, todos según su especie!". Y así sucedió. … Y dijo Dios: "¡Que rebosen de seres vivientes las aguas, y que vuelen las aves sobre la tierra a lo largo del firmamento!"» (Génesis 1:11,20). La Biblia no es un libro científico y no nos dice qué medios, si es que se valió de algunos, usó Dios para crear la vida, pero la evidencia científica, sin duda, concuerda con que (para usar las palabras de Francis Crack), el origen de la vida fue un milagro; es decir, un hecho generado de manera sobrenatural por Dios. La Biblia y la ciencia, evidentemente, no entran en conflicto a este respecto; de hecho, en todo caso, la evidencia científica es más clara que la Biblia en el sentido de que el origen de la vida se debió a un acto milagroso de Dios el Creador.

¿QUÉ DURACIÓN TIENEN LOS DÍAS DE LA CREACIÓN EN GÉNESIS?

Hagamos una pausa para recapitular. Para comenzar, tenemos la improbabilidad de que las condiciones iniciales del universo estuviesen «puestas a punto» de manera tal que fueran propicias para que la vida existiera en el cosmos. Además, debemos agregar la improbabilidad real del origen de la vida sobre la Tierra primitiva. Pero aun cuando esas dos condiciones se cumplieran, no habría garantía de que la vida pudiera desarrollarse y desenvolverse en organismos complejos. Por lo tanto, además de todas las improbabilidades ya consideradas, ahora debemos agregar la improbabilidad de la evolución de complejidad biológica.

Se trata de un tema en el que los cristianos adoptan diversos puntos de vista. Algunos creyentes consideran que Génesis describe una semana literal de seis días para la creación, pero, a mí entender, hay claves en el texto mismo que nos muestran que no pretende describir una semana así para la creación. Por ejemplo, el séptimo día claramente no es un período de veinticuatro horas sino que representa el día de descanso, cuando Dios reposó del trabajo de la creación y que se extiende hasta el día de hoy. Estamos viviendo el séptimo día. Y con respecto al tercer día, leemos: «Y dijo Dios: "¡Que haya vegetación sobre la tierra; que ésta produzca hierbas que den semilla, y árboles que den su fruto con semilla, todos según su especie!". Y así sucedió. Comenzó a brotar la vegetación: hierbas que dan semilla, y árboles que dan su fruto con semilla, todos según su especie. Y Dios consideró que esto era bueno. Y vino la noche, y llegó la mañana: ése fue el tercer día» (Génesis 1:11-13). Ahora bien, todos sabemos cuánto tiempo demoran, por ejemplo, los manzanos en crecer, brotar y dar fruto. Salvo que nos imaginemos esto teniendo lugar como en una fotografía de alta velocidad (como en la película *El desierto viviente* de Walt Disney) en que las plantas germinan, crecen y se cubren de pimpollos y de frutos, este proceso debió haber ocurrido en más de veinticuatro horas. Me cuesta creer que el autor de Génesis hubiera querido que sus lectores se imaginaran las cosas apareciendo de pronto como en una película a alta velocidad. Quisiera señalar que mi argumento se basa en el propio texto, no en nada que la ciencia pueda decirnos.

Históricamente, ni la mayoría de los judíos ni los cristianos interpretaron Génesis 1 como refiriéndose a períodos de veinticuatro horas, como el profesor judío Nathan Aviezer señala en su libro reciente *In the Beginning* [En el principio].[29] Aviezer hace referencia a ciertos clásicos eruditos rabínicos de la Torá y el Talmud para probar su argumento, y también podríamos citar a los primeros padres de la Iglesia Cristiana como Irineo, Orígenes, Basileo y Agustín para demostrar lo mismo. No estoy negando que una lectura literal de Génesis 1 sea una interpretación legítima, pero no hay casi manera de poder afirmar que es la única interpretación permitida por el texto, ni tampoco representa, históricamente, como la mayoría de judíos y cristianos han entendido este pasaje.

Pero si esto fuera correcto, entonces Génesis no nos dice prácticamente nada acerca de cómo Dios creo las plantas y los animales. ¿Los creó de la nada? ¿Los creó a partir de otras formas de vida existentes? ¿Se valió de la evolución para producirlos poco a poco? Estas son preguntas científicas que la Biblia no se plantea. El punto principal de la historia de Génesis es decir que Dios es el Creador de todo lo que hay en el mundo. El sol y la luna y los animales y las plantas no son deidades; son solo criaturas: Dios creó todo. La manera en que lo hizo parece no estar resuelta.

Ahora bien, lo que esto implica es que los cristianos son libres de seguir la evidencia a dondequiera que esta los conduzca. A este respecto, el cristiano tiene una ventaja sobre el naturalista. Porque si Dios no existe, la evolución es la única posibilidad. A pesar de lo improbable que sea, a pesar de lo que diga la evidencia, la evolución tiene que ser cierta, porque no hay otra cosa fuera de la naturaleza capaz de dar origen a la complejidad biológica. Por lo tanto, la conclusión del naturalista está determinada de antemano por su filosofía y no por la evidencia.

El libro de Phillip Johnson, *Darwin on Trial* [Juicio a

Darwin], que contribuyó a engendrar el movimiento del Diseño Inteligente,[30] demuestra claramente el punto central de que la teoría neodarwiniana de la evolución no es algo que pueda concluirse a partir de los datos sino que se basa en un compromiso filosófico con el naturalismo. Johnson no tiene problemas en admitir que el darwinismo es la mejor teoría *naturalista* de la complejidad biológica, pero como él no es un naturalista, simplemente dice «¿Y qué me importa? No quiero saber cuál es la mejor teoría naturalista sino cuál teoría es *verdad*». Así, lo que argumenta es que si no se aceptan las premisas del naturalismo, no hay ningún dato empírico que obligue a aceptar que esta teoría sea verdad.

Lo que la evidencia apoya es la microevolución: el cambio dentro de ciertos límites. Pero aun el más conservador de los fundamentalistas está de acuerdo con esto ya que creen que todas las razas humanas descienden de una única pareja humana ancestral, Adán y Eva. El cambio dentro de ciertos tipos no es, por lo tanto, ningún problema. La teoría neodarwiniana representa un enorme salto o extrapolación de la microevolución, con la que todos están de acuerdo, a la macroevolución. Pero los ejemplos abundan en la ciencia en que dichas extrapolaciones han fracasado. Por ejemplo, Einstein intentó extrapolar su exitoso principio especial de la relatividad a un principio general de la misma, pero no lo pudo lograr. Esta última en realidad no es propiamente tal, ya que se trata de una teoría de la gravedad que no hace que todo movimiento sea relativo, como él esperaba. De la misma manera, deberíamos preguntarnos, ¿por qué pensar que la extrapolación de la microevolución a la macroevolución es legítima? Una vez que abandonamos el compromiso metodológico con el naturalismo, ¿por qué pensar que la teoría neodarwiniana es verdad?

¿ES VERDADERA LA TEORÍA NEO-DARWINIANA DE LA EVOLUCIÓN?

La pregunta acerca de la verdad de ésta, en cuanto a la complejidad biológica, es más sutil de lo que la mayoría de la gente cree. Parte del problema radica en la ambigüedad de la palabra *evolución*, la que a veces se toma como significando nada más que «cambios en el transcurso del tiempo», algo con lo que todos estarían de acuerdo. Por lo tanto, debemos ir más allá de esta terminología y estudiar lo que la teoría postula en realidad. Hay al menos dos principios fundamentales en ésta: el primero, que tiene que ver con lo que podríamos llamar la doctrina de un antepasado común; y el segundo, relacionado con los mecanismos de mutación genética y de selección natural.

Según la doctrina del antepasado común, todas las formas de vida evolucionaron a partir de un antepasado único. A su favor está el hecho de que casi todos los organismos vivos tienen el mismo código genético o ADN. Podría decirse que Dios simplemente usó el mismo plan básico de diseño para crear los diferentes tipos de organismos que hizo. Pero más plausible sería pensar que la similitud genética de todas los seres vivientes se debe a que están relacionadas entre sí, y que todos tienen en un antepasado común.

Pero, por otra parte, la evidencia fósil está en franca oposición con la doctrina de un antepasado común. Cuando Darwin propuso su teoría, una de las principales debilidades que tenía era que no había ningún organismo a mitad de camino entre diversos organismos, como formas de transición. Él respondió a esta objeción, sin embargo, aduciendo que estos animales de transición existieron en el pasado y que eventualmente serían descubiertos. Pero, a medida que los paleontólogos desenterraban restos fósiles, no encontraron estas formas; han descubierto más animales y plantas diferentes que se extinguieron. Es cierto que hay algunas formas que posiblemente puedan ser de transición, como el Archaeopterix, un ave con características de reptil. Pero si la teoría neodarwiniana fuera cierta, no habría solo unos pocos eslabones perdidos; en realidad, como señala Michael Denton, habría literalmente millones de formas de transición registradas por los fósiles.[31] El problema no puede ser descartado diciendo que no hemos excavado lo suficientemente profundo. Las formas de transición no se han descubierto porque no están allí. Por lo tanto, la evidencia con respecto a la doctrina de un antepasado en común es confusa. La evidencia provista por el ADN tiende a apoyarla, pero la evidencia fósil la contradice.

¿Y qué de los mecanismos de mutación genética y selección natural que supuestamente son el motor de la evolución? Según la teoría, el desarrollo evolutivo ocurre porque hay mutaciones aleatorias que producen nuevos caracteres en los organismos vivos, y aquellos con más ventajas para la supervivencia pueden sobrevivir y reproducirse.

No conozco evidencia alguna de que estos mecanismos sean capaces de producir el tipo de complejidad biológica que vemos hoy en el mundo a partir de un organismo unicelular. En realidad, toda la evidencia es absolutamente contraria. Por una parte, los procesos son simplemente muy lentos. En su libro, *The Anthropic Cosmological Principle* [El principio cosmológico antrópico], Barrow y Tipler enumeran diez pasos en el curso de la evolución humana (el desarrollo de la respiración aerobia, el desarrollo de un esqueleto interior, el desarrollo del ojo, por ejemplo), cada uno de los cuales sería tan improbable que antes de que pudieran ocurrir, el Sol habría dejado de ser una estrella de primera magnitud y; habría incinerado la tierra![32] Concluyen: «Entre los evolucionistas se ha extendido el consenso general de que la evolución de vida inteligente es tan improbable que sería casi imposible que hubiera ocurrido en cualquier otro planeta de todo el universo visible»[33]. De ser esto cierto, ¿por qué pensar que la vida inteligente evolucionó por casualidad en *este* planeta?

Un segundo problema con la mutación genética y la selección natural es que son incapaces de explicar el origen de la irreductibilidad de los sistemas complejos. Ese el punto principal del libro de Michael Behe, *Darwin's Black Box* [La caja negra de Darwin].[34] Behe, un microbiólogo de la Universidad de Lehigh, puntualiza que ciertos sistemas celulares, como los mecanismos de coagulación de la sangre o las estructuras filamentosas llamadas cilias, son como máquinas microscópicas increíblemente complicadas que no podrían funcionar a menos que todas sus partes estuvieran presentes y en buen estado. Por lo tanto, no pudieron evolucionar parte por parte. Al analizar miles de artículos científicos sobre estos sistemas, Behe descubrió que prácticamente nada había sido escrito acerca de cómo dichos sistemas irreductiblemente complejos hubieran podido evolucionar a partir de mutaciones aleatorias y selección natural.[35] No hay ningún entendimiento científico acerca de cómo dichos sistemas se originaron; con respecto a éstos, el darwinismo no tiene ningún poder explicativo.

En resumidas cuentas, dada la ausencia de un consenso metodológico respecto al naturalismo, no parece haber evidencia de peso para la teoría neodarwiniana. Por el contrario, parecería haber bastante evidencia que apunta a que el relato neodarwiniano no es el fin de la historia. Nuevamente, la Biblia no nos dice cómo creó Dios los organismos biológicamente complejos ni tampoco cómo creó la vida. (El relato de la creación del hombre y la mujer, de Génesis 2, es obviamente muy simbólico, dado que Dios, al no tener pulmones ni una boca, no podría literalmente soplar aliento en la nariz de Adán.) Podría haber creado *ex nihilo* (de la nada), o podría haberse valido de etapas más primitivas de organismos vivos como materia prima para la creación de formas superiores, mediante cambios sistémicos que serían altamente improbables de acuerdo a cualquier explicación naturalista. El cristiano puede seguir la evidencia hasta donde esta lo lleve, pero lo que la evidencia sí parece indicar es que la existencia de la complejidad biológica requiere una inteligencia diseñadora como la descrita en la Biblia.

Conclusión

Lo anterior es apenas una muestra somera del trabajo fascinante e interesante que hoy se está desarrollando en el diálogo entre la ciencia y la religión. Correspondería decir mucho, mucho más; por ejemplo, acerca de la teoría Cuántica y de la teoría de la Relatividad, la Antropología y la Neurología. Hay preguntas difíciles pendientes, pero el creyente evangélico contemporáneo no debería temer a la ciencia como si fuera enemiga de la fe cristiana. En cambio, debería aliarse con la ciencia para entender la verdad acerca del mundo que Dios creó y para encontrar allí ricos recursos apologéticos a favor de la fe cristiana.

PREGUNTAS PARA LA REFLEXIÓN
Y LA DISCUSIÓN

1. ¿Qué le respondería a alguien que le dijera que, como la ciencia pregunta, «¿Cómo?», y la religión «¿Por qué?», nunca podría haber conflicto entre ambas?

2. Si alguien le preguntara: «¿Qué evidencia científica hay para apoyar la existencia de Dios?», ¿qué le respondería?

3. Supongamos que un estudiante cristiano de la secundaria, tal vez su hija o hijo, le dijera que piensa que Dios está llamándolo a desarrollar una carrera profesional como científico, ¿cuál sería su reacción, y qué consejos le daría?

Capítulo cuatro

PREGUNTAS DIFÍCILES ACERCA DE CRISTO

LEE STROBEL

En los albores del nuevo milenio, el presentador de la cadena de noticias ABC, Peter Jennings, provocó un furor nacional cuando emitió un programa especial muy polémico que pretendía realizar «la búsqueda de Jesús». Comenzó el programa con un planteo directo, declarando: «No podríamos decirle si Jesús es el Hijo de Dios; eso es una cuestión de fe». A continuación presentó las aseveraciones dogmáticas de los teólogos de izquierda que afirman que la Biblia está irremediablemente plagada de contradicciones, que María posiblemente haya sido fecundada por un soldado romano, que Jesús en realidad no nació en Belén, que las sanaciones fueron indudablemente psicosomáticas, y que Jesús no había resucitado de entre los muertos. Fue un impresionante muestrario de periodismo carente de sentido crítico y tendencioso que dio motivos justificados para la desaprobación generalizada que se extendió por todo el país.

En una de las primeras tomas, Jennings especuló acerca de si cierta piedra desenterrada por los arqueólogos podría haber sido el lugar donde María embarazada descansó durante su viaje. Dadas las pruebas evidentemente escasas para esta remota posibilidad, agregó: «Es entonces que nos damos cuenta de lo difícil que sería para un periodista verificar los datos para su historia». La implicación, claramente, era que cualquier prueba para los aspectos más significativos de la vida de Jesús, como podría ser su resurrección, serían igual de especulativos.

Quedé muy desilusionado con su nota, en particular porque había realizado mi propia investigación durante dos años para examinar qué evidencia había en el caso de Jesús. Como Jennings, yo también era periodista. Me entrené en la Eçescuela de Periodismo de la Universidad de Missouri y en la Facultad de Derecho de Yale, fui editor de asuntos legales para el diario *The Chicago Tribune*, y un ateo recalcitrante. En 1980, mi esposa se convirtió al cristianismo y me volqué a una búsqueda personal para investigar si la fe tenía algo de credibilidad. A diferencia de Jennings, sin embargo, revisé a fondo una amplia gama de evaluaciones académicas de Jesús. Procuré escarbar por debajo de la superficie de la mera opinión y llegar a la roca viva de los hechos históricos. El resultado: mis conclusiones eran muy diferentes a las suyas.

Mientras que Jennings se imaginaba una brecha entre el Jesús histórico y el Cristo de la fe, llegué a la convicción (a pesar de lo que en un principio esperaba) de que en realidad eran la misma persona. Más aun, la evidencia a favor de la resurrección de Jesús resultó ser tan abrumadora que sentí que no tenía otra opción que aceptarla como autenticación final de la afirmación de la deidad de él. Obligado por los hechos de la historia, me arrepentí de mi pecado y acepté a Cristo como mi perdonador y Señor el 8 de noviembre de 1981. Lo que pensé que sería el final del viaje, resultó ser el comienzo de una aventura como seguidor de Jesús.[1]

Hoy mi ministerio me lleva a todas partes del mundo y a conversaciones con todo tipo de cínicos, escépticos e interesados. Muchos de ellos están empantanados en información errónea acerca de Jesús, en parte, debido a los esfuerzos de miembros del grupo radical del «Seminario de Jesús» [Jesus Seminar] que procuran difundir sus conclusiones escépticas en la esfera pública donde la gente no dispone de medios apropiados para evaluar dichas conclusiones con propiedad.

Aunque el grupo liberal, «Seminario de Jesús», está formado solo por una minoría de estudiosos del Nuevo Testamento y es un semillero de especulaciones sin mucha corroboración, la mayoría del público en general se encuentra influido por este enfoque. Concluyen que el «Seminario de Jesús» (que decide la autenticidad de las afirmaciones de Jesús por votación y niega sus milagros) y otros académicos de la misma opinión representan la «verdadera» erudición que trabaja con hechos indisputables, mientras que descalifican a quienes tienen un enfoque más conservador tildándolos de meros propagandistas que pretenden promover un pensamiento ilusorio de la fe.[2]

La pregunta crucial que Jesús planteó a sus discípulos: «Y ustedes, ¿quién dicen que soy yo?» (Mateo 16:15), continúa reverberando a lo largo de la historia, desafiando a cada individuo para que decida si no era más que un hombre, como parece sugerir el informe de Jennings, o si es el único y unigénito Hijo de Dios, como ha afirmado el cristianismo ortodoxo en el transcurso de los siglos. En vez de tragarme la distinción de la ilustración entre el Jesús de la fe y el de los hechos, concluí que las evidencias históricas, por sí solas, apuntan poderosamente hacia la racionalidad de la fe en la deidad de Cristo.[3]

Procuré articular el caso de Jesús en mis encuentros personales con escépticos y en mis predicaciones en servicios religiosos diseñados para evangelizar a quienes tienen inquietudes espirituales, y me encuentro consistentemente desarrollando cinco hilos de evidencia que tejen una apologética poderosa y convincente a favor de Cristo. Cada uno responde a una pregunta específica que está en la punta de los labios o relegada al fondo de la mente de quienes investigan si el cristianismo puede resistir el escrutinio intelectual. El primer punto trata la cuestión fundacional de si los documentos que pretenden registrar la vida de Jesús son dignos de confianza.

¿SON FIDEDIGNOS LOS REGISTROS DE LA VIDA DE JESÚS?

En su programa especial de televisión, Jennings aceptó prestamente el escepticismo de los profesores liberales con respecto a Mateo, Marcos, Lucas y Juan, los Evangelios que describen la vida, las enseñanzas, los milagros, la muerte y resurrección de Jesús. «Los expertos nos dijeron desde un principio que no toman en un sentido literal todo lo que leen en el Nuevo Testamento, porque este tiene cuatro versiones diferentes y a veces contradictorias acerca de la vida de Jesús», dijo. «No hay ninguna evidencia digna de confianza acerca de quiénes fueron efectivamente los autores. En general, hay un acuerdo generalizado que no fueron testigos oculares. De hecho, los Evangelios posiblemente se escribieron entre cuarenta y cien años después de la muerte de Jesús».

Los escépticos necesitan desmantelar la confianza en los Evangelios para socavar las enseñanzas claras de que Jesús es el Unigénito Hijo de Dios. Sin embargo, hay estudios excelentes que respaldan la exactitud y confiabilidad fundamental de los relatos de los Evangelios. En declaraciones a la revista *Time*, con motivo de un artículo sobre la identidad de Jesús, Peter Stuhlmacher, profesor emérito de la Facultad Teológica Protestante de Tübingen, dijo: «Los textos bíblicos, tal cual están, son la mejor hipótesis que tenemos hasta ahora para explicar lo que realmente sucedió»[4].

Craig Blomberg, profesor de Nuevo Testamento en el Seminario de Denver y autor de *The Historical Reliability of the Gospels* [La confiabilidad histórica de los Evangelios], reconoció que, en sentido estricto, los Evangelios son anónimos. Sin embargo, recalcó que el testimonio uniforme de la

Iglesia Primitiva era atribuir la autoría del primer Evangelio del Nuevo Testamento a Mateo, el recaudador de impuestos y uno de los doce discípulos; atribuir a Juan Marcos, el compañero del discípulo Pedro, la escritura del Evangelio que llamamos Marcos; y a Lucas, conocido como el «médico amado» de Pablo, el Evangelio de Lucas y los Hechos de los Apóstoles.

Si bien el nombre del autor del cuarto Evangelio no está en tela de juicio, fue ciertamente alguien llamado Juan; existen dudas sobre si se trataba del apóstol Juan o si era otro Juan. Blomberg, dice que está convencido de que «la mayor parte importante del material apunta al apóstol», aunque alguien muy cercano a Juan pudo haber cumplido el papel de editor, «dando forma a los últimos versículos y probablemente creando la uniformidad estilística de todo el documento». Pero, en cualquier caso, subrayó: «el Evangelio evidentemente está basado en material de testigos oculares, al igual que los otros tres Evangelios».

El testimonio de la autoría de Marcos y Mateo viene de Papías, en el año 125 d.C. Irineo también lo confirmó en el año 180 d.C.:

«Mateo publicó su propio Evangelio para que circulara entre los hebreos en su lengua, cuando Pedro y Pablo se encontraban predicando el evangelio en Roma y fundando la iglesia allí. Después de su partida, Marcos, el discípulo e intérprete de Pedro, nos dejó por escrito lo esencial de la predicación de Pedro. Lucas, seguidor de Pablo, asentó en un libro el evangelio predicado por su maestro. Luego Juan, el discípulo del Señor, el mismo que se había recostado sobre su pecho, produjo su Evangelio mientras vivía en Éfeso, en Asia»[6.]

Es significativo, observó Blomberg, que no hay evidencia del primer siglo que ponga en duda la autoría de los Evangelios. En realidad, si la autoría iba a ser inventada, los nombres de los apóstoles con más reconocimiento, como Pedro o Santiago, seguramente hubieran sido usados para dar más credibilidad, en vez de atribuirlos a Marcos y Lucas, que ni siquiera estaban entre los doce discípulos, y a Mateo que había sido anteriormente un recaudador de impuestos muy odiado.

Los Evangelios complementarios

La tan mentada aseveración de que los Evangelios se contradicen entre sí ha sido exhaustivamente tratada en diversos libros. «En realidad, lejos de ser contradictorios, los Evangelios son claramente complementarios», dijo *Hank Hanegraaff del Christian Research Institute*, un instituto de investigaciones cristianas. «En el curso de los siglos, un sinnúmero de expertos y comentaristas bíblicos han atestiguado este hecho. Si todos los autores de los Evangelios hubieran dicho exactamente lo mismo y exactamente de la misma manera, con todo derecho sus testimonios podrían haber sido puestos en duda por confabulación»[7].

El apologista Norman Geisler, presidente del *Southern Evangelical Seminary*, ha recopilado unas ochocientas supuestas contradicciones bíblicas. «Por experiencia, solo puedo decirle que cuando los críticos hacen estas objeciones, invariablemente violan uno de los diecisiete principios de interpretación de las Escrituras», me dijo en una entrevista.

Por ejemplo, solo porque los Evangelios tengan una perspectiva diferente al describir los acontecimientos no significa que sean irreconciliables. Mateo dice que había un ángel en el sepulcro de Jesús, mientras que Juan dice que había dos. Sin embargo, Geisler, señala que «Mateo no dijo que había uno *solo*. Juan daba más detalles al decir que había dos»[8].

Después de estudiar la coherencia entre los cuatro Evangelios, Simon Greenleaf, de la Facultad de Derecho de

Harvard, el más grande experto en prueba legal del siglo diecinueve, concluyó: «Hay suficiente discrepancia como para demostrar que no pudo haber existido un previo acuerdo entre ellos; pero al mismo tiempo hay tal concordancia sustancial para demostrar que todos eran narradores independientes de la misma gran transacción»[9].

La evidencia de la Arqueología

La Arqueología también ha corroborado que, esencialmente, el Nuevo Testamento es digno de confianza. Una y otra vez, cuando existe la posibilidad de verificar los detalles circunstanciales del Nuevo Testamento, estos resultan ser ciertos. Por ejemplo, Juan 5:1-15 describe cómo Jesús sanó a un inválido en el estanque de Betesda; Juan menciona el detalle de que el estanque tenía cinco pórticos. El arqueólogo John McRay refiere cómo, durante mucho tiempo, los escépticos citaron este pasaje de Juan como un ejemplo de que era impreciso, porque no se había encontrado tal lugar. Sin embargo, hace poco se excavó el estanque y los científicos descubrieron cinco pórticos o galerías con columnas, exactamente como Juan lo había descrito.[10]

Lucas, que escribió una cuarta parte del Nuevo Testamento, ha demostrado ser un historiador escrupuloso y muy preciso, incluso en los mínimos detalles. Un arqueólogo estudió cuidadosamente las referencias de Lucas en treinta y dos países, cincuenta y cuatro ciudades y nueve islas, y no encontró ni un solo error.[11] «El consenso de los eruditos liberales y conservadores es que Lucas es muy preciso como historiador», dice McRay.[12]

Todo esto nos lleva a la siguiente pregunta importante: si los escritores del Nuevo Testamento se esmeraron tanto para ser precisos en el registro de los más mínimos detalles e incidentes, ¿no habrían sido igual o más cuidadosos al asentar los sucesos verdaderamente significativos, como los milagros, las enseñanzas, la muerte y la resurrección de Jesús?

«Quienes conocen los hechos —concluyó el arqueólogo australiano Clifford Wilson— ahora reconocen que el Nuevo Testamento debe aceptarse como una fuente extraordinariamente precisa»[13].

La datación temprana de los Evangelios

Otro intento de los críticos por desacreditarlos es suponer que se escribieron mucho tiempo después de los acontecimientos, y que los relatos se poblaron subrepticiamente de leyendas, mitos e ilusiones. En realidad, aquellas personas, con una tendencia contraria a todo lo sobrenatural, están obligadas a datar los Evangelios en una fecha posterior a la caída de Jerusalén, en el año 70 d.C., porque no creen que Jesús hubiera podido predecir este evento, como se registra en Mateo 24, Marcos 13 y Lucas 21. Incluso, Peter Jennings, intentó datar los Evangelios entre cuarenta y cien años después de la vida de Jesús. Sin embargo, hay fundadas razones para concluir que éstos en realidad se escribieron en fechas muy próximas a su muerte (la que posiblemente ocurrió alrededor del año 33 d.C.), y que el desarrollo legendario no podría haberles restado historicidad.

Craig Blomberg señaló que la datación normal de los Evangelios aun en círculos muy liberales es: Marcos en la década del setenta, Mateo y Lucas en la del ochenta y Juan en la del noventa; lo cual estaría dentro «de la vida de varios testigos oculares de la vida de Jesús, incluso la de testigos hostiles que hubieran servido de correctivo si se hubieran estado difundiendo enseñanzas falsas acerca de Jesús»[14].

Sin embargo, Blomberg y muchos otros expertos del Nuevo Testamento creen que hay fundadas razones para datar los Evangelios en fecha incluso anteriores a estas. El destacado apologista, J.P. Moreland, profesor de la Facultad de teología de Talbot, articula varias razones que avalan que Hechos fue escrito entre el año 62 y 64 d.C. Por ejemplo, no menciona varios acontecimientos importantes que, sin duda, hubieran sido incluidos si el libro hubiera sido escrito después de que éstos sucedieron. Entre estos sucesos cabe mencionar la caída de Jerusalén en el año 70 d.C., las persecuciones de Nerón a mediados de los 60, el martirio de Santiago en el 61, Pablo en el 64 y Pedro en el 65, y la guerra de los judíos contra los romanos a partir del 66. Además, muchas de las expresiones usadas en Hechos son muy tempranas y primitivas, y el libro trata asuntos que fueron especialmente importantes antes de la caída de Jerusalén.[15]

Como los Hechos es la segunda parte de una obra en dos partes escrita por Lucas, esto significa que el Evangelio tuvo que haber sido escrito a principios de los años 60 d.C., o antes de que pasaran treinta años después de la vida de Jesús. Como Lucas tomó parte de su información del Evangelio de Marcos es lógico deducir que Marcos debió haber sido con anterioridad a Lucas. Moreland, concluyó: «La figura de Jesús presentada en los Evangelios Sinópticos [Mateo, Marcos y Lucas] no dista más de doce o veinte años de los sucesos propiamente dichos. Además, incorporan fuentes que son incluso anteriores»[16].

Aun más, el Nuevo Testamento también incluye cartas del apóstol Pablo que pueden fecharse tan temprano como el año 49 d.C. Su cristología tardía, que Jesús es Dios y Señor de los cielos y la Tierra, no evoluciona en sus diversos escritos y, por lo tanto, «ya debió estar completa antes de que comenzara sus grandes viajes misioneros ... o sea, alrededor del año 48», dice Moreland.[17] Y luego, agrega que Pablo incluyó algunos credos e himnos anteriores a sus propios escritos que «presentan un retrato de un Jesús milagroso y divino que había resucitado de entre los muertos»[18].

Moreland, concluyó: «En resumidas cuentas, la idea de un

Jesús plenamente Divino, que hiciera milagros y que resucitara de entre los muertos estaba presente durante la primera década del cristianismo. Dicha perspectiva no era una leyenda que surgió varias décadas después de la crucifixión». En realidad, dice Moreland, los escritos de Pablo a los Gálatas, en donde describe sus encuentros con los apóstoles de Jerusalén y confirma que su mensaje de la deidad de Cristo era verdadero, asociado con uno de los primeros credos acerca de la resurrección que aparece en 1 Corintios 15, demuestra que «la creencia en un Jesús Divino y Resucitado ya existía pocos años después de su muerte»[19].

Esto es más significativo a la luz de un estudio realizado por A.N. Sherwin-White, el respetado historiador del período clásico grecorromano de la Universidad de Oxford, que estableció que el pasaje de dos generaciones no era tiempo suficiente para que se desarrollara una leyenda en el mundo antiguo y borrara el núcleo sólido de verdad histórica.[20] En el caso de Jesús, tenemos información fidedigna acerca de su divinidad y resurrección que cae holgadamente dentro de ese período.

Salvando la prueba de los manuscritos

Además, la riqueza de fuentes de manuscritos para el Nuevo Testamento nos infunde la confianza de que estos escritos nos fueron transmitidos de manera muy precisa a través de la historia. Los arqueólogos han recuperado más de cinco mil manuscritos griegos antiguos del Nuevo Testamento, con fragmentos que se remontan al segundo siglo. Si incluimos los manuscritos de la Vulgata Latina y algunos otros, obtenemos un total de veinticuatro mil manuscritos existentes. Fuera del Nuevo Testamento, la evidencia de manuscritos para cualquier otra obra clásica es *La Ilíada* de Homero, de la que hay menos de 650 manuscritos escritos unos mil años después de los originales.

«En ningún otro caso el intervalo de tiempo entre la composición del libro y la fecha de los primeros manuscritos es tan breve como en el caso del Nuevo Testamento», dijo Sir Frederic Kenyon, ex director del Museo Británico y autor de *The Paleography of Greek Papyri* [La paleografía de los papiros griegos].[21] «El último fundamento de cualquier duda que pudiera haber de que las Escrituras nos llegaron sustancialmente tal como se escribieron ha sido derribado»[22].

Dada la importancia fundacional del Nuevo Testamento, analizar si era digno de confianza me insumió gran parte de los dos años que dediqué a investigar el cristianismo cuando era un escéptico. Para determinar si los Evangelios eran dignos de confianza, los sometí a ocho pruebas que podrían enfrentar en un proceso judicial: la prueba de la intención, la prueba de la disposición de medios, la prueba del perfil, la prueba de la coherencia, la prueba circunstancial, la prueba del encubrimiento, la prueba de corroboración y la prueba aportada por el testimonio en contrario.[23] Mi veredicto fue que la fiabilidad esencial de éstos estaba fuera de toda duda.

¿AFIRMÓ JESÚS ALGUNA VEZ SER DIOS?

Escucho esta objeción todo el tiempo: Jesús nunca dijo que era el Hijo de Dios; se trató, en cambio, de una creencia que sus ardientes seguidores impusieron a la tradición después de su muerte. El verdadero Jesús no se consideraba nada más que un maestro, un sabio, un agitador, cualquier cosa menos Dios. O, al menos, eso dicen lo críticos. Pero no es lo que surge claramente de la evidencia. El teólogo escocés, H.R. Macintosh, resumió la verdad: «La conciencia que Jesús tenía de su persona … es el hecho más grande de toda la historia»[24].

Kevin Vanhoozer, profesor e investigador de teología Sistemática de la Facultad Evangélica de teología Trinity, planteaba la cuestión en los siguientes términos: «Jesús entendía que era el amado Hijo de Dios, elegido por él para traer su reino y el perdón de pecados. Nuestro entendimiento de quién era Jesús debe corresponder con el entendimiento que Jesús tenía de sí. Si no confesamos a Jesús como el Cristo, alguien se engaña: él o nosotros»[25].

Hay al menos diez factores que apuntan a que Jesús creía que era el Unigénito Hijo de Dios. En primer lugar, tenemos la manera en que se refería a sí. Ningún estudioso bíblico duda de que la manera más común que Jesús usaba para referirse a su persona era «el Hijo del hombre», la que aplicó más de cuatro docenas de veces, y ya figura en Marcos, que se considera en general el primer Evangelio. Si bien algunos críticos se confunden y consideran que es una mera declaración de su humanidad, el consenso académico es que es una referencia a Daniel 7:13-14, en que «alguien como un hijo de hombre» es llevado a la presencia del venerable Anciano, se le da «autoridad, poder y majestad», es objeto de la adoración de «todos los pueblos, naciones y lenguas» y «su dominio es un dominio eterno».

«El Hijo del hombre era una figura divina en el libro de Daniel en el Antiguo Testamento, que vendría al fin del mundo a juzgar a la humanidad y reinar para siempre», dijo el teólogo y filósofo William Lane Craig. «Por lo tanto, alegar ser el Hijo del hombre sería en efecto un alegato de divinidad»[26].

Vanhoozer agrega un matiz interesante: «Lo curioso del uso que Jesús hace de este título ... es que lo vinculó no solo con el tema de la gloria futura sino también con el tema del sufrimiento y de la muerte. Con esto, Jesús estaba enseñando a sus discípulos algo nuevo acerca del Mesías tan esperado, y es que su sufrimiento habría de preceder a su gloria (p.ej. Lucas 9:22)»[27].

En segundo lugar, Vanhoozer señala que Jesús también declara su divinidad cuando se refiere a sí, diciendo: «Yo soy», y en una ocasión afirma: «Ciertamente les aseguro que, antes que Abraham naciera, ¡yo soy!» (Juan 8:58). Se trata de una alusión obvia a las palabras de Dios a Moisés desde la zarza ardiente y es una declaración tan inequívoca de igualdad con Dios que los oyentes tomaron piedras para arrojarle por la blasfemia.[28]

En tercer lugar, Jesús se atribuye el derecho divino de perdonar los pecados del paralítico en Marcos 2: «La única persona que puede decir algo así con todo sentido es Dios mismo, porque el pecado, incluso si es en contra de otra persona, es primero y principalmente un desafío a Dios y a sus leyes»[29].

En cuarto lugar, hay todavía una afirmación trascendental en la manera en que Jesús escogió a sus discípulos, según Ben Witherington III, autor de *The Christology of Jesus* [La Cristología de Jesús]: «(Jesús) no es simplemente parte de Israel, no es meramente parte del grupo redimido, él está formando el grupo; al igual que Dios en el Antiguo Testamento forma a su pueblo e instituye las doce tribus de Israel. Esa es una pista sobre cómo Jesús pensaba de sí»[30].

Tenemos una quinta clave acerca de la percepción que Jesús tenía de sí en la manera en que enseñaba: «(Jesús) comienza sus enseñanzas con la frase: "Ciertamente les aseguro", es decir: "Juro con anticipación sobre la veracidad de lo que les voy a decir". Esto era absolutamente revolucionario», según Witherington. Y, a continuación, explica:

«En el judaísmo uno necesitaba el testimonio de dos testigos … Sin embargo, Jesús atestigua acerca de la veracidad de sus palabras. En lugar de basar sus enseñanzas en la autoridad de otros, habla con autoridad propia.

»Por lo tanto, es alguien que se consideraba que tenía una

autoridad superior a la de los profetas del Antiguo Testamento. Creía que poseía no solo inspiración divina, al igual que el Rey David, sino también autoridad divina y el poder de expresión divina directa»[31].

En sexto lugar, Jesús usó el término arameo *Abba*, o «Querido papá», para dirigirse a Dios. Esto refleja una intimidad extraña al antiguo judaísmo, en el cual los judíos devotos evitaban el uso del nombre de Dios por temor a pronunciarlo mal. El Dr. Witherington hace esta observación:

> «La importancia del término «Abba» radica en que Jesús es quien inicia una relación íntima que antes no estaba disponible. La pregunta es: ¿qué clase de persona puede cambiar los términos para la relación con Dios? ¿Qué clase de persona puede iniciar una nueva relación de pacto con Dios?
>
> »Jesús está diciendo que solo a través de tener una relación con él se hace posible este tipo de lenguaje de oración, este tipo de relación «Abba» con Dios. Eso habla mucho de cómo se consideraba»[32].

Una séptima indicación de lo que Jesús pensaba de él puede verse en su encuentro después de la resurrección con el apóstol Tomás, en Juan 20. Al responder a la invitación de Jesús de comprobar personalmente que había resucitado realmente de entre los muertos, Tomás declara, en el versículo 28: «¡Señor mío y Dios mío!». La respuesta de Jesús es muy reveladora. Hubiera sido el colmo de la blasfemia aceptar la adoración de Tomás si Jesús no fuera realmente Dios. Sin embargo, en vez de reprenderlo, Jesús le dice, en el versículo 29: «Porque me has visto, has creído … dichosos los que no han visto y sin embargo creen». La decisión de Jesús de aceptar la adoración de Tomás significa claramente que creía que era Dios y, por lo tanto, digno de recibir ese honor. De manera similar, cuando Jesús pregunta: «Y ustedes, ¿quién dicen que soy yo?», y Simón Pedro responde: «Tú eres el

Cristo, el Hijo del Dios viviente», la reacción de Jesús no fue corregirlo sino afirmar que esto le había sido revelado por el Padre (cf. Mateo 16:15-17).

En octavo lugar, Jesús claramente creía que el destino eterno del pueblo dependía de si creía o no en él: «Pues si no creen que yo soy el que afirmo ser, en sus pecados morirán», dijo en Juan 8:24. Además, en Lucas 12:8-9, dice: «Les aseguro que a cualquiera que me reconozca delante de la gente, también el Hijo del hombre lo reconocerá delante de los ángeles de Dios. Pero al que me desconozca delante de la gente se le desconocerá delante de los ángeles de Dios». William Lane Craig señala lo que esto implica: «No nos confundamos: si Jesús no fuera el Divino Hijo de Dios, esta afirmación solo podría considerarse como el más estrecho y objetable dogmatismo. Porque lo que está diciendo es que la salvación del pueblo dependía de que lo confesaran»[33].

Encontramos una afirmación explícita de divinidad en Juan 10:30, donde Jesús afirma directamente: «El Padre y yo somos uno». No hay duda de que los que escuchaban a Jesús entendían bien que Jesús estaba diciendo que él y Dios eran una sustancia. Por eso no demoraron en recoger piedras para apedrearlo «por blasfemia», por hacerse «pasar por Dios» (v. 33).

El décimo factor que debería sopesarse al evaluar la identidad que Jesús tenía de sí son sus milagros, los que serán discutidos en la siguiente sección. Jesús recalcó que sus obras eran señales de la venida del reino de Dios; «Pero si expulsó a los demonios con el poder de Dios, eso significa que ha llegado a ustedes el reino de Dios» (Lucas 11:20). Ben Witherington observa que, aunque otras personas de la Biblia también realizaron milagros, esta afirmación mostraba que Jesús no se consideraba a sí como uno más entre varios que, hacía milagros: «(Jesús) se ve como el único en quien y a través de quien se cumplen las promesas de Dios. Y esa es una afirmación de trascendencia nada velada»[34].

El experto británico, James D. G. Dunn, ha dicho:

«Independientemente de los "hechos" es evidente que Jesús creía que había sanado a los ciegos, los paralíticos y los sordos; en realidad, no hay razón para dudar que creía que los leprosos habían sido sanados y los muertos habían vuelto a la vida gracias a su ministerio»[35].

Jesús tenía los atributos de Dios

Por supuesto, cualquier persona puede creer que es Dios. Jesús no solo se consideraba el Hijo de Dios sino que tenía los atributos que solo Dios tiene. Filipenses 2 describe cómo Jesús se vació a sí del uso independiente de sus atributos, un fenómeno denominado *kenosis*, que significa vaciamiento, cuando se encarnó. Esto explica por qué no siempre optaba por exhibir sus «omnis», la omnisciencia, la omnipotencia y la omnipresencia, en su existencia terrenal. No obstante, el Nuevo Testamento confirma que todas estas cualidades eran, en última instancia, verdaderas en su caso. Por ejemplo, en Juan 16:30, Juan afirma de Jesús: «Ya podemos ver que sabes todas las cosas», se trata de su omnisciencia. En Mateo 28:20, Jesús dice: «Les aseguro que estaré con ustedes siempre, hasta el fin del mundo», que es su omnipresencia. Y él declaró: «Se me ha dado toda autoridad en el cielo y en la tierra» (Mateo 28:18), que es su omnipotencia.

En realidad, Colosenses 2:9 dice: «Toda la plenitud de la divinidad habita en forma corporal en Cristo». Su eternidad está confirmada en Juan 1:1, que declara de Jesús: «En el principio ya existía el Verbo, y el Verbo estaba con Dios, y el Verbo era Dios». Su inmutabilidad se muestra en Hebreos 13:8: «Jesucristo es el mismo ayer y hoy y por los siglos». Que era sin pecado, lo vemos en Juan 8:29: «El que me envió está conmigo; no me ha dejado solo, porque siempre hago lo que le agrada». Hebreos 1:3 declara de Jesús: «el Hijo es el resplandor de la gloria de Dios, la fiel imagen de lo que él es».

Colosenses 1:17, dice: «Él es anterior a todas las cosas». Mateo 25:31-32 afirma que juzgará a la humanidad. Y en Hebreos 1:8, el Padre mismo específicamente dice con respecto a Jesús que es Dios.

De hecho, los propios nombres usados para la figura de Dios, en el Antiguo Testamento, también se aplican en el Nuevo para hablar de Jesús: nombres como el Alfa y la Omega, Señor, Salvador, Rey, Juez, Luz, Roca, Redentor, Pastor, Creador, Dador de Vida, Perdonador de Pecados, el que habla con autoridad divina.

¿Quién creía Jesús que era? En su libro *New Approaches to Jesus and the Gospels* [Nuevas aproximaciones a Jesús y a los Evangelios], Royce Gruenler, profesor de Nuevo Testamento en el Seminario Teológico Gordon-Conwell, llega a la siguiente conclusión: «Es un hecho llamativo de las investigaciones modernas del Nuevo Testamento que las claves esenciales para entender correctamente la comprensión cristológica implícita que Jesús tenía de sí son profusas y claras»[36].

Aparte de creer que era Dios, Jesús también lo demostró al hacer obras sobrenaturales, al cumplir las profecías de la antigüedad a pesar de lo improbables y, al final, venciendo la tumba: tres tópicos muy importantes que trataremos en el siguiente capítulo.

PREGUNTAS PARA LA REFLEXIÓN Y LA DISCUSIÓN

1. Jesús preguntó a sus discípulos: «Y ustedes, ¿quién dicen que soy yo?». ¿Cómo respondería a esta pregunta? ¿Qué evidencia presentaría para respaldar su conclusión?

2. ¿Cuál de todas las pruebas de que los Evangelios son fidedignos le resulta más convincente? ¿Por qué?

3. Si Jesús creía que era Dios y que tenía sus mismos atributos, ¿cuáles son tres implicancias con respecto a otras religiones para usted?

Capítulo cinco

MÁS PREGUNTAS DIFÍCILES ACERCA DE CRISTO

LEE STROBEL

E l pastor inglés, John Stott, ha señalado que Jesús claramente afirmó que «conocerlo a él era conocer a Dios; verlo era ver a Dios; creer en él era creer en Dios; aceptarlo era aceptar a Dios; odiarlo era odiar a Dios; honrarlo era honrar a Dios»[1]. Pero la pregunta crucial es: «¿Cómo saber que Jesús decía la verdad?».

En mi labor como periodista para *The Chicago Tribune* había conocido a varios excéntricos que decían ser Dios, pero no me sentía en la obligación de inclinarme ante ellos y adorarlos. Necesitaba más que una mera afirmación a secas; necesitaba pruebas. Y lo mismo era cierto en mi investigación espiritual de Jesús. Él podría haber afirmado ser el Unigénito Hijo de Dios, pero ¿qué había hecho para respaldar sus palabras?

Este asunto me condujo a tres cuestiones más difíciles, que tienen que ver con si él fue capaz de hacer milagros, cumplir las profecías mesiánicas de la antigüedad y resucitar de entre los muertos: logros que, de ser ciertos, aportarían confirmación convincente a sus palabras de ser el Unigénito Hijo de Dios.

¿JESÚS HABRÁ HECHO VERDADERAMENTE MILAGROS?

En el siglo veintiuno, cuando los científicos han desentrañado el genoma humano, diseccionado el átomo y observado los límites del universo a través del telescopio Hubble, muchas personas creen que la racionalidad de la ciencia debería dejar fuera cualquier creencia ingenua en lo sobrenatural.

El astrónomo y agnóstico ya fallecido, Carl Sagan, enseñó: «No hay otra cosa además del cosmos, no la hubo ni la habrá»[2]. Charles Templeton, que pasó de evangelista a agnóstico, insistía en que «ya es hora de acabar con especulaciones y supersticiones primitivas y observar la vida de manera racional»[3]. Richard Dawkins, evolucionista y ateo, se burlaba de los milagros del Antiguo y Nuevo Testamento diciendo que «eran muy eficaces con el público no sofisticado y los niños»[4]. El profesor liberal, John Dominic Crossan, se burlaba: «No creo que nadie, en ninguna parte, y en ningún tiempo, pueda hacer que una persona que esté muerta recupere la vida»[5].

Con el propósito de «encajar» los hechos concretos de la ciencia en los hechos sobrenaturales de las Escrituras, el libro del Seminario de Jesús, *The Five Gospels* [Los cinco evangelios], declara de manera tajante: «El Cristo de los credos y los dogmas, doctrina firme desde la Edad Media, ya no convoca el asentimiento de aquellos que han observado los cielos a través del telescopio de Galileo. Las viejas deidades y demonios han desaparecido de los cielos gracias a esa lente asombrosa»[6].

Estas opiniones están en franca contradicción con las afirmaciones bíblicas que declaran que Dios ha hecho milagros a lo largo de toda la historia. En realidad, Génesis insiste en que toda nuestra historia comenzó con un increíble milagro cuando Dios creó todo de la nada. En el caso de Jesús, los milagros son importantes para confirmar su identidad divina.

En realidad, declaró abiertamente: «Si no hago las obras (es decir, los milagros) de mi Padre, no me crean» (Juan 10:37). El profeta Isaías indicó que los milagros serían una de las maneras en que el Mesías se autenticaría (cf. Isaías 35:5-6). Y el Nuevo Testamento habla de los prodigios sobrenaturales que Jesús obró al sanar a los enfermos, convertir el agua en vino, multiplicar los peces y los panes, caminar sobre el mar, y aun resucitar a los muertos.

Es importante sentar las bases y observar que si Dios existe, no deberíamos tener problema en creer que es capaz de intervenir de manera milagrosa en su creación. Durante mucho tiempo, los cristianos han usado el argumento cosmológico, el argumento teleológico, el argumento ontológico, el argumento con base en la ley moral, el argumento de necesidad religiosa, y otros razonamientos y pruebas para construir un caso contundente a favor de la existencia de Dios.[7]

«La única manera de demostrar que los milagros son imposibles —observó Norman Geisler— es negando la existencia de Dios»[8]. Hasta el momento, nadie ha podido probar su no existencia.

La autenticación de la divinidad de Jesús, por medio de los milagros que realizó, puede demostrarse con seis puntos.

1. La fiabilidad del Nuevo Testamento

En el capítulo anterior, vimos que los Evangelios que describen los milagros de Jesús se remiten a material aportado por testigos oculares, han sido confirmados por la arqueología en los casos que pueden verificarse y nos llegaron a través de los siglos con fidelidad. Además, el historiador Gary Habermas, autor de *The Historical Jesus* [El Jesús histórico], detalla treinta y nueva fuentes extrabíblicas de la antigüedad que corroboran más de cien hechos acerca de la vida, las enseñanzas, la muerte y la resurrección de Jesús.[9]

A la luz de las presuposiciones contra todo lo sobrenatural propuestas por el Seminario de Jesús, y otros, la evaluación del estudioso del Nuevo Testamento, el inglés R.T. France, es de particular pertinencia:

> «En cuanto a su carácter literario e histórico, tenemos buenas razones para tomar en serio a los Evangelios como fuente de información acerca de la vida y las enseñanzas de Jesús y, por lo tanto, como prueba de los orígenes históricos del cristianismo ... A partir de allí, la decisión de cuánto el académico está dispuesto a aceptar la veracidad de los hechos documentados dependerá más de su apertura a una cosmovisión «sobrenatural» que de consideraciones estrictamente históricas»[10].

Hay milagros en todo el estrato de las fuentes de los Evangelios. Por ejemplo, muchos eruditos sostienen la hipótesis de que Mateo y Lucas usaron como fuente un antiguo documento que contenía los dichos de Jesús, conocido como «Q», en donde habría información muy primitiva cuya confiabilidad esencial no podría haber sido arruinada por el desarrollo legendario. «Aun en Q, hay claramente una percepción del ministerio de milagros de Jesús», observa Craig Blomberg, autor de The Historical Reliability of the Gospels, [La historicidad de los Evangelios].[11] Por ejemplo, cuando los discípulos de Juan el Bautista le preguntaron a Jesús si era realmente el Cristo, les respondió en esencia que consideraran los milagros de sanidad y las resurrecciones como evidencia (cf. Mateo 11:2-6; Lucas 7:18-23).

Además, el milagro de la alimentación de los cinco mil aparece en todos los Evangelios, así que «reafirman los múltiples testimonios de estos hechos», dice William Lane Craig, profesor de investigación de Filosofía en la Facultad de teología Talbot. Y recalca: «En ninguna de las fuentes hay vestigios de un Jesús de Nazaret que no fuera milagroso»[12].

Esto es aún cierto para el caso de las cuatro fuentes independientes que los escépticos del Seminario de Jesús reconocen como base para Mateo, Marcos y Lucas.[13]

En consecuencia, la mayoría de los críticos del Nuevo Testamento, incluso algunos de los más escépticos, se han visto obligados a admitir que Jesús, efectivamente, realizó milagros. «Quizás no todos crean que estos fueron milagros *genuinos* —observa William Lane Craig— pero la idea de Jesús de Nazaret como un hacedor de milagros y exorcista es parte del Jesús histórico que por lo general aceptan los críticos hoy»[14].

2. La inclusión de los detalles históricos aporta credibilidad

Algunos estudiosos han notado que algunos relatos de los milagros incluyen elementos históricos sobre detalles circunstanciales que dan credibilidad a las crónicas. Por ejemplo, la mención específica de Lázaro como el nombre de la persona que Jesús levantó de entre los muertos, permitiría a los escépticos del primer siglo investigar el asunto por su propia cuenta. Además, los relatos de los Evangelios son sobrios y simples, escritos en un estilo casi periodístico, a diferencia de los extravagantes hechos sobrenaturales descritos en los evangelios apócrifos más tardíos.[15]

El académico, Stephen Davis, señala que en la historia, cuando Jesús convierte el agua en vino, se incluye material que podría ser contraproducente para Jesús. Por ejemplo, resulta difícil explicar la manera en que se dirige a su madre. Incluso el incorporar esta historia podría servir para que los detractores de Jesús lo acusaran de ser un glotón y un borracho (cf. Mateo 11:19). Por lo tanto, es muy poco probable que la iglesia hubiera inventado luego esta historia.[16]

3. Los líderes judíos y los opositores de Jesús admitieron que realizó milagros

En Juan 3, un fariseo llamado Nicodemo, miembro del consejo de dirigentes judíos, le dijo a Jesús: «Rabí ... sabemos que eres un maestro que ha venido de parte de Dios, porque nadie podría hacer las señales que tú haces si Dios no estuviera con él» (Juan 3:2). Es la confirmación de una persona ajena a su grupo de seguidores de que Jesús era conocido por los milagros que hacía. Pablo registra en 1 Corintios 15:7-8 que él, que había perseguido a los cristianos, y Santiago, que había sido un escéptico de Jesús, se convencieron de su divinidad como resultado de su encuentro con Jesús milagrosamente resucitado.

4. Las fuentes antagónicas extrabíblicas confirman los milagros de Jesús

Hay unos antiguos documentos judíos conocidos como el Talmud que contienen comentarios despectivos acerca de Jesús. Sin embargo, también confirman ciertos hechos históricos acerca de él, entre los que se incluye el hecho de que hacía prodigios sobrenaturales (aunque el Talmud denigra a Jesús atribuyendo su poder a «hechicería»).[17]

Norman Geisler también ha señalado que Mahoma creía que Jesús había sido un profeta que había realizado milagros, entre los que estaba la resurrección de los muertos. Geisler agrega: «Eso es bien interesante porque en el Corán, cuando los no creyentes retaban a Mahoma a que hiciera un milagro, él se negaba. Simplemente les dijo que debían leer un capítulo del Corán»[18].

Hay incluso algunas indicaciones de que los propios verdugos de Jesús pudieron ser testigos de sus poderes sobrenaturales. El apologista cristiano, Justino Mártir, advierte que, alrededor del año 150 d.C., los Hechos de Pilato, un documento oficial que aparentemente habría sido enviado a Roma, daba testimonio de la crucifixión así como atribuía varios milagros de sanación a Jesús.[19] Aunque las afirmaciones de Justino hoy tienen poco valor apologético porque el informe auténtico de Pilato, si alguna vez existió, ya no está disponible, es fascinante darse cuenta de que animó a sus lectores a confrontar su testimonio con los Hechos de Pilato. ¿Por qué habría de hacer algo así a no ser que tuviera la más absoluta confianza de que los escritos de Pilato confirmarían sus dichos?[20]

5. La milagrosa resurrección es uno de los hechos más confirmados del mundo de la antigüedad

El mayor milagro de Jesús fue su resurrección de entre los muertos, después de la brutal tortura sufrida a manos de los romanos. Como se describe en la última sección de este capítulo, hay evidencia histórica convincente para concluir que la resurrección de Jesús efectivamente sucedió.

Las explicaciones alternativas son débiles

Algunos críticos han intentado postular teorías para desechar los milagros de Jesús, pero ninguna resiste el escrutinio. Por ejemplo, Charles Templeton planteó que los milagros de sanidad de Jesús tal vez no fueron más que fenómenos psicosomáticos.[21] Aunque Gary Collins, con una trayectoria de más de veinte años como profesor universitario de Psicología, ha dicho que no se podría descartar que Jesús hubiera sanado a veces por sugestión, de ningún modo es capaz de explicar todos sus milagros. En una entrevista, hizo la siguiente observación:

«A menudo la sanidad sicosomática lleva tiempo; las sanidades de Jesús eran espontáneas. Muchas veces la gente que es sanada psicológicamente experimenta la reaparición de los síntomas pocos días después, sin embargo, no vemos evidencia alguna de eso. Además, Jesús sanó dolencias como la ceguera de nacimiento y la lepra, para las cuales no es muy probable que quepa la explicación psicosomática.

»Y, por encima de todo eso, Jesús resucitó gente de entre los muertos, ¡y la muerte no es un estado inducido psicológicamente! Además, están todos sus milagros naturales: calmar la tempestad, transformar el agua en vino. Eso desafía las respuestas naturalistas»[22].

Collins está en lo cierto. Las explicaciones naturalistas no son capaces de explicar toda la diversidad, los tipos y las circunstancias de los milagros de Jesús. Además, tampoco resisten el escrutinio los alegatos de que sus milagros eran mitos inspirados en historias antiguas de las deidades helénicas o de hombres piadosos judíos. Después de estudiar las diferencias y similitudes entre estas historias y los Evangelios, Gary Habermas concluye: «De ningún modo puede demostrarse que los paralelismos con los mitos antiguos expliquen los hechos de los Evangelios»[23].

Mi conclusión es que los relatos de los prodigios sobrenaturales de Jesús, sus sanidades, exorcismos y manifestaciones de poder sobre la naturaleza eran auténticos y que son confirmación adicional de su identidad como Hijo de Dios. «La acumulación de hechos —como hace notar Habermas— muestra que los Evangelios están en lo cierto cuando registran que Jesús realizó milagros»[24].

¿CUMPLIÓ JESÚS LAS PROFECÍAS MESIÁNICAS?

En una entrevista, Norman Geisler, de su vasta colección de citas de escépticos, me refirió la respuesta del agnóstico, Bertrand Russell, cuando le preguntaron bajo qué condiciones creería en Dios:

«Bueno, si oyera una voz desde el cielo que predijera una

serie de cosas para las siguientes veinticuatro horas, cosas muy improbables, y llegaran a suceder, creo que tal vez tendría que creer que hay alguna clase de inteligencia suprahumana. No puedo concebir otro tipo de evidencia que pudiera convencerme y, en lo que a mí respecta, no existe dicha evidencia»[25].

Cuando le preguntaron qué respondería a Russell, Geisler sonrió y dijo: «Yo le diría: "Sr. Russell, *hubo* una voz del cielo; esta predijo muchas cosas; y sin duda algunas las hemos visto suceder"».[26]

Geisler se refería a la manera milagrosa en que los profetas predijeron acontecimientos y circunstancias específicas que culminarían cientos de años después con la llegada del Mesías (el «Ungido») que redimiría a Israel y al mundo. Aun un escéptico recalcitrante como Russell, tuvo que admitir que se requeriría un acto de Dios para que alguien pudiera predecir una serie de sucesos improbables y que estos se cumplieran contra toda probabilidad. Por lo tanto, las profecías mesiánicas, que se cumplieron con Jesús de Nazaret, son una poderosa confirmación de su identidad.

El Antiguo Testamento contiene miles de profecías acerca de la venida del Mesías. Según *Barton Payne's Encyclopedia of Biblical Prophecy* [Enciclopedia de Profecía Bíblica Barton Payne], se cumplieron ciento noventa y una profecías, mientras que el académico de Oxford, Alfred Edersheim, cita cuatrocientos casos: «Lo más importante que debemos tener presente es la *unidad* orgánica del Antiguo Testamento —apunta—. Sus predicciones no están aisladas sino que son parte de un gran cuadro profético»[27].

Es indudable que estas predicciones se escribieran cientos de años antes de que Jesús naciera en Belén. «Aun los críticos más liberales reconocen que los libros proféticos se completaron unos cuatrocientos años a.C. y que el libro de Daniel se terminó alrededor del año 167 a.C.», dice Geisler.

Agregó que hay suficiente evidencia para datar la mayoría de los libros en fechas considerablemente anteriores que esas; hay algunos Salmos y profecías tempranas que datan de los siglos octavo y noveno antes de Cristo.[28]

Geisler señala que un pasaje solo, Isaías 53:2-12, predice doce aspectos de la pasión de Cristo, todos los cuales se cumplieron: Jesús sería rechazado, sería un varón de dolores, tendría una vida de sufrimiento, los hombres lo despreciarían, llevaría nuestros dolores, sería golpeado y herido por Dios, sería traspasado por nuestras rebeliones, molido por nuestros pecados, y sufriría como un cordero, moriría por los malvados, sería sin pecado, y oraría por otros.

La mayoría de los rabinos rechazan la noción de que este pasaje de Isaías sea una figura del Mesías e insisten en que se trata de una referencia a la nación judía. Sin embargo, Geisler dice: «Antes del tiempo de Cristo era común que los intérpretes judíos enseñaran que Isaías estaba hablando del Mesías judío. Solo después que los primitivos cristianos comenzaran a usar el texto apologéticamente y con mucha fuerza, se convirtió en una enseñanza rabínica del sufrimiento de la nación judía. Esta visión no es plausible en el contexto».[29]

Otras de las principales predicciones acerca del Mesías, que se cumplieron todas en Jesús, fueron: que nació de mujer (cf. Génesis 3:15), que sería una virgen (cf. Isaías 7:14), de los descendientes de Abraham (cf. Génesis 12:1-3; 22:18), de la tribu de Judá (cf. Génesis 49:10), de la casa de David (cf. 2 Samuel 7:12-16), que nacería en Belén (cf. Miqueas 5:2), que sería anunciado por el mensajero del Señor (cf. Isaías 40:3); que purificaría el templo (cf. Malaquías 3:1), que se «le quitaría la vida» 483 años después del anuncio de la reconstrucción de Jerusalén en el año 444 a.C. (cf. Daniel 9:24-27), que sería rechazado (cf. Salmo 118:22), que sus manos y sus pies serían horadados (cf. Salmo 22:16), que su costado sería traspasado (cf. Zacarías 12:10), que resucitaría de entre los muertos (cf. Salmo 16:10), que ascendería a los cielos (cf. Salmo 68:18), y que se sentaría a la derecha del estrado de Dios (cf. Salmo 110:1).[30]

El cumplimiento exacto de tantas predicciones específicas es de tal persuasión apologética que los críticos reiteradas veces las han objetado en un intento por negarlas. Las objeciones más comunes son las siguientes:

Jesús cumplió las profecías por casualidad. Las probabilidades de que Jesús cumpliera las profecías por casualidad serían increíblemente ínfimas. En realidad, el profesor Peter Stoner, que fue presidente de la División de Ciencias de Westmont College, a mediados de los cincuenta, trabajó con seiscientos estudiantes para determinar cuál sería la mejor estimación de probabilidades matemáticas de que solo ocho profecías del Nuevo Testamento se cumplieran en una sola persona hasta la fecha. Tomándolas en conjunto, Stoner luego calculó que la probabilidad era una en cien millones de billones.[31] El equivalente de esto sería la cantidad de cuadrados de tres centímetros de lado que se necesitaría para cubrir toda la superficie seca del planeta.

La gente puede discrepar con las estimaciones a las que llegaron estos estudiantes con los cálculos de Stoner. Al fin de cuentas, es difícil cuantificar las profecías, y los criterios de evaluación pueden variar. Stoner retó a los escépticos a producir sus propias estimaciones y hacer ellos los cálculos. Pero cuando examiné las profecías, tuve que concordar con la conclusión suya: la probabilidad de que alguien cumpliera por mera coincidencia estas antiguas predicciones era absolutamente mínima.

«Solamente las probabilidades indican que sería imposible que alguien cumpliera las profecías del Antiguo Testamento. Sin embargo, Jesús y solo él en toda la historia, logró hacerlo», dice Louis Lapides, que se crió en un hogar conservador judío pero que luego se convirtió en cristiano y más adelante en pastor, después de estudiar las profecías.[32]

Jesús cumplió de manera intencionada las profecías. Aunque Jesús podría haber maniobrado su vida para cumplir ciertas profecías, muchas de éstas hubieran estado completamente fuera de su control, como su lugar de nacimiento, sus antepasados, el haber sido traicionado por treinta piezas de plata, la manera en que lo mataron, el que no le hubiesen quebrado las piernas en la cruz o que los soldados apostaran para quedarse con sus prendas.

Los escritores de los Evangelios inventaron los detalles. Algunos críticos sostienen que los Evangelios, simplemente, cambiaron los detalles de su vida para hacer que Jesús cumpliera con las profecías. Louis Lapides ofrece esta defensa: «Cuando los Evangelios comenzaron a circular, había gente que había vivido en el tiempo en que sucedieron estas cosas. Alguien le hubiera dicho a Mateo: "Oye, no sucedió así. Estamos tratando de comunicar una vida de rectitud y verdad, por lo tanto no la manches con una mentira". Y agregó que, por otro lado, ¿por qué razón Mateo inventaría profecías cumplidas y luego permitiría que lo mataran por seguir a alguien que bien sabía que no era el Mesías? Pero todavía más, aunque el Talmud judío hace referencia a Jesús en términos derogatorios, nunca alega que el cumplimiento de las profecías fuera falso.[33]

Los Evangelios malinterpretaron las profecías. Según Mateo, los padres de Jesús lo llevaron a Egipto y luego regresaron a Nazaret, después de la muerte de Herodes; «De este modo se cumplió lo que el Señor había dicho por medio del profeta: "De Egipto llamé a mi hijo"» (Mateo 2:15). Los críticos, sin embargo, señalan que esta referencia del Antiguo Testamento se refería a los hijos de Israel que habían salido de Egipto con el éxodo. Para ellos es un ejemplo de cómo se interpretan fuera de contexto las profecías, para alegar falsamente que Jesús cumplió lo que los profetas dijeron.

«Es cierto que el Nuevo Testamento aplicó ciertos pasajes del Antiguo Testamento a Jesús que no profetizaban directamente de él —explica Norman Geisler—. Muchos eruditos ven estas referencias cumplidas en Cristo según la "tipología" ... En otras palabras, alguna verdad en el pasaje se puede aplicar a Cristo en forma apropiada, a pesar de que no se profetizó específicamente de él. Otros eruditos dicen que hay un cierto significado genérico en ciertos pasajes del Antiguo Testamento que se ajustan a Israel y Cristo, a los cuales se les llama "hijos" de Dios. A esto, a veces, se le llama "punto de vista de referencia doble" de la profecía»[34].

Muchos psíquicos han adivinado el futuro. Un estudio cuidadoso del historial de los psíquicos, desde Nostradamus a Jeane Dixon, muestra que, a diferencia de las profecías bíblicas, sus predicciones son extremadamente vagas, en ocasiones contradictorias, y muy a menudo resultan falsas. Dixon es recordada por haber predicho la elección de John Kennedy en 1960, pero la gente se olvida que luego predijo ¡que ganaría Richard Nixon! Un análisis de las profecías de veinticinco psíquicos demostró que en el noventa y dos por ciento de los casos estaban totalmente equivocadas, a diferencia de las profecías bíblicas que invariablemente se cumplían.

El cumplimiento milagroso de Jesús de las profecías de la antigüedad es todavía uno de los argumentos más sólidos para confirmar su identidad. Quienes escudriñan cuidadosamente estos antecedentes, encontrarán que no es fácil descartar estas predicciones. Uno de mis ejemplos favoritos lo suministra el Dr. Peter Greenspan, un obstetra y ginecólogo judío que también es profesor en una facultad de medicina, que dice que cuantos más libros leía escritos por críticos que intentaban atacar las profecías, más reconocía las fallas de sus argumentaciones. Irónicamente, concluyó Greenspan,

«Creo que llegué a tener fe en Y'*shua* (Jesús) al leer lo que sus detractores escribieron»[36].

¿RESUCITÓ JESÚS DE ENTRE LOS MUERTOS?

Cuando se les pide a los cristianos que presenten evidencia de que sus creencias están basadas en la verdad y no en leyendas o ilusiones, invariablemente mencionan la resurrección de Jesús. Las razones, según J.I. Packer, profesor emérito de Regent College, son numerosas y de importancia crítica:

> «La resurrección, eso dicen, es la demostración de la deidad de Jesús, dio validez a sus enseñanzas, culminó su obra de expiación por el pecado, confirmó su dominio cósmico presente y su próxima reaparición como Juez, nos asegura que su perdón, presencia y poder personal en la vida de las personas de hoy es un hecho, y garantiza a todos los creyentes su propia repersonificación por la resurrección en el mundo venidero»[37].

Cuando se depende tanto de la realidad de la resurrección de Jesús es alentador saber que este hecho sobrenatural está extensamente documentado en los registros históricos. Incluso, el poco convencido, Sir Lionel Luckhoo, identificado en el *Libro Guinness de los Récords Mundiales* como el abogado más exitoso del mundo, se vio obligado a concluir después de un análisis exhaustivo de la evidencia: «Digo inequívocamente que la evidencia a favor de la resurrección de Jesucristo es tan abrumadora que obliga a aceptar los hechos por las pruebas aportadas y no deja absolutamente lugar a duda»[38].

La evidencia comienza con la muerte de Jesús por medio de una flagelación y crucifixión brutales. Los hechos demuestran la falsedad de las teorías según las cuales simplemente se desmayó sobre la cruz, para luego recuperar la conciencia con el aire fresco del sepulcro. «El peso de la evidencia histórica y médica indica fielmente que Jesús estaba muerto antes de que se le infligiera la herida en el costado derecho», según un artículo en la prestigiosa revista de medicina *Journal of the American Medical Association*. «Por consiguiente, las interpretaciones basadas en la premisa de que Jesús no murió en la cruz parecerían estar en contraposición con la evidencia médica moderna»[39].

Y a pesar de la sugerencia de John Dominic Crossan, en el documental de Jennings, (cf. pág 124) de que el cuerpo de Jesús posiblemente quedó sobre la cruz como «carroña para los cuervos y perros vagabundos», el erudito liberal fallecido, John A.T. Robinson, de la Universidad de Cambridge, afirmó que la sepultura de Jesús «es uno de los hechos más antiguos y mejor testimoniados que tenemos acerca de Jesús»[40].

El caso afirmativo de su resurrección ha sido descrito, de manera extensa, en numerosos libros y revistas académicas. Los siguientes cuatro puntos, sin embargo, nos dan una idea de por qué, como dijo William Lane Craig, con un giro retórico característico: «el tipo de escepticismo expresado por los integrantes del Seminario de Jesús … no solo no es capaz de representar el consenso de la academia sino que está bastante injustificado»[41].

Primeros relatos: el testimonio fidedigno de la historia

Los documentos más tempranos de la resurrección de Jesús se remontan al acontecimiento mismo y no pueden desestimarse como falseados por el desarrollo legendario. En 1 Corintios 15:3-8, Pablo registra un credo de importancia crucial que recitaban los primeros cristianos. Confirma:

«Que Cristo murió por nuestros pecados según las Escrituras, que fue sepultado, que resucitó al tercer día según las Escrituras, y que se apareció a Cefas, y luego a los doce. Después se apareció a más de quinientos hermanos a la vez, la mayoría de los cuales vive todavía, aunque algunos han muerto. Luego se apareció a Jacobo, más tarde a todos los apóstoles, y por último, como a uno nacido fuera de tiempo, se me apareció también a mí».

Los estudiosos de un amplio espectro teológico han fechado este credo a dos u ocho años después de la resurrección de Jesús, cuando Pablo lo recibió, en Damasco o en Jerusalén. Gary Habermas, experto en temas relacionados con la resurrección, ha dicho: «Estaría de acuerdo con los estudiosos que creen que Pablo recibió este material tres años después de su conversión, cuando realizó un viaje a Jerusalén y ... que lo recibió directamente de los testigos oculares, Pedro y Jacobo»[42].

Una serie de episodios en Hechos 1-5,10,13, también incluyen algunos credos que son los primeros documentos de la muerte y resurrección de Jesús. «La evidencia más temprana que tenemos acerca de la resurrección, casi seguro, se remonta al tiempo inmediatamente posterior al momento en que se dice que ocurrió la resurrección —señala el erudito John Drane—. Esta es la evidencia que aparece en los primeros sermones de los Hechos de los Apóstoles ... no puede haber lugar a dudas de que en los primeros capítulos de Hechos, su autor preservó material de fuentes muy tempranas»[43].

Además, hay evidencia de que Marcos obtuvo la narración de la Pasión de una fuente más antigua, escrita antes del año 37 d.C., apenas cuatro años después de la resurrección de Jesús.[44] Estos documentos de la primera línea de la historia, junto con la credibilidad de los relatos que figuran en los otros Evangelios, derriban la idea de que la resurrección de Jesús fue resultado de leyendas posteriores, de interpolaciones realizadas décadas después de la vida de Jesús.

El sepulcro vacío: Es unánimo, el cuerpo ha desaparecido

El sepulcro vacío, registrado o implícito en las fuentes originales del Evangelio de Marcos y del credo de 1 Corintios 15, fue aceptado por todos. Ni siquiera las autoridades romanas ni los dirigentes judíos alegaron que el cuerpo de Jesús todavía estaba dentro del sepulcro. En cambio, se vieron obligados a inventar la historia absurda de que los discípulos, aunque sin motivo ni oportunidad, habían robado el cuerpo, una teoría que ni siquiera el más escéptico de los críticos cree hoy en día.

La autenticidad del sepulcro vacío está reforzada por el hecho de que fue un descubrimiento realizado por mujeres, cuyo testimonio era tan desestimado en la cultura judía del primer siglo, que ni siquiera se aceptaba en un proceso legal. «Que la tumba vacía fue descubierta por las mujeres argumenta a favor de la autenticidad de la historia porque hubiera sido embarazoso para los discípulos tener que admitirlo y de seguro se habría encubierto si hubiera sido una leyenda», observa William Lane Craig. Además, cita otro factor convincente: «La ubicación de la tumba de Jesús era conocida tanto por los cristianos como por los judíos. Por lo tanto, si no hubiera estado vacía, habría sido imposible que un movimiento fundado en la creencia de la resurrección pudiera haber surgido en la misma ciudad donde este hombre había sido ejecutado y sepultado públicamente»[45].

El testimonio ocular: si no lo veo, no lo creo

Además del sepulcro vacío de Jesús, el Nuevo Testamento relata que, durante un período de cuarenta días, Jesús se apareció vivo una docena de veces distintas a quinientos quince individuos, a hombres y mujeres; a quienes creían y dudaban; tanto a personas duras como a almas caritativas; a grupos y a individuos; entre cuatro paredes y al aire libre, a plena luz del día.

Los Evangelios nos dicen que Jesús habló con la gente, comió con ellos y que incluso invitó a un escéptico a tocar con sus dedos las cicatrices de los clavos en sus manos y a poner su mano en la herida de la lanza en su costado para confirmar que se trataba realmente de él. Esta experiencia fue tan conmovedora que, según la historia de la iglesia, Tomás acabó en el sur de la India hasta su muerte violenta, predicando que Jesús efectivamente había resucitado.

C.H. Dodd, de la Universidad de Cambridge, analizó cuidadosamente los antecedentes históricos y concluyó que varias de esas apariciones se basan en material especialmente primitivo, incluyendo el encuentro de Jesús con las mujeres, en Mateo 28:8-10; su reencuentro con los once apóstoles, en Mateo 28:16-20; y su reunión con los discípulos, en Juan 20:19-23.[46]

Los críticos aducen que estas apariciones fueron resultado de alucinaciones o «pensamiento colectivo» en que la gente de tanto hablar se convence de que está viendo algo que en realidad no está allí. Sin embargo, los psicólogos han descartado convincentemente estas posibilidades al demostrar que las alucinaciones son fenómenos individuales que no pueden ser experimentadas por un grupo de personas y que las condiciones no propiciaban un «pensamiento colectivo»[47]. Además, si los discípulos solo se imaginaron que Jesús se les apareció vivo, ¿qué pasó con el cuerpo?

Sugerir que la idea de un Jesús resucitado se originó en mitos antiguos que involucraban la muerte y resurrección de dioses tampoco se sostiene cuando estas leyendas se consideran en el debido contexto como expresiones del ciclo de la naturaleza en que los cultivos mueren y se cosechan en el otoño y renacen a la vida con la primavera. Gregory Boyd, autor de *Cynic Sage or Son of God?* [Cínico sabio o Hijo de Dios], plantea contrastar esto con la descripción de Jesucristo en los Evangelios: «Esos son elementos históricos concretos. No tienen nada en común con historias que supuestamente ocurrieron "una vez, hace mucho tiempo atrás»[48].

El teólogo e historiador, Carl Braaten, hace esta observación: «Hasta los historiadores más escépticos concuerdan que para el cristianismo primitivo … la resurrección de Jesús fue un acontecimiento histórico real, el fundamento mismo de la fe, y no fue para nada una idea mitológica surgida de la imaginación creativa de los creyentes»[49].

Surgimiento de la iglesia: llenando un vacío en la historia

J.P. Moreland ha observado que se hubiera requerido algo tan dramático como la resurrección de Jesús para que los judíos del primer siglo cambiaran el día de adoración del sábado al domingo, que abandonaran el sistema de sacrificio de animales para el perdón de pecados y la adhesión a la ley de Moisés para estar bien con Dios, y aceptaran el concepto de la Trinidad. Al hacerlo, quienes dieron origen a la iglesia corrían el riesgo de convertirse en marginados sociales y, según la teología hebrea, condenar sus almas a la perdición.

«¿Cómo pudo tener lugar dicho cambio? —se pregunta Moreland—. La resurrección es la única explicación racional»[50].

A raíz de esto, cita de C.F.D. Moule, el experto en Nuevo Testamento de la Universidad de Cambridge: «Si el surgimiento de la (iglesia), un fenómeno innegable atestiguado por el Nuevo Testamento, abre una brecha en la historia, una brecha tan grande y con la forma de la resurrección, ¿qué propone el historiador secular para zanjarla?»[51].

Consideremos los ejemplos más extremos de cambios de

vida después de la resurrección: Jacobo era un escéptico mientras Jesús vivió; Saulo de Tarso perseguía a los cristianos. ¿Qué otra cosa excepto su encuentro con el Cristo resucitado podría haberlos transformados en líderes de la Iglesia Primitiva, dispuestos a morir por su convicción de que Jesús era el Hijo de Dios? Con respecto a los discípulos de Jesús, de ser un puñado de cobardes, después de su muerte, comenzaron de pronto a predicar con valor y poder proclamando que Jesús había mostrado ser Dios con su victoria sobre la muerte.

«El cambio de conducta radical que experimentaron los discípulos, después de la resurrección, es la mejor evidencia de la resurrección», declara Thomas C. Oden, de la Universidad de Drew. «Es necesario tener una hipótesis que dé cuenta de la transformación de los discípulos, de seguidores acongojados por un Mesías crucificado a personas que, con la predicación de la resurrección, transformaron el mundo. Ese cambio no podría haber sucedido, según el testimonio de la iglesia, sin un Señor resucitado»[52].

Cuando reflexiono sobre la pregunta de Jesús: «Y ustedes, ¿quiénes dicen que soy?» (Mateo 16:15), estas cinco grandes categorías de evidencia (la confiabilidad del Nuevo Testamento, la percepción suprema que Jesús tenía de sí, sus milagros, el cumplimiento de la profecía y su resurrección) me vienen inmediatamente a la mente. A mi entender, los datos son claros. Jesús es una verdadera figura histórica cuyas palabras convincentes y consoladoras, y cuyas obras extraordinarias y compasivas han sido fielmente preservadas para nosotros en los Evangelios. Él es alguien que no solo se vio a sí en términos trascendentales, divinos y mesiánicos, sino que también tenía todos los atributos que hacen que Dios sea Dios.

Jesús fue un hacedor de milagros, un sanador que amaba a los ciegos y a los cojos, cuyos prodigios sobrenaturales anunciaron el inicio del reino de Dios. Es el Mesías largamente esperado a través de quien Dios trajo la redención y la esperanza a Israel y al mundo. Y es el Señor resucitado, cuyo sepulcro vacío inspira confianza inquebrantable a sus seguidores de que ha vencido la muerte y, por lo tanto, ellos también tendrán la victoria.

Si tiene inquietudes espirituales, mi esperanza es que considere sinceramente la evidencia y que luego tenga el coraje de responderla aceptando a Jesús como su perdonador y líder. Si ya es cristiano, tiene una tarea por delante: articular la verdad acerca de Cristo, defenderla, predicarla, preservarla y transmitirla a las siguientes generaciones. Como lo expresa poderosamente la paráfrasis de J.B. Phillips de 2 Corintios 4:6: «Dios, que primero mandó que la luz resplandeciera en la oscuridad, ha inundado nuestros corazones con su luz, para que nosotros podamos iluminar a los hombres con el conocimiento de la gloria de Dios, que resplandece en el rostro de Cristo».

PREGUNTAS PARA LA REFLEXIÓN
Y LA DISCUSIÓN

1. Si alguien dijera ser el Hijo de Dios, ¿qué tipo de evidencia desearía tener para corroborar su aseveración?
¿Confirman bien la identidad de Jesús los milagros que
hizo, el cumplimiento de las profecías y su resurrección?
¿Cuál de estas categorías de evidencia encuentra más convincente? ¿Por qué?

2. Los discípulos estaban en la posición privilegiada de saber
sin sombras de duda si Jesús había resucitado de entre los
muertos, y estaban dispuestos a morir por sus convicciones
de que así lo había hecho. ¿Puede pensar en otro persona-
je histórico que haya estado dispuesto a morir, voluntaria-
mente y a sabiendas, por una mentira? ¿Qué grado de certeza necesitaría antes de estar dispuesto a dar su vida por
una creencia? ¿Cuánto investigaría un asunto si de ello
dependiera su vida? ¿Qué le dice esto acerca de la persuasión del testimonio de los discípulos?

3. ¿Qué otra explicación, fuera de la resurrección de Jesús,
podría dar cuenta del sepulcro vacío, sus apariciones después de su muerte y el cambio radical de conducta que
experimentaron sus discípulos? ¿Cómo cree que los eruditos citados en este capítulo responderían a sus hipótesis? Si
la resurrección fue un hecho, ¿qué implica esto para su
vida personal?

Capítulo seis

PREGUNTAS DIFÍCILES ACERCA DE LA BIBLIA

NORMAN GEISLER

La mayoría de los miembros de la iglesia (incluso muchos pastores) no están formalmente entrenados para defender la fe (apologética) y, por lo tanto, no siempre pueden responder a las preguntas difíciles que se les hace. No obstante, la Biblia nos manda: «Que su conversación sea siempre amena y de buen gusto. Así sabrán cómo responder a cada uno» (Colosenses 4:6). Pedro exhorta: «Estén siempre preparados para responder a todo el que les pida razón de la esperanza que hay en ustedes» (1 Pedro 3:15). Son mandamientos para todos los creyentes, no se limitan a los líderes cristianos. El apóstol Pablo insistió en que todo líder de iglesia debía «apegarse a la palabra fiel, según la enseñanza que recibió, de modo que también pueda exhortar a otros con la sana doctrina y refutar a los que se opongan» (Tito 1:9).

En tiempos de creciente escepticismo, agnosticismo y cultismo, se nos convoca con más ahínco a conocer las respuestas de las preguntas que nos formulen. Esto no es solo cierto para poder responder a quienes damos testimonio, sino aun más para los miembros de la familia de Dios que también tienen preguntas sin respuestas con respecto a la fe. Una de las cuestiones más atacadas es la creencia de que la Biblia es la Palabra de Dios. A continuación presento algunas respuestas breves a algunas de las preguntas difíciles que se nos hacen.

Preguntas acerca del origen de la Biblia

Los evangélicos creen que las Escrituras provinieron de Dios por medio de hombres piadosos que transcribieron las palabras mismas de Dios.[1] Es decir, la Biblia tiene un origen divino, aunque se produjo mediante instrumentos humanos. Sin embargo, esta creencia despierta muchas preguntas de parte de nuestra cultura. Las siguientes dudas son solo algunas de las más comunes.

¿DE DÓNDE PROVIENE LA BIBLIA?

La Escrituras dicen que vino de Dios. Al referirse a todo el Antiguo Testamento, Pablo escribió: «Toda la Escritura es inspirada por Dios y útil para enseñar, para reprender, para corregir y para instruir en la justicia» (2 Timoteo 3:16). Al Nuevo Testamento también se lo llama las Escrituras. Cuando Pablo cita al evangelio en 1 Timoteo 5:18, lo llama «las Escrituras». Y Pedro, en 2 Pedro 3:15-16, también se refiere a las epístolas de Pablo como Escrituras. Por lo tanto, tanto todo el Antiguo como el Nuevo Testamento, los Evangelios y las epístolas, se consideran escritos «inspirados por Dios». Jesús usó una expresión similar cuando se refirió a la Palabra de Dios como proveniente «de la boca de Dios», diciéndole al tentador: «No sólo de pan vive el hombre, sino de toda palabra que sale de la boca de Dios» (Mateo 4:4).

¿QUIÉN ESCRIBIÓ LA BIBLIA?

La Biblia no solo dice que se trata de palabras inspiradas por Dios, sino que fue producida por escritores movidos por el Espíritu. Pedro dice que los profetas del Antiguo Testamento fueron hombres «impulsados» por el Espíritu Santo. «Porque la profecía no ha tenido su origen en la voluntad humana, sino que los profetas hablaron de parte de Dios, impulsados por el Espíritu Santo» (2 Pedro 1:21). David, agregó: «El Espíritu del Señor habló por medio de mí; puso sus palabras en mi lengua» (2 Samuel 23:2). La Biblia, por lo tanto, dice que vino de Dios a través de hombres de Dios.

La Biblia fue escrita por profetas de Dios. Él es la fuente originaria de la Biblia, pero sus hombres, llamados profetas, fueron sus instrumentos para registrar sus palabras. El papel de los profetas bíblicos fue exclusivo. Eran sus voceros, encomendados para pronunciar sus palabras, ni más ni menos (cf. Proverbios 30:6; Apocalipsis 22:18-19). Dios le dijo a Balaam: «Limítate a decir sólo lo que yo te mande» (Números 22:35), y él respondió: «Solo que no podré decir nada que Dios no ponga en mi boca» (v. 38). O, como lo expresa Amós: «Habla el Señor omnipotente; ¿quién no profetizará?» (Amós 3:8).

Todo el Antiguo Testamento fue escrito por profetas; algunos fueron profetas de *oficio*. Moisés fue un profeta (cf. Deuteronomio 18:15). Escribió los primeros cinco libros de la Biblia conocidos como «el libro de Moisés» (Marcos 12:26) o «Moisés» (Lucas 24:27). Todos los libros posteriores a estos al principio se llamaron «los profetas» (Mateo 5.17; Lucas 24:27). El Nuevo Testamento se refiere al conjunto de los libros del Antiguo Testamento como «las profecías» (2 Pedro 1:20-21; cf. Hebreos 1:1). Desde Samuel (cf. 1 Samuel 10:10-12) ha habido un grupo de profetas (cf. 1 Samuel 19:20). Algunos hombres, como Elías (cf. 1 Reyes 18:36; Malaquías 4:5) o Eliseo (cf. 2 Reyes 9:1), fueron reconocidos de esa forma.

Otros escritores del Antiguo Testamento fueron profetas porque tenían ese *don*. Es decir, no pertenecieron a ningún grupo o conjunto de profetas, pero Dios habló por medio de ellos y les dio un mensaje para transmitir al pueblo (cf. Amós 7:14-15). Daniel era un príncipe por profesión (cf. Daniel 1:3-6), pero se convirtió en profeta porque recibió el llamado y el don. Jesús lo llamó «el profeta Daniel» (Mateo 24:15). David era un pastor, pero Dios le habló. David escribió: «El Espíritu del Señor habló por medio de mí; puso sus palabras en mi lengua» (2 Samuel 23:2). Incluso Salomón, que escribió Proverbios, Eclesiastés, y el Cantar de los Cantares, recibió las revelaciones de Dios como un profeta (cf. 1 Reyes 3:5). El resto de los autores del Antiguo Testamento están dentro de esta categoría, porque sus escritos estaban en la sección conocida como «los profetas» (Mateo 5:17; Lucas 24:27) y porque el Antiguo Testamento se conoce como Escrituras Proféticas (cf. Hebreos 1:1; 2 Pedro 1:20-21).

De igual manera, todos los escritores del Nuevo Testamento fueron «apóstoles y profetas», porque la iglesia se construyó sobre este fundamento (Efesios 2:20). Ellos también dijeron que recibieron su mensaje de Dios. Se considera que Pablo, que escribió casi la mitad de los libros del Nuevo Testamento, lo hizo tan inspiradamente como los escritores del Antiguo (cf. 2 Pedro 3:15-16). Mateo y Juan estaban entre aquellos a quienes Jesús prometió guiar «a toda verdad» (Juan 16:13; 14:26). Pedro, uno de los principales apóstoles, escribió dos libros basados en sus credenciales como apóstol y testigo ocular de Jesús (cf. 1 Pedro 1:1; 2 Pedro 1:1,16). Los otros escritores del Nuevo Testamento eran asociados de los apóstoles y tenían el don de la profecía, porque Dios habló también por medio de ellos (cf. Santiago 1:1; Judas 1-3).

¿FUERON LOS ESCRITORES BÍBLICOS SIMPLES SECRETARIOS DEL ESPÍRITU SANTO?

Los autores bíblicos no se limitaron a transcribir lo que Dios les dictaba. Ellos no fueron meros secretarios o autómatas, sino que, con fidelidad, anunciaron todo el mensaje de Dios sin agregar ni quitar nada (cf. Proverbios 30:6; Apocalipsis 22:18-19). Dios usó las personalidades individuales, sus vocabularios, los estilos literarios y deseos conscientes de los autores bíblicos para producir su Palabra. Por lo tanto, si bien se originaron completamente de Dios, las palabras de las Escrituras también son humanas y escritas en idiomas particulares (hebreo, griego, arameo), expresadas en formas literarias humanas determinadas que incluyen la narrativa (cf. 1 y 2 Samuel), la poesía (cf. Salmos) y las parábolas (cf. los Evangelios), así como la metáfora (cf. Juan 15:1-8), la alegoría (cf. Gálatas 4:21-5:1), e hipérbole (cf. Salmo 6:6; Lucas 14:26). No obstante, el producto final es exactamente como Dios lo ordenó y en su providencia lo determinó: la Palabra de Dios con autoridad divina, infalible y exenta de error; porque la Escritura «no puede ser quebrantada» (Juan 10:35), y «ni una letra ni una tilde de la ley desaparecerán» (Mateo 5:18). Es «la verdad» (Juan 17:17) que viene de aquel que se nos dice que «es imposible que Dios mienta» (Hebreos 6:18). En resumidas cuentas, todo lo que afirma está exento de error, no solo en lo que respecta a asuntos espirituales sino también a cuestiones de ciencia (cf. Mateo 19:12; Juan 3:12) y de historia (cf. Mateo 12:40-42; 24:37).[2] En suma, los escritores bíblicos fueron seres humanos a quienes Dios eligió para ser sus voceros mediante el uso de lenguas humanas y formas literarias.[3]

¿QUÉ ERA UN PROFETA EN LOS TIEMPOS BÍBLICOS?

Los autores bíblicos fueron profetas y apóstoles de Dios. Hay muchas referencias a los profetas que nos revelan cuál era su papel en la producción de las Escrituras. Entre otras cosas, se nos dice que fueron:

- Hombres de Dios (cf. 1 Reyes 12:22), lo que significa que los había elegido.

- Siervos del Señor (cf. 1 Reyes 14:18), para indicar que eran fieles a él.

- Mensajeros del Señor (cf. Isaías 42:19), para mostrar que los había enviado.

- Videntes o visionarios (cf. Isaías 30:10), para revelar que sus visiones eran de él.

- Llenos del Espíritu del Señor (cf. Oseas 9:7; Miqueas 3:8), para que se supiera que hablaban por el Espíritu de Dios.

- Centinelas (cf. Ezequiel 3:17), para reflejar que estaban atentos a Dios.

- Profetas (que es como comúnmente se llamaban), una indicación de que eran los voceros de Dios.

En suma, un profeta habla en nombre de Dios; es una persona elegida y preparada por él, un instrumento en sus manos para transmitir su palabra a su pueblo.

¿PODÍAN LOS PROFETAS AGREGAR IDEAS PERSONALES AL MENSAJE DE DIOS?

No, les estaba prohibido. Dios dijo: «No añadan ni quiten palabra alguna a esto que yo les ordeno» (Deuteronomio 4:2). Así se le ordenó a Jeremías: «Así dice el Señor: "Párate en el atrio de la casa del Señor, y di todas las palabras que yo te ordene ... No omitas ni una sola palabra"» (Jeremías 26:2).

La naturaleza de un profeta bíblico era la garantía que no agregaría sus ideas al mensaje de Dios porque debía hablar «todo lo que el Señor le había dicho» (Éxodo 4:30). Dios le dijo a Moisés, hablando de un profeta: «Pondré mis palabras en su boca, y él les dirá todo lo que yo le mande» (Deuteronomio 18:18). Y Amós escribió: «Habla el Señor omnipotente; ¿quién no profetizará?» (Amós 3:8). O sea que un profeta era alguien que decía lo que Dios le ordenaba, ni más ni menos.

La naturaleza misma de un profeta exigía que la Escritura profética fuera exactamente lo que Dios quería decir a la humanidad. Y dado que la Biblia se presenta como tal de principio a fin (cf. Mateo 5:17-18; 2 Pedro 1:20-21; Apocalipsis 22:19), debemos considerar que el registro histórico de los profetas era inspirado por Dios. De hecho, esto es lo que el profeta Zacarías declaró cuando escribió: «Para no oír las instrucciones ni las palabras que por medio de los antiguos profetas el Señor Todopoderoso había enviado con su Espíritu, endurecieron su corazón como el diamante. Por lo tanto, el Señor Todopoderoso se llenó de ira» (Zacarías 7:12).

¿CÓMO RECIBÍAN LOS PROFETAS SUS MENSAJES DE PARTE DE DIOS?

De diversas maneras. Algunos, por medio de sueños (cf. Génesis 37:1-11); otros, tenían visiones (cf. Daniel 7); y algunos, escuchaban una voz audible (cf. 1 Samuel 3) o una voz interior (cf. Oseas 1; Joel 1); otros, recibían revelaciones de ángeles (cf. Génesis 19:1-29); algunos, por medio de milagros (cf. Éxodo 3); y otros, echando suertes (cf. Proverbios 16:33). El sumo sacerdote usaba unas piedras preciosas, conocidas como «urim y el tumim» (Éxodo 28:30). A otros, Dios les habló a través de la naturaleza, mientras meditaban sobre su revelación (cf. Salmo 8; 19:1-6). Por diversos medios, como lo expresa el autor de la carta a los Hebreos: «Dios, que muchas veces y de varias maneras habló a nuestros antepasados en otras épocas por medio de los profetas» (Hebreos 1:1).

¿TENÍAN PERMITIDO LOS PROFETAS CAMBIAR LAS PALABRAS QUE RECIBÍAN DE DIOS?

Los profetas bíblicos tenían prohibido alterar el texto de las Escrituras Sagradas. Dios era implacable con cualquiera que intentara cambiarlas. Después de que el rey Joacim cortó y quemó columna tras columna de las palabras del Señor, Dios le dijo a Jeremías: «Toma otro rollo, y escribe exactamente lo mismo que estaba escrito en el primer rollo» (Jeremías 36:28). Nadie debía agregar ni quitar nada de lo que Dios había dicho. Agur escribió: «Toda palabra de Dios es digna de crédito ... No añadas nada a sus palabras, no sea que te reprenda y te exponga como a un mentiroso» (Proverbios 30:5-6). Es más, Juan escribió esto acerca de las palabras de su profecía: «Si alguno le añade algo, Dios le añadirá a él las plagas descritas en este libro. Y si alguno quita palabras de este libro de profecía, Dios le quitará su parte del árbol de la vida y de la ciudad santa, descritos en este libro» (Apocalipsis 22:18-19). Esto no significaba que no pudieran recibir nuevas revelaciones sino que no podían alterar nada de lo que estaba escrito.

Preguntas acerca de la naturaleza de la Biblia

Al decir que viene de la boca de Dios, la Biblia afirma su autoridad divina. Afirma ser la Palabra que vino de Dios mismo (cf. Juan 10:34-35). Ahora bien, como también fue escrita por seres humanos, ¿qué queremos decir cuando decimos que la Biblia es «la Palabra de Dios»?

¿QUÉ SIGNIFICA DECIR QUE «LA BIBLIA ES LA PALABRA DE DIOS»?

Como Dios es el origen de la Biblia es propio llamarla su Palabra. Pero como los escribas humanos compusieron cada palabra de la Biblia, también es cierto que es su Palabra. Por lo tanto, una manera de describir qué significa decir que la Biblia es «inspirada por Dios» (2 Timoteo 3:16) es afirmando: «Lo que la Biblia dice, lo dice Dios». Esto es evidente, porque, a menudo, un pasaje del Antiguo Testamento dirá que Dios lo dijo y, sin embargo, este mismo texto, cuando sea citado en el Nuevo Testamento, dirá que así está dicho en «la(s) Escritura(s)». En ocasiones, lo contrario también es cierto, ya que un pasaje registrado por la Biblia en el Antiguo Testamento, el Nuevo lo declara como dicho por Dios. Comparemos los siguientes casos:

Lo que Dios dice ...	Lo dice la Biblia
Génesis 12:1-3;	Gálatas 3:8
Éxodo 9:13,16,	Romanos 9:17

En Génesis, Dios dice: «El Señor le dijo a Abram: "Deja tu tierra, tus parientes y la casa de tu padre, y vete a la tierra que te mostraré … y serás una bendición. Bendeciré a los que te bendigan y maldeciré a los que te maldigan; ¡por medio de ti serán bendecidas todas las familias de la tierra!» (Génesis 12:1-3). Pero en Gálatas 3:8, cuando se cita este texto, leemos: «La Escritura … anunció de antemano el evangelio a Abraham: "Por medio de ti serán bendecidas todas las naciones"».

De igual modo, Éxodo 9:13,16 dice: «El Señor le ordenó a Moisés madrugar al día siguiente, y salirle al paso al faraón para advertirle: "Así dice el Señor y Dios de los hebreos: 'Deja ir a mi pueblo para que me rinda culto … Pero te he dejado con vida precisamente para mostrarte mi poder, y para que mi nombre sea proclamado por toda la tierra'"». Sin embargo, cuando este pasaje se cita en el Nuevo Testamento, dice: «Porque la Escritura le dice al faraón: "Te he levantado precisamente para mostrar en ti mi poder, y para que mi nombre sea proclamado por toda la tierra"» (Romanos 9:17).

Lo que la Biblia dice ...	lo dice Dios
Génesis 2:24;	Mateo 19:4-5
Salmo 2:1	Hechos 4:24-25
Isaías 55:3	Hechos 13:34
Salmo 16:10	Hechos 13:35
Salmo 2:7	Hebreos 1:5

En el libro de Génesis, leemos: «Por eso el hombre deja a su padre y a su madre, y se une a su mujer, y los dos se funden en un solo ser» (Génesis 2:24). Pero cuando Jesús cita este pasaje en el Nuevo Testamento, dice: «—¿No han leído —replicó Jesús— que en el principio el Creador "los hizo hombre y mujer", y dijo: "Por eso dejará el hombre a su padre y a su madre, y se unirá a su esposa, y los dos llegarán a ser un solo cuerpo"?» (Mateo 19:4-5).

De igual modo, en el Salmo 2:1, David escribe: «¿Por qué se sublevan las naciones, y en vano conspiran los pueblos?». Y en Hechos 4:24-25, leemos: «Cuando lo oyeron, alzaron unánimes la voz en oración a Dios: "Soberano Señor ... tú, por medio del Espíritu Santo, dijiste en labios de nuestro padre David, tu siervo: '¿Por qué se sublevan las naciones y en vano conspiran los pueblos?'"».

El famoso teólogo, B.B. Warfield, hizo esta observación: «En un pasaje se habla de las Escrituras como si fueran de Dios; en los otros, se hace referencia a Dios como si él fuera la Escritura ... Si tomamos ambos casos, Dios y las Escrituras se identifican de tal manera que, en cuanto a autoridad, no se distinguen entre sí»[4].

¿DE QUÉ OTRAS MANERAS DECLARA LA BIBLIA QUE ES LA PALABRA DE DIOS?

Por medio de frases como: «dice el Señor» (p.ej. Isaías 1:11,18), «afirma el Señor» (p.ej. Jeremías 2:3,9), «dijo Dios» (p.ej. Génesis 1:3,6), «La palabra del Señor vino a Jeremías» (Jeremías 34:1), y «El Señor me dirigió la palabra» (p.ej. Ezequiel 30:1), las Escrituras afirman que vienen de Dios. Dichas frases ocurren cientos de veces en las Escrituras y revelan, sin sombra de duda, que el escritor afirma estar registrando las Palabras mismas de Dios. Solo en el libro de Levítico, aparecen sesenta y seis veces frases como: «el Señor le ordenó a Moisés» (p.ej. 4:1; 5:14; 6:1,8,19; 7:22). Ezequiel registra numerosas veces frases como: «vi una visión» o «el Señor me dirigió la palabra». Cinco veces en veintiocho versículos del capítulo 12, Ezequiel dice: «el Señor me dirigió la palabra» (vv. 1,8,17,21,26), y cuatro veces escribe: «así dice el Señor» (vv. 10,19,23,28); y en el versículo 28, usa la combinación: «así dice el Señor omnipotente» y «lo afirma el Señor omnipotente» (cf. 20:3). Isaías (p.ej. 1:1,11,18,24; 2:1), Jeremías (p.ej. 1:2,13; 2:1,3,5) y otros profetas hacen afirmaciones similares. La impresión general no deja duda con respecto al origen confeso de Dios en los mensajes de los profetas.

¿DICE LA BIBLIA EXPLÍCITAMENTE QUE ES LA «PALABRA DE DIOS»?

Sí, lo dice. Muchas veces la Biblia afirma ser «la Palabra de Dios» con estas mismas palabras u otras equivalentes. Jesús les dijo a unos dirigentes judíos de su tiempo: «Así por causa de la tradición anulan ustedes la palabra de Dios» (Mateo 15:6). Pablo se refiere a las Escrituras como «las palabras mismas de Dios» (Romanos 3:2). Y Pedro declara: «Pues ustedes han nacido de nuevo, no de simiente perecedera, sino de simiente imperecedera, mediante la palabra de Dios que vive y permanece» (1 Pedro 1:23). Y el autor de Hebreos, afirma: «Ciertamente, la palabra de Dios es viva y poderosa, y más cortante que cualquier espada de dos filos. Penetra hasta lo más profundo del alma y del espíritu, hasta la médula de los huesos, y juzga los pensamientos y las intenciones del corazón» (4:12). Jesús usó la frase: «palabra de Dios» como equivalente a la Ley (Torá) y a la Escritura: «No está escrito en su ley … a aquellos para quienes vino la palabra (y la Escritura no puede ser quebrantada)» (Juan 10:34-35).

¿PRECONIZA LA BIBLIA QUE TIENE AUTORIDAD DIVINA?

La Biblia usa muchas otras palabras o frases para describirse a sí y validar su autoridad divina. Jesús dijo que la Biblia era indestructible: «Les aseguro que mientras existan el cielo y la tierra, ni una letra ni una tilde de la ley desaparecerán hasta que todo se haya cumplido» (Mateo 5:18); infalible (completamente digna de confianza y con autoridad) o «inquebrantable» (cf. Juan 10:35); que tenía autoridad final y decisiva (cf. Mateo 4:4,7,10) y suficiente para la fe y la práctica. Jesús habló de la suficiencia de las Escrituras judías: «Si no les hacen caso a Moisés y a los profetas, tampoco se convencerán aunque alguien se levante de entre los muertos» (Lucas 16:31). Pablo agregó: «Toda la Escritura es inspirada por Dios y útil para enseñar, para reprender, para corregir y para instruir en la justicia, a fin de que el siervo de Dios esté enteramente capacitado para toda buena obra» (2 Timoteo 3:16-17).

¿CUÁL ES EL ALCANCE DE ESTA AUTORIDAD DIVINA?

La autoridad divina se extiende hasta incluir todo lo que está escrito (cf. 2 Timoteo 3:16), las palabras mismas (cf. Mateo 22:43; 1 Corintios 2:13), los trazos más pequeños de las palabras (cf. Mateo 5:17-18), y los tiempos verbales (cf.

Mateo 22:32). Aunque la Biblia no fue dictada verbalmente por Dios a los humanos, el resultado es tan perfecto como si así hubiese sido; porque los autores bíblicos afirman que él es el origen de las palabras mismas de las Escrituras, porque de manera sobrenatural controló el proceso mediante el cual escribían, con su vocabulario y estilo, registrando su mensaje (cf. 2 Pedro 1:20-21).

¿QUÉ SIGNIFICA DECIR QUE LA BIBLIA ES INSPIRADA?

En 2 Timoteo 3:16 se afirma que la Biblia es *inspirada por Dios*: «Toda la Escritura es inspirada por Dios y útil para enseñar, para reprender, para corregir y para instruir en la justicia». Jesús dijo: «No sólo de pan vive el hombre, sino de *toda palabra que sale de la boca de Dios*» (Mateo 4:4, é.a). Si combinamos esta verdad con 2 Pedro 1:20-21, que afirma que las Escrituras no se originaron en los hombres sino en «los profetas (que) hablaron de parte de Dios, impulsados por el Espíritu Santo» (é.a), vemos que la inspiración en general es el proceso por el cual los escritores, impulsados por el Espíritu, produjeron escrituras inspiradas por Dios.

¿QUÉ ES LO INSPIRADO EN LA BIBLIA, LAS PALABRAS MISMAS O LAS IDEAS?

Hay numerosas escrituras que hacen evidente que el centro de la revelación y de la inspiración es la Palabra escrita, (escrituras proviene de la palabra griega '*grapha*'), no simplemente la idea o el escritor, sino la escritura propiamente dicha. Noten la referencia a la revelación o inspiración divina que aparece en «la Escritura» (2 Timoteo 3:16; 2 Pedro 1:20-21), «(palabras) que enseña el Espíritu» (1 Corintios 2:13, é.a), «el libro de la ley del Señor» (2 Crónicas 34:14), «puso (las) palabras (del Espíritu del Señor) en mi lengua»

(2 Samuel 23:2, é.a), «mis palabras» (Isaías 59:21) y «las palabras que por medio de los antiguos profetas el Señor Todopoderoso había enviado» (Zacarías 7:12).

Cuando se refiere al Antiguo Testamento como la Palabra de Dios, el Nuevo la mayoría de las veces usa la introducción «Escrito está» (cf. p.ej. Mateo 4:4,7,10). Jesús describió esta palabra escrita como «toda palabra que sale de la boca de Dios» (Mateo 4:4). Tan importantes eran las palabras exactas de Dios que, a Jeremías, se le ordenó: «Así dice el Señor: "Párate en el atrio de la casa del Señor, y di todas las palabras que yo te ordene a todas las ciudades de Judá que vienen a adorar en la casa del Señor. No omitas ni una sola palabra"» (Jeremías 26:2). Por lo tanto, no era cuestión de que los hombres tuvieran la libertad para afirmar la palabra de Dios con sus palabras; la elección misma de las palabras era de Dios. Éxodo 24:4 describe cómo «Moisés puso entonces por escrito lo que el Señor había dicho». En Deuteronomio, Moisés escribe: «Por eso (yo, Dios) levantaré entre sus hermanos un profeta como tú; pondré mis palabras en su boca, y él les dirá todo lo que yo le mande» (Deuteronomio 18:18, é.a).

Dios, a veces, elegía enfatizar incluso los tiempos verbales. Jesús dijo: «Pero en cuanto a la resurrección de los muertos, ¿no han leído lo que Dios les dijo a ustedes: "Yo soy (no dice 'yo era') el Dios de Abraham, de Isaac y de Jacob"? Él no es Dios de muertos, sino de vivos» (Mateo 22:31-32, é.a). En Gálatas 3:16, Pablo basó su argumento en un sustantivo singular contra uno plural, cuando puntualiza: «La Escritura no dice: "y a los descendientes", como refiriéndose a muchos, sino: "y a tu descendencia", dando a entender uno solo, que es Cristo».

Aun una letra (la letra s, por ejemplo) puede ser determinante. Es más, Jesús llegó a afirmar que partes de las letras eran inspiradas. En español, si no ponemos una línea sobre la letra t, podemos confundirla con una i. Por eso Jesús dijo:

«Les aseguro que mientras existan el cielo y la tierra, ni una letra ni una tilde de la ley desaparecerán hasta que todo se haya cumplido» (Mateo 5:18).

¿TODOS LOS TEMAS DE LA BIBLIA SON INSPIRADOS O ÚNICAMENTE LOS ESPIRITUALES?

La inspiración garantiza la verdad de todo lo que la Biblia enseña, implica o connota (en su espíritu como en los hechos). Pablo afirmó que *toda la Escritura*, no solo una parte, es inspirada por Dios (cf. 2 Timoteo 3:16). Pedro declaró que *ninguna profecía* de las Escrituras tiene su origen en el hombre sino que es toda de parte de Dios (cf. 2 Pedro 1:20-21). Jesús les dijo a sus discípulos: «Pero el Consolador, el Espíritu Santo, a quien el Padre enviará en mi nombre, les enseñará todas las cosas y les hará recordar todo lo que les he dicho» (Juan 14:26). En ese mismo discurso, agregó: «Cuando venga el Espíritu de la verdad, él los guiará a toda la verdad» (Juan 16:13).

La iglesia ha sido «(edificada) sobre el fundamento de los apóstoles y los profetas, siendo Cristo Jesús mismo la piedra angular» (Efesios 2:20, é.a). Y los santos de la Iglesia Primitiva se mantenían «firmes en la enseñanza de los apóstoles, en la comunión, en el partimiento del pan y en la oración» (Hechos 2:42), y dejaron registradas estas enseñanzas para nosotros en las páginas del Nuevo Testamento, que se consideraba parte de las Escrituras sagradas junto con el Antiguo (cf. 1 Timoteo 5:18, en que se citan los textos del Antiguo y del Nuevo Testamento; 2 Pedro 3:15-16).

La inspiración de Dios, entonces, alcanza todas las partes de las Escrituras. Incluye todo lo que Dios afirmó (o negó) acerca de cualquier tema referido en las mismas. Incluye no solo lo que la Biblia enseña explícitamente sino también lo que enseña implícitamente. Cubre no solo los asuntos espirituales sino los hechos. El Dios que todo lo sabe no puede equivocarse bajo ninguna circunstancia en aquello que enseñe o que se pueda inferir. De hecho, Jesús confirmó cuestiones históricas y científicas, como la creación de Adán y Eva (cf. Mateo 19:4-5), el Diluvio en el tiempo de Noé (cf. Mateo 24:37-39), también que Jonás hubiera sido tragado por un gran pez (cf. Mateo 12:40-42). Jesús dijo, además: «Si les he hablado de las cosas terrenales, y no creen, ¿entonces cómo van a creer si les hablo de las celestiales?» (Juan 3:12).

¿CÓMO MALINTERPRETAN ALGUNAS PERSONAS LO QUE SIGNIFICA LA INSPIRACIÓN DE LA BIBLIA?

Todo lo que se enseña en la Biblia ha sido inspirado por Dios. Conviene, sin embargo, no caer en algunas confusiones comunes:

- Que todas las partes de un parábola tienen que representar un hecho en vez de contribuir a la idea que la misma ilustra (cf. Lucas 18:2).

- Que todo lo que registra la Biblia es verdad en vez de tratarse de algo meramente enseñado o implícito (cf. Génesis 3:4).

- Que no hay exageraciones (hipérboles) (cf. Salmo 6:6; Lucas 14:26).

- Que todas las afirmaciones acerca de Dios y de la creación son puramente literales (cf. Job 38:7; Hebreos 4:13).

- Que todas las afirmaciones reales son técnicamente precisas según las normas modernas en vez de exactas conforme a los criterios de la antigüedad (cf. 2 Crónicas 4:2).

- Que todas las afirmaciones acerca del universo deben

enterderse desde una perspectiva astronómica moderna en oposición a un punto de vista común de observación (cf. Josué 10:12).

- Que todas las citas de las Escrituras deben entenderse literalmente en contraposición al fiel significado (cf. Salmo 2:1 y Hechos 4:25).

- Que todas las citas de las Escrituras deben tener la misma aplicación que la versión original (cf. Oseas 11:1 y Mateo 2:15) en vez de la misma interpretación (significado).

- Que la misma verdad solo puede expresarse de una sola manera, como en los Evangelios.

- Que cualquier cosa que el escritor creyera es verdad, en contraposición con lo que escribía efectivamente en las Escrituras (cf. Mateo 15:26).

- Que la verdad ha sido revelada o tratada exhaustivamente en contraposición a haber sido presentada adecuadamente en la Biblia (cf. 1 Corintios 13:12).

- Que las citas implican la verdad de toda la fuente que se cita en vez de limitarse al extracto citado (cf. Tito 1:12).

- Que una construcción gramatical en particular siempre será la convención en vez de una construcción adecuada para transmitir la verdad.[5]

¿CÓMO SABEMOS QUE ESTAS MALINTERPRETACIONES NO ESTÁN CUBIERTAS POR LA INSPIRACIÓN?

Lo que la Biblia dice debe entenderse a la luz de lo que esta muestra. Lo que anuncia debe leerse a la luz de lo que practica. La doctrina de las Escrituras debe entenderse a la luz de toda la información contenida en estas. Todas las malinter-

pretaciones mencionadas en la pregunta anterior son parte
de la información aportada por las Escrituras. Por ejemplo, la
Biblia redondea las cantidades. Por lo tanto, cuando dice ser
la verdad, esto no significa que se excluya el uso de números
redondos (cf. 2 Crónicas 4). Lo mismo es cierto en el caso de
las hipérboles, figuras retóricas, lenguaje observacional y
género literario (como la poesía, las parábolas y otras formas
semejantes). En suma, todo lo que la Biblia afirma es verdad,
pero lo que se comprenda por verdad deberá entenderse a la
luz de los fenómenos o datos presentados en esta.

¿ACASO NO ES LA BIBLIA TAMBIÉN UN LIBRO HUMANO?

Efectivamente, es cien por ciento humana. Fue escrita por
autores humanos (como Moisés, Josué, Samuel, David, Isaías,
Jeremías, Ezequiel, y varios profetas como Esdras, Nehemías,
Mateo, Marcos, Lucas, Juan, Pablo, Pedro y otros).

La Biblia se redactó en lenguas humanas (hebreo para los
textos del Antiguo Testamento y griego para los del Nuevo).
La Biblia se expresa en estilos literarios humanos (como son
la poesía de exaltación de Isaías, las lamentaciones de congo-
ja de Jeremías, las parábolas de Jesús registradas en los
Evangelios y las presentaciones didácticas de Pablo).

La Biblia usa diferentes formas literarias humanas, como las
crónicas de Samuel y Reyes, la poesía de Job y de Salmos, las
parábolas de los Evangelios sinópticos, algunas alegorías
como en Gálatas 4, el uso de símbolos como en Apocalipsis,
las metáforas y las comparaciones de Santiago, la sátira (cf.
Mateo 19:24) y las hipérboles (cf. Salmo 6:6, Lucas 14:26).
Como cualquier escrito humano, la Biblia usa una amplia
gama de formas literarias para transmitir su significado.

La Biblia refleja diferentes perspectivas humanas. Incluye la
de un pastor (cf. Salmo 23 de David), un punto de vista pro-

fético privilegiado en Reyes, una perspectiva sacerdotal en Crónicas, un interés histórico en Lucas y Hechos (cf. Lucas 1:1-4; Hechos 1:1) y las preocupaciones pastorales de Pablo (cf. 1 y 2 Timoteo y Tito). A diferencia de cualquier libro moderno de astronomía, los escritores bíblicos escriben desde la perspectiva del observador cuando dicen que el Sol sale o se pone (cf. Josué 1:15; 10:13).

La Biblia refleja diferentes patrones humanos de pensamiento. Encontramos patrones de pensamiento finitos en casi todas sus dimensiones, desde un riguroso tratamiento lógico en Romanos, al estilo contrastivo de Gálatas, a la expresión de una breve laguna de memoria en 1 Corintios 1:14-16.

La Biblia revela diferentes emociones humanas. El apóstol Pablo dice que lo invade una gran tristeza por Israel (cf. Romanos 9:2), se enoja por la insensatez de los gálatas (cf. Gálatas 3:1), siente melancolía y soledad por estar privado de la libertad (cf. 2 Timoteo 4:9-16), está deprimido por las aflicciones (cf. 2 Corintios 1:8), henchido de gozo por las victorias (cf. Filipenses 1:4) y muchos ejemplos más.

La Biblia manifiesta intereses específicamente humanos. Lucas tenía un interés médico, como es evidente en el uso que hace de esos términos. Oseas tenía un interés particularmente rural, al igual que Amón, el pastor de Tecoa (cf. Amós 1:1). Resulta claro de sus escritos, el interés de Santiago por la naturaleza (cf. Santiago 1:6, 10-11). Los intereses de los pastores (cf. Juan 10:1-16), los atletas (cf. 1 Corintios 9:24-27) y los campesinos (cf. Mateo 13:1-43) también están reflejados en la Biblia.

La Biblia expresa la cultura humana. Al tratarse de un libro semítico, la Biblia está llena de expresiones y prácticas propias de su cultura hebrea, como la costumbre común de besarse cuando se saludaban (cf. 1 Tesalonicenses 5:26) y el uso del velo por parte de las mujeres como señal de respeto hacia el esposo (cf. 1 Corintios 11:5). El lavarse los pies al entrar en una casa (cf. Juan 13) o sacudírselos como señal de condenación (cf. Lucas 10:11), reclinarse en vez de sentarse para comer (cf. Juan 13:23), son solo unos pocos ejemplos de la diversidad de costumbres de la cultura humana.

La Biblia usa otras fuentes escritas humanas. El libro de Jaser (cf. Josué 10:13) y los libros de las guerras del Señor (cf. Números 21:14) son un par de ejemplos. En esta categoría también se podría incluir «las crónicas del vidente Samuel, del profeta Natán y del vidente Gad» (cf. 1 Crónicas 29:29). Lucas se refirió a otras fuentes escritas acerca de la vida de Jesús que tuvo a su disposición (cf. Lucas 1:1-4).[6] Pablo citó a poetas no cristianos en tres oportunidades (cf. Hechos 17:28; 1 Corintios 15:33; Tito 1:12). Judas citó material de los libros apócrifos del Testamento de Moisés y del libro de Enoc (cf. Judas 9,14). Estas citas no garantizan la veracidad de toda la fuente sino solo de lo que se cita. Por supuesto, en última instancia, toda la verdad viene de Dios, cualquiera sea la fuente inmediata.

¿HAY ERRORES EN LA BIBLIA?

El texto original de la Biblia no enseña nada erróneo. La lógica de la ausencia de errores es directa: (1) Dios no puede cometer errores (cf. Tito 1:2, Hebreos 6:18); (2) la Biblia es la Palabra de Dios (cf. Juan 10:34-35); (3) por lo tanto, la Biblia no contiene errores. Dado que las Escrituras son inspiradas por Dios (cf. 2 Timoteo 3:16-17) y Dios no puede inspirar falsedades, la Biblia no puede contener ninguna falsedad.

¿HAY ERRORES EN LOS MANUSCRITOS DE LA BIBLIA Y EN LAS TRADUCCIONES?

Hay algunos errores insignificantes cometidos por los copistas. Podrían mencionarse un par de ejemplos. El texto masorético de 2 Crónicas 22:2 dice que Ocozías tenía cuarenta y dos años, mientras que 2 Reyes 8:26 afirma que tenía veintiún años. Él no podría haber tenido cuarenta y dos años (error introducido por el copista), a no ser que fuera mayor que su padre. Además, en 2 Crónicas 9:25 se afirma que Salomón tenía cuatro mil establos, mientras que en el texto masorético de 1 Reyes 4:26 dice que tenía cuarenta mil establos, lo que serían muchos más que los necesarios para los doce mil jinetes que tenía.

Es importa tener las siguientes cosas en mente con respecto a los errores de estos copistas:

- No se ha encontrado un manuscrito original con errores.

- Son relativamente escasos.

- En la mayoría de los casos, sabemos cuál es el texto erróneo por el contexto o por el material encontrado en los pasajes paralelos.

- No afectan en ningún caso la doctrina de las Escrituras.

- Son una confirmación de lo preciso que era el proceso de copiado, ya que los escribas que lo hacían, aun sabiendo que el manuscrito contenía errores, tenían la obligación de copiar exactamente lo que decía el texto.

- No afectan el mensaje central de la Biblia.

Alguien podría, de hecho, recibir un mensaje con errores y, sin embargo, aceptar con claridad el mensaje en su totalidad. Por ejemplo, supongamos que recibe un mensaje de Western Union que dice: «Usted ha ganado 20 millones de dólares».

Sin duda que gustosamente pasará a recoger el dinero. Y si el texto del telegrama fuera cualquiera de las siguientes opciones, tampoco tendría ninguna duda:

- Usté ha ganado 20 millones de dólares.

- Usted #a ganado 20 millones de dólares.

- Usted h# ganado 20 millones de dólares.

¿Por qué estaríamos seguros cuántos más errores aparecieran? Porque los errores están en diferente lugar, y eso nos permite confirmar cada una de las palabras del mensaje original.

Es importante tener en cuenta tres factores. Primero, aun en el caso de una sola línea, con errores y todo, es posible descifrar todo el mensaje. Segundo, cuantas más líneas, más errores; pero cuantos más errores, más seguridad tenemos del mensaje originario. Finalmente, hay cien veces más manuscritos bíblicos que las líneas del ejemplo anterior. Y hay mayor porcentaje de error en el ejemplo del telegrama que en todos los manuscritos bíblicos recopilados.

¿CÓMO PUEDE LA BIBLIA SER A LA VEZ LA PALABRA DE DIOS Y LA DEL HOMBRE?

La Biblia es tanto la Palabra de Dios como las palabras del hombre, porque él (la fuente) se valió de seres humanos para transmitir su Palabra. Por lo tanto, hay una concurrencia entre lo que los autores humanos escribieron y lo que Dios les impulsó a escribir.

La Biblia es divina y humana al mismo tiempo del mismo modo que los cristianos creen que Jesucristo es divino y humano al mismo tiempo. Tanto Cristo como las Escrituras son *teoantrópicos* (del griego *teos*, que significa Dios; y *antropos*, que significa hombre en sentido genérico). Esto implica los siguientes factores:

- A ambos se los llama Palabra de Dios. Jesucristo es la Palabra Viva (cf. Juan 1:1) y la Biblia es la Palabra escrita (cf. Juan 10:34-35).

- Cada uno tiene dos naturalezas: una divina y otra humana.

- Las dos naturalezas están unidas por un medio. Para tomar un préstamo de la Cristología, ambos tienen un tipo de «unión hipostática». Las dos naturalezas de Cristo están unidas en una persona, y además están unidas en un conjunto de proposiciones, es decir, de enunciados.

- De manera semejante, tanto Cristo como las Escrituras son sin defecto. Cristo es sin pecado (cf. 2 Corintios 5:21; Hebreos 4:15) y la Biblia no tiene errores (cf. Juan 10:35; Juan 17:17).

Por supuesto, como en cualquier analogía, existen algunas diferencias. A diferencia de Cristo que es Dios, la Biblia no es Dios y, por lo tanto, no debería ser adorada. La diferencia es que el medio unificador de las dos naturalezas de Cristo es Dios, la segunda persona de la Deidad. Mientras que el factor de unión en la Biblia son las palabras humanas, en las que se da una concurrencia divina y humana, en Cristo, la unidad se encuentra en la única persona que es tanto Dios y hombre. Por lo tanto, Dios debe ser honrado (adorado) mientras que la Biblia debería ser respetada y no adorada.

Preguntas acerca de la confiabilidad de la Biblia

Los evangélicos afirman que el texto bíblico que Dios nos dio es digno de confianza. ¿Podemos confiar en la historicidad de la Biblia? ¿Se tratan de historias dignas de confianza? Dado que la confiabilidad histórica de la Biblia es el vínculo crucial para saber si esta es la Palabra de Dios, es importante responder a estas preguntas. El texto de las Escrituras es digno de confianza porque está determinado por dos factores principales: (1) el testimonio fiable de quienes lo escribieron y (2) la confianza en aquellos que copiaron los textos.

¿PODEMOS CONFIAR EN LOS TESTIGOS BÍBLICOS?

Los testigos bíblicos son dignos de confianza por diversas razones. Primero, quienes escribieron las Escrituras fueron, en su mayoría, contemporáneos con los sucesos. Moisés fue testigo de los sucesos descritos desde Éxodo a Deuteronomio (cf. Éxodo 24:4; Deuteronomio 31:24). Josué fue testigo de los acontecimientos registrados en su libro (cf. Josué 24:26), como también Samuel (cf. 1 Samuel 10:25), y los profetas Isaías, Jeremías, Daniel, Esdras y Nehemías, con posterioridad a él. Lo mismo es cierto en el Nuevo Testamento. Mateo fue discípulo de Jesús. Marcos era coetáneo y ayudante del apóstol Pedro (cf. 1 Pedro 5:13). Lucas fue contemporáneo y conocía a los testigos oculares (cf. Lucas 1:1-4). Juan era discípulo de Jesús y testigo ocular de los acontecimientos. (1 Juan 1:1-2)

En segundo lugar, en el caso de los escritores del Nuevo Testamento, los ocho (o los nueve)[8] autores fueron apóstoles, o personas muy cercanas a los apóstoles como testigos oculares o contemporáneos: Mateo, Marcos, Lucas, Juan, Pablo, Santiago, Pedro y Judas. Todos fueron hombres que tenían los más altos principios de ética y estaban dispuestos a pagar con su vida el precio de sus convicciones, como muchos de ellos lo hicieron.

En tercer lugar, la credibilidad de estos escritores radica en: (1) su tendencia a dudar si Jesús había o no resucitado de entre los muertos (cf. Mateo 28:17; Marcos 16:3; Lucas 24:11; Juan 20:24-29); (2) la inclusión de material poco favorable a su persona (cf. Mateo 16:23; Marcos 14:47); (3) los diversos relatos (Mateo, Marcos, Lucas, Juan, Pablo, etc.) que confirman sus palabras por dos o tres testigos como requerido en un juicio (cf. Deuteronomio 17:6); (4) las divergencias entre los relatos que revelan que no había colusión (cf. véase Mateo 28:5; Juan 20:12); (5) la confirmación de los relatos gracias a cientos de descubrimientos arqueológicos;[9] y (6) las pruebas que datan el material básico acerca de la muerte y resurrección de Jesús en el entorno de los años 55 y 60 d.C. El famoso historiador, Colin Hemer, confirmó que Lucas ya había escrito Hechos en el año 62 d.C.[10] Pero él escribió el Evangelio que lleva su nombre, que dice básicamente las mismas cosas acerca de Jesús que dicen Mateo y Marcos, antes de escribir Hechos (o sea, antes del año 60 d.C). Además, los críticos bíblicos admiten que Pablo escribió 1 Corintios 15:1-6, en que se relata la muerte y la resurrección de Jesús, alrededor del año 55 d.C. No había pasado más de veintidós años desde la muerte de Jesús, y más de 250 testigos de su resurrección vivían aún.

¿POR QUÉ EL SEMINARIO DE JESÚS RECHAZA LA CONFIABILIDAD DE LOS TESTIGOS DEL NUEVO TESTAMENTO?

Mediante premisas y conclusiones equivocadas este grupo autoproclamado de más de setenta eruditos ha hecho afirmaciones estrafalarias con respecto al Nuevo Testamento, poniendo en tela de juicio el ochenta y dos por ciento de las enseñanzas que los Evangelios atribuyen a Jesús. Uno de los fundadores del grupo, John Dominic Crossan, en su propósito de negar la resurrección de Jesús, llegó al extremo de afirmar que Jesús había sido enterrado muy a ras del suelo, y que los perros lo habían desenterrado y devorado.[11] Las afirmaciones de este seminario no tienen fundamento por diversas razones.

Tienen motivos espurios. Como ellos mismos lo reconocen, su meta es crear un nuevo Jesús «ficticio»,[12] que conlleva la destrucción de la vieja imagen de Jesús en los Evangelios y la reconstrucción de una figura que se adapte al hombre moderno. En vista de esto, nadie debería buscar en sus escritos al verdadero Jesús. Su tarea está viciada por su confeso afán de publicidad. En sus propias palabras: «Vamos a desarrollar nuestra tarea a plena luz pública; no solo nos comprometemos con la libertad de información sino que insistiremos en la divulgación pública de nuestra tarea»[13]. En una confesión franca, también reconocieron la naturaleza radical de su tarea. El cofundador de este seminario, Robert Funk, dijo: «Estamos internándonos en lo que para muchos es lo más sagrado y, por lo tanto, muchas veces estaremos al borde de la blasfemia»[14].

Usan procedimientos viciados y libros equivocados. Su procedimiento está viciado porque pretenden determinar la verdad por el voto de la mayoría. Este método no es mejor hoy que cuando la mayoría de la gente creía que el mundo era plano. Su votación se basa en parte en un hipotético evangelio Q (del alemán *Quelle*, que significa fuente) y en un evangelio del siglo dos, el evangelio de Tomás, provenientes de los heréticos gnósticos. Además, apelan a un inexistente *Marcos Secreto*. El resultado es que asignan más credibilidad al evangelio apócrifo de Tomás que al de Marcos o Juan.

Se basan en suposiciones erradas. Sus conclusiones se basan en premisas radicales, una de las cuales es su rechazo a los milagros. Ahora bien, si Dios existe, los milagros son posibles. Por lo tanto, cualquier rechazo de los milagros es un rechazo a la existencia de Dios. Aun más, sus conclusiones se basan en la suposición infundada de que el cristianismo fue influenciado por las religiones místicas. Edwin Yamauchi, el renombrado historiador de la antigüedad, ha demostrado que esto no es el caso, dado que los escritores judíos monoteístas de las Escrituras no podrían haber recurrido a fuentes paganas politeístas y no hubieran podido depender de fuentes posteriores a su tiempo.[15]

Se basan en fechas equivocadas. Este seminario postula fechas tardías injustificadas para los cuatro Evangelios (posiblemente entre los años 70 y 100 d.C.). Con esto creen poder concluir que el Nuevo Testamento está conformado por mitos tardíos de Jesús. Pero esto se contrapone a la evidencia de los manuscritos egipcios del segundo siglo que contienen copias de fragmentos de Juan y que favorecerían su origen asiático en el primer siglo. Además, los Evangelios del Nuevo Testamento están citados en otras obras del primer siglo, como son *La epístola de Barrabás*, *La Didaqué*, *Los Corintios* de Clemente y *Las siete epístolas* de Ignacio. Además, el historiador Colin Hemer ha demostrado que el Evangelio de Lucas se escribió antes que Hechos (cf. Lucas 1:1 con Hechos 1:1) y que hay firme evidencia que permitiría fecharlo antes de los años 60-62 d.C, durante la misma generación en que murió Jesús.[16] Además, aun los estudiosos críticos aceptan que 1 Corintios se escribió entre 55-56 d.C., o sea unos veintidós a veintitrés años después de la muerte de Jesús (en el año 33 d.C.). No hubiera sido posible que se desarrollaran mitos sustanciales en este período tan breve mientras todavía había testigos oculares que pudieran corregir el error. Finalmente, algunos críticos están dispuestos a admitir fechas tempranas para los Evangelios del Nuevo Testamento. El obispo John A.T. Robinson, ya fallecido, argumentaba en su libro *Redating the New Testament* [Nueva datación del Nuevo Testamento] que estos habían sido escritos entre los años 40 y no mucho más allá de 60 d.C.[17] Esto fecharía los primeros registros escritos ¡siete años después de la muerte de Jesús!

Llegan a conclusiones equivocadas. Después de destruir la base para el Jesús real de los Evangelios, este seminario no llega a ningún acuerdo real con respecto a quién fue Jesús en realidad: un cínico, un sabio, un reformador judío, un feminista, un maestro y profeta, un profeta social radical, o un profeta escatológico. No es nada sorprendente que algo llevado a cabo por este grupo, con procedimientos erróneos, basado en libros equivocados, fundado en premisas falsas y utilizando fechas erróneas, llegue a conclusiones equivocadas.

Quienes estén interesados en considerar la evidencia de la

autenticidad de los cuatro Evangelios pueden consultar *The Historical Reliability of the Gospels* [La historicidad de los Evangelios], por Craig Blomberg y *The Historical Jesus* [El Jesús histórico], por Gary Habermas.[19] O mejor aún, ir a los cuatro Evangelios y volverlos a leer.

¿SE SOSTENDRÍAN LOS TESTIGOS DEL NUEVO TESTAMENTO EN UN PROCESO LEGAL?

Simon Greenleaf, una de las mentes legales más famosas de la historia americana, ex profesor de Derecho de Harvard y autor de un libro sobre pruebas legales,[20] aplicó cuidadosamente las reglas de la evidencia legal a los relatos de los Evangelios en su libro *The Testimony of the Evangelists* [El testimonio de los evangelistas]. Argumentaba que si fueran sometidos al escrutinio de un proceso legal, «sería probable que todo hombre sincero e imparcial actuara en conformidad con ese resultado, aceptando su testimonio en toda su integridad»[21]. Agregó: «Que los testigos sean contrastados con su testimonio interno, con el testimonio de otros y con los hechos y circunstancias conexas y que sus testimonios sean sopesados, como si hubiesen comparecido ante una corte de justicia, a favor de la parte adversa, sujeto a un riguroso interrogatorio. Tengo la más absoluta confianza de que el resultado sería una convicción indudable de su integridad, capacidad y verdad».[22]

¿SON DIGNAS DE CONFIANZA LAS COPIAS DE LA BIBLIA?

Los escribas bíblicos copiaron meticulosamente las Escrituras. Su confiabilidad general ha sido determinada de diversas maneras. En primer lugar, con respecto a cualquier doctrina fundamental de la Biblia, no ha habido ninguna pérdida en absoluto. Todas las verdades importantes de las

Escrituras contenidas en el texto original se han conservado intactas en los manuscritos hebreos del Antiguo Testamento y los textos griegos del Nuevo.

En segundo lugar, los errores que aparecen en las copias están relacionados con asuntos menores, tales como cantidades que no afectan ninguna doctrina principal o secundaria de la Biblia (cf. «¿Hay errores en los manuscritos de la Biblia y en las traducciones?»). De hecho, en la mayoría de estos casos, sabemos por el sentido común del texto y el contexto y otros pasajes cuáles son correctos.

En tercer lugar, los manuscritos que tenemos (y las traducciones basadas en estos) no solo han conservado el cien por ciento de todas las principales verdades y la gran mayoría de las verdades menores de las Escrituras, sino que más del noventa y nueve por ciento del texto original puede ser reconstruido a partir de los manuscritos en nuestro poder. Hay dos razones para esto: (1) existen miles de manuscritos y (2) tenemos manuscritos de muy temprana data. La proximidad al texto original y la diversidad de manuscritos existentes permiten a los críticos textuales reconstruir debidamente el texto original con un noventa por ciento de precisión. El renombrado erudito griego, Sir Frederic Kenyon, afirmó que todos estos concuerdan en el noventa y nueve por ciento de los versículos del Nuevo Testamento. Otro notable estudioso griego, A.T. Robertson, dijo que el verdadero problema de la crítica textual está en «una milésima parte de todo el texto»[23] (lo que implica que el Nuevo Testamento es 99,9 por ciento puro).

Conclusión

La Biblia dice ser la Palabra de Dios, y lo confirma con pruebas. Tanto la evidencia interna como externa revelan, sin sombra de duda, la exactitud y, como veremos en el capítulo siguiente, la singularidad de las Escrituras. Después de haber examinado su origen, naturaleza y confiabilidad, podemos afirmar fehacientemente que las Escrituras vinieron de Dios a través de hombres de Dios que las registraron en la Palabra de Dios.

PREGUNTAS PARA LA REFLEXIÓN Y LA DISCUSIÓN

1. ¿Dictó Dios lo que quería comunicar a los autores bíblicos? Si no fue así, ¿cómo se puede sostener la inerrancia bíblica y el papel humano singular desempeñado en la autoría?

2. Analicen qué se entiende por la afirmación: «La Biblia *es* la Palabra de Dios». ¿En qué sentido esta afirmación difiere de la siguiente: «La Biblia *contiene* la Palabra de Dios»?

3. ¿Cómo responderían a alguien que sugiriera que la Biblia no es históricamente digna de confianza? ¿Qué evidencia es posible aportar para la credibilidad de la Biblia?

Segunda parte

PREGUNTAS ACERCA DE OTRAS RELIGIONES

PREGUNTAS DIFÍCILES ACERCA DE LA BIBLIA, LOS FALSOS PROFETAS Y LOS LIBROS SAGRADOS DE OTRAS RELIGIONES

NORMAN GEISLER

La Biblia afirma ser la Palabra de Dios y lo prueba, es decir, las Escrituras no se limitan a declarar su autoridad como Palabra de Dios sino que, además, aportan innumerables pruebas internas y externas de ser, en efecto, esta misma Palabra. Sin embargo, hay otros libros que también alegan ser revelaciones divinas de Dios. Las preguntas que se nos plantean entonces son: «¿Es la Biblia única en su especie?» y «Las otras revelaciones ¿son también evidentemente divinas?». Procuraré probar que la Biblia es el único libro que dice ser la Palabra de Dios y lo prueba fehacientemente.

Preguntas acerca de la confirmación de las Escrituras como la Palabra de Dios

Muchos escépticos, con todo derecho, piden evidencia de que la Biblia es lo que alega ser: la Palabra de Dios.[1] Al fin de cuentas, hay muchos libros aparte de la Biblia que alegan venir de Dios. Entre éstos cabe mencionar un par: el Qur'an (Corán) del Islam y el Libro del Mormón de la Iglesia de Jesucristo de los Santos de los Últimos Días. ¿Cómo podemos saber que la Biblia es la Palabra de Dios y que estos otros libros no lo son? ¿No podrían provenir todos de Dios?

¿QUÉ EVIDENCIA TENEMOS PARA DEMOSTRAR QUE, COMO ALEGA LA BIBLIA, ES INSPIRADA POR DIOS?

A diferencia de otros libros sagrados para otras religiones, solo la Biblia tiene confirmación sobrenatural de ser la Palabra de Dios, porque las Escrituras fueron escritas por profetas que recibieron confirmación sobrenatural a través de signos y milagros. Cuando Moisés preguntó cómo aceptaría el pueblo su mensaje, Dios realizó milagros por medio suyo: «para que crean que yo el Señor, el Dios de sus padres, Dios de Abraham, de Isaac y de Jacob, me he aparecido a ti» (Éxodo 4:5). Con el tiempo, cuando Coré se sublevó contra Moisés, Dios nuevamente intervino con milagros para reivindicar a su profeta (cf. Números 16), y del mismo modo, Elías, fue confirmado como profeta de Dios por medio de una intervención sobrenatural en el monte Carmelo (cf. 1 Reyes 18).

En los Evangelios, el maestro judío, Nicodemo, le dijo a Jesús: «—Rabí— … sabemos que eres un maestro que ha venido de parte de Dios, porque nadie podría hacer las señales que tú haces si Dios no estuviera con él» (Juan 3:2; cf. Lucas 7:22). Pedro declaró: «Jesús de Nazaret fue un hombre acreditado por Dios ante ustedes con milagros, señales y prodigios, los cuales realizó Dios entre ustedes por medio de él» (Hechos 2:22). El autor de la carta a los Hebreos afirmó que «Dios ratificó su testimonio acerca de (la salvación) con señales, prodigios, diversos milagros y dones distribuidos por el Espíritu Santo según su voluntad» (Hebreos 2:4, é.a). Y el apóstol Pablo probó su apostolado, afirmando: «Las marcas distintivas de un apóstol, tales como señales, prodigios y milagros, se dieron constantemente entre ustedes» (2 Corintios 12:12).

Ningún otro libro en el mundo tiene autores que hayan sido confirmados de esta manera milagrosa. De todos los líderes religiosos de la historia, ni Confucio ni Buda ni Mahoma ni Joseph Smith fueron confirmados por medio de milagros verificados por testigos contemporáneos y dignos de confianza. La Biblia es el único libro que prueba ser la Palabra de Dios escrita por profetas y apóstoles de Dios que recibieron una confirmación especial de él por medio de prodigios milagrosos.

¿QUÉ OTRA EVIDENCIA HAY PARA DEMOSTRAR QUE LA BIBLIA ES LA PALABRA DE DIOS?

Hay muchas vertientes de evidencia que prueban que la Biblia es la Palabra de Dios,[2] pero una de las pruebas más importantes es la naturaleza sobrenatural de la Biblia y su capacidad de realizar predicciones claras y repetidas acerca del futuro lejano. El Antiguo Testamento tiene aproximadamente doscientas predicciones acerca de la venida de Cristo, realizadas cientos de años antes. Basta un reducido muestrario para demostrar cómo predijeron con absoluta precisión que el Mesías:

- Nacería de una mujer (cf. Génesis 3:15).
- Sería descendiente de Abraham (cf. Génesis 12:1-3; 22:18).
- Pertenecería a la tribu de Judá (cf. Génesis 49:10).
- Sería descendiente de David (cf. 2 Samuel 7:12-13).
- Nacería en la ciudad de Belén (cf. Miqueas 5:2).
- Nacería de una virgen (cf. Isaías 7:14).
- Que sufriría y moriría por nuestros pecados (cf. Isaías 53) alrededor del año 33 d.C. (cf. Daniel 9:24-26).[3]
- Que resucitaría de entre los muertos (cf. Salmo 16:11 y Salmo 2:7-8).

Es más, los críticos de la Biblia reconocen que estas profecías se pronunciaron entre doscientos o más años antes del tiempo de Cristo, lo que permite descartar cualquier tipo de suposición o interpretación del desenvolvimiento de los tiempos. Además, estas profecías son detalladas y específicas. Anuncian quiénes serían sus antepasados (David), el lugar de nacimiento (Belén) y la época (cf. Daniel 9) del nacimiento de Cristo. Ningún otro libro religioso tiene nada que se pueda equiparar a este tipo de predicciones sobrenaturales.

¿ACASO NO SE HAN CUMPLIDO TAMBIÉN PREDICCIONES REALIZADAS POR PSÍQUICOS, IGUALES A LAS HALLADAS EN LA BIBLIA?

Hay un salto cuántico entre los pronósticos humanos y falibles y las profecías exentas de error de las Escrituras. En efecto, los falsos profetas quedaban al descubierto cuando proclamaban predicciones que luego no se cumplían (cf. Deuteronomio 18:22). Aquellos cuyas profecías no se realizaban eran apedreados (cf. v. 20), una costumbre que sin duda haría que cualquiera que no tuviera la más absoluta certeza de que su mensaje provenía de Dios lo pensara seriamente antes de profetizar. Entre los cientos de profecías anunciadas, los profetas bíblicos no cometieron ningún error.

En comparación, un estudio realizado entre los principales psíquicos reveló que se equivocaban el noventa y dos por ciento de las veces .[4] Jeanne Dixon, por ejemplo, se equivocó la enorme mayoría de las veces. Hasta Ruth Montgomery, que escribió la biografía de Dixon, reconoce que hizo profecías falsas: «Predijo que la China Comunista arrastraría al mundo a una guerra por Quemoy y Matéu, en octubre de 1958; pensaba que el líder sindical, Walter Reuther, se postularía a la presidencia de los Estados Unidos en 1964».[5] El 19 de octubre de 1968, Dixon aseguró que Jacqueline

Kennedy no estaba considerando ningún casamiento; al día siguiente, la Sra. Kennedy se desposó con Aristóteles Onassis. También dijo que la Tercera Guerra Mundial comenzaría en 1954, y que la de Vietnam terminaría en 1966, y que Castro sería desterrado de Cuba en 1970.

Un estudio de las profecías realizadas por los psíquicos, en 1975, y observado hasta 1981, incluyendo las profecías de Dixon, demostró que de setenta y dos predicciones solo seis se cumplieron de alguna u otra manera. Dos de estas predicciones eran muy vagas y otras dos no eran nada sorprendentes: los Estados Unidos y Rusia seguirían siendo potencias mundiales y no habría ninguna guerra mundial. Que alrededor del ocho por ciento de sus predicciones se cumplieran podría explicarse por simple coincidencia y un conocimiento general de las circunstancias.

¿NO SON SOBRENATURALES LAS PREDICCIONES DE NOSTRADAMUS?

No. La alta reputación de las «predicciones» de Nostradamus no tienen asidero.[6] Consideremos una de las más famosas:

El supuesto terremoto de California. Predijo, supuestamente, un gran terremoto que sucedería el 10 de mayo de 1981 en California, una predicción de la que se tuvo noticia el 6 de mayo de 1981 en el periódico *USA Today*. Sin embargo, no sucedió tal terremoto. De hecho, no mencionó ningún país ni ciudad ni año. Solo se refirió a una «tierra estruendosa» en una «nueva ciudad» y a un «terremoto muy fuerte» el 10 de mayo. Si tomamos en consideración los miles de terremotos que tienen lugar todo el tiempo, evidentemente un suceso de estas características tan generales habría de suceder en algún lugar en un momento u otro.

¿PASARÍAN LAS PREDICCIONES DE NOSTRADAMUS LAS PRUEBAS DE UN VERDADERO PROFETA?

Sus vaticinios distan mucho de ser sobrenaturales. Son generales, vagos y es fácil encontrarles una explicación puramente natural.

Profecías falsas. Una de las señales claras de los falsos profetas es que sus profecías son falsas (cf. «¿Cuáles son las pruebas para identificar a un falso profeta?», en la pág. 169) Si sus profecías se toman literalmente, muchas son falsas. Si no se toman literalmente, entonces pueden significar muchas cosas y se adaptan a diferentes «cumplimientos». Como lo expresó el experto en apologética, John Ankerberg: «Es innegable que Nostradamus realizó numerosas profecías falsas»[7].

Predicciones vagas. La gran mayoría de sus vaticinios son tan ambiguos y vagos que se prestan a cualquier tipo de cumplimiento. Consideremos el siguiente: «La guadaña junto al lago, en conjunción con Sagitario en el punto más alto de su ascendente (enfermedades, hambrunas y muerte por militares), el siglo o la era se aproximan a su renovación» (Siglo I, verso 6). Las posibles interpretaciones son interminables. La predicción puede entenderse de tantas maneras y con un espectro tan amplio de posibilidades que, sin duda, sucederá algo en el futuro que pueda adaptarse a la predicción para que esta, en retrospectiva, pareciera como sobrenatural.

Predicciones entendidas solo después de que sucedió el hecho. El mismo Nostradamus reconoció que sus predicciones se redactaron de manera tal que «de ningún modo se pudieran entender hasta que fueran interpretadas después de los acontecimientos y a raíz de éstos»[8]. Pero no hay nada milagroso ni sobrenatural en leer el cumplimiento de una profecía cuyo significado nunca se entendió claramente hasta tanto supuestamente se haya cumplido. No se ha probado la autenticidad de ninguna predicción de Nostradamus, lo que indica claramente que se trataba de un falso profeta o que no tenía ninguna intención de estar, efectivamente, haciendo predicciones.

Fuentes confesadamente ocultas y demoníacas. Nostradamus admitió su inspiración demoníaca cuando escribió: «La décima de las calendas de abril provocada por personas malvadas; la luz se extinguió, la asamblea diabólica buscaba los huesos del diablo (*damant* es demonio) según Psellos».[9] Andre Lamont, autor de *Nostradamus Sees All* [Nostradamus ve todo], comentó lo siguiente: «La utilización de demonios o ángeles negros estaba recomendada en los antiguos escritos sobre magia. Consideraban que estos tenían mucho conocimiento de asuntos temporales y que, una vez controlados, podrían aportar mucha información al operador». Luego agregó: «Nostradamus no podría haber evitado dicha tentación»[10].

¿CUÁLES SON LAS PRUEBAS PARA IDENTIFICAR A UN FALSO PROFETA?

La Biblia señala que hay varias pruebas para discernir a los falsos profetas. En los siguientes pasajes menciono solo algunas de estas pruebas.

En el libro de Deuteronomio, Moisés declara:

«Cuando en medio de ti aparezca algún profeta o visionario, y anuncie algún prodigio o señal milagrosa, si esa señal o prodigio se cumple y [1] él te dice: "Vayamos a rendir culto a otros dioses", dioses que no has conocido, no prestes atención a las palabras de ese profeta o visionario. El Señor tu Dios te estará probando para saber si lo amas con todo el corazón y con toda el alma» (*Deuteronomio 13:1-3, é.a*).

«Nadie entre los tuyos deberá [2] sacrificar a su hijo o hija en el fuego; [3] ni practicar adivinación, [4] brujería o [5] hechicería; [6] ni hacer conjuros, [7] servir de médium espiritista ([8] agorero o [9] mago) o [10] consultar a los muertos.

»Pero el profeta que se atreva a hablar en mi nombre y diga algo que yo no le haya mandado decir, morirá. La misma suerte correrá el profeta que [11] hable en nombre de otros dioses.

»Tal vez te preguntes: "¿Cómo podré reconocer un mensaje que no provenga del Señor?" [12] Si lo que el profeta proclame en nombre del Señor no se cumple ni se realiza, será señal de que su mensaje no proviene del Señor. Ese profeta habrá hablado con presunción. No le temas». (*Deuteronomio 18:10-11, 20-22, é.a*).

La Biblia también condena a los que recurren a la [13] astrología (cf. Éxodo 22:18; Levítico 19:26,31; 20:6; Jeremías 27:9; Ezequiel 13:7,18).

En el Nuevo Testamento, Pablo aumentó esta lista con las siguientes instrucciones a Timoteo:

«El Espíritu dice claramente que, en los últimos tiempos, algunos [14] abandonarán la fe para seguir a [15] inspiraciones engañosas y doctrinas diabólicas. Tales enseñanzas provienen de [16] embusteros hipócritas, que tienen la conciencia encallecida. [17] Prohíben el matrimonio y [18] no permiten comer ciertos alimentos que Dios ha creado para que los creyentes, conocedores de la verdad, los coman con acción de gracias» (1 Timoteo 4:1-3, é.a)

Pablo usó otra prueba cuando dijo: «[19] Pero aun si alguno de nosotros o un ángel del cielo les predicara un evangelio distinto del que les hemos predicado, ¡que caiga bajo maldición!» (Gálatas 1:8, é.a).

Por último, tenemos el siguiente pasaje de Juan:

«Queridos hermanos, no crean a cualquiera que pretenda estar inspirado por el Espíritu, sino sométanlo a prueba para ver si es de Dios, porque han salido por el mundo muchos falsos profetas. [20] En esto pueden discernir quién tiene el Espíritu de Dios: todo profeta que reconoce que Jesucristo ha venido en cuerpo humano, es de Dios; todo profeta que no reconoce a Jesús, no es de Dios sino del anticristo. Ustedes han oído que este viene; en efecto, ya está en el mundo» (*1 Juan 4:1-3, é.a*).

¿CÓMO SALEN EVALUADOS LOS AUTORES BÍBLICOS CUANDO SE LOS SOMETE A ESTE TIPO DE PRUEBAS?

Están a la altura de estas pruebas. De hecho, fueron quienes determinaron las pruebas anteriormente mencionadas. Una de las pruebas más claras y definitivas era la capacidad de realizar milagros para respaldar sus anuncios. Moisés los realizó para confirmar que era enviado de Dios (cf. Éxodo 4-12). Los apóstoles también los realizaron (cf. Mateo 10:1-8), así como Jesús (cf. Juan 3:2; 20:30; Hebreos 2:3-4). Pablo se valió de milagros para probar que también era apóstol de Dios, cuando dijo: «Las marcas distintivas de un apóstol, tales como señales, prodigios y milagros, se dieron constantemente entre ustedes» (2 Corintios 12:12).

¿POR QUÉ LOS LIBROS SAGRADOS DE OTRAS RELIGIONES NO PUEDEN TENER ORIGEN DIVINO?

En nuestra sociedad multicultural y pluralista, la gente suele creer que todas las religiones son verdaderas. «¿Por qué suponer que solo el libro sagrado de una religión proviene de Dios?», preguntan. «¿Por qué no habrían de representar todos los libros la verdad?». Pues porque enseñan cosas contradictorias, y la contradicción no puede ser verdad. Por ejemplo, si George Washington fue el primer presidente de los Estados Unidos de América, entonces no puede ser también verdad que Thomas Jefferson haya sido el primer presidente del mismo país.

De manera similar, si la Biblia declara que Jesús murió en una cruz y que resucitó corporalmente de entre los muertos al tercer día (cf. 1 Corintios 15:1-6) y el Corán enseña que esto no fue así (cf. Sura 4:157), ambos libros no pueden ser verdad con respecto a esta enseñanza crucial. Uno de éstos comete un error. Además, si los escritos de Joseph Smith enseñan que hay muchos dioses (politeísmo), como así lo hacen,[11] y la Biblia declara que hay solo un Dios, como lo afirma (cf. Deuteronomio 6:4; 1 Corintios 8:4), ambos libros no podrían estar diciendo la verdad. Si la Biblia dice la verdad, Smith está equivocado; si él está en lo cierto, es la Biblia la que se equivoca. Por supuesto, hay algunas verdades en estos libros sagrados que no contradicen la Biblia, pero aquellos pasajes que sí lo hacen no pueden ser verdad.

¿ES TENER MENTE ESTRECHA CREER QUE LA VERDAD ESTÁ SOLAMENTE EN UNA RELIGIÓN?

El cristianismo no pretende decir que no haya nada de verdad en los libros de otras religiones no cristianas. Se limita a afirmar que la Biblia es verdad y que todo lo que la contradiga es falso. Hay muchas cosas buenas y verdaderas en las religiones no cristianas. Por ejemplo, Confucio dijo: «No hagas a otros lo que no quieras que te hagan a ti», que algunos llaman la regla de oro negativa. Esto en nada contradice la regla de oro de Jesús, expresada afirmativamente: «Así que en todo traten ustedes a los demás tal y como quieren que ellos los traten a ustedes. De hecho, esto es la ley y los profetas» (Mateo 7:12). El budismo y la mayoría de las religiones también coinciden con el cristianismo en enseñar que debemos respetar a nuestros padres y que matar a otros está mal. El cristianismo no enseña que solo la Biblia contenga la verdad sino que se limita a afirmar que la Biblia es verdad y que todo lo que contradiga lo que dice es falso, porque dos cosas contradictorias no pueden ser ambas verdad.

Preguntas acerca del contenido de las Escrituras

Los críticos bíblicos y escépticos, con frecuencia, preguntan acerca de los así llamados «libros perdidos de la Biblia». ¿Está completa la Biblia?[12] ¿Han desaparecido partes de la Biblia? Si le faltaran partes, ¿serían importantes? Estas preguntas están relacionadas con el Canon (regla) de la Biblia, es decir, la manera de determinar qué libros le pertenecen y deberían usarse como pauta para determinar la verdad.

¿ESTÁ COMPLETO EL ANTIGUO TESTAMENTO?

Sí está completo y hay varios factores que confirman este hecho; entre éstos el testimonio del judaísmo, el testimonio de Cristo y el testimonio de la Iglesia Cristiana (véase las siguientes preguntas).

¿CUÁL ES EL TESTIMONIO DEL JUDAÍSMO CON RESPECTO A LO COMPLETO DEL ANTIGUO TESTAMENTO?

El Antiguo Testamento son las Escrituras judías. Fue escrito por judíos y para los judíos, y éstos eruditos reconocen unánimemente que los veinticuatro libros son idénticos a los treinta y nueve libros del Antiguo Testamento protestante; la diferencia radica en la numeración. Estos libros comprenden la totalidad del Canon Judío basándose en varias consideraciones.

En primer lugar, el hecho de que los libros se combinen de maneras determinadas para formar veinticuatro (o veintidós) libros, revela que se considera que están todos, dado que esta es la cantidad de letras del alfabeto hebreo completo (hay dos letras dobles, lo que explica que pueda alternarse entre veintidós y veinticuatro). La diferencia entre los veinticuatro libros (la cantidad de libros en la Biblia judía de hoy) y los treinta y nueve que figuran en nuestro Antiguo Testamento se debe a que los doce profetas menores están reunidos en un solo libro, y los primeros y segundos libros de 1 y 2 Samuel, 1 y 2 Reyes, y 1 y 2 Crónicas se agrupan en uno solo también, así como Esdras y Nehemías. Algunas fuentes judías, como Josefo, los agrupan para formar veintidós libros (la cantidad exacta de letras en el alfabeto hebreo). Esta manera de numerarlos nos indica que ellos creían que su Canon estaba completo.

Además, hay afirmaciones explícitas en el judaísmo que afirman que el Canon está completo. Josefo afirmó: «desde Artajerjes (en los días de Malaquías, alrededor del año 400 a.C.) hasta nuestro tiempo todo ha sido registrado pero no se lo ha considerado digno de igual crédito que aquello que lo precedió, porque había cesado la sucesión exacta de los profetas». El Talmud judío agrega: «Después de los últimos profetas, Hageo, Zacarías y Malaquías, el Espíritu Santo se apartó de Israel»[13].

Por último, los eruditos judíos, como Filo y Josefo, los de Jamnia (la ciudad judía de la erudición entre los años 70 y 132 d.C.) y el Talmud concuerdan en la cantidad de libros de su Canon. Ninguna rama del judaísmo ha aceptado otros libros ni rechazado ninguno de los treinta y nueve (o veinticuatro) del Antiguo Testamento protestante. El Canon judío se considera completo y cerrado, y está compuesto exactamente por los mismos libros que el Canon Evangélico del Antiguo Testamento.

¿QUÉ DIJO JESÚS ACERCA DE LA FORMA COMPLETA DEL ANTIGUO TESTAMENTO?

Jesús confirmó de diversas maneras que el Canon del Antiguo Testamento estaba completo. Cuando citó las Antiguas Escrituras, en ninguna ocasión citó algún otro libro que no estuviera entre los veinticuatro (o treinta y nueve) libros canónicos del Antiguo Testamento judío. Aun más, citó de todas las principales secciones del Antiguo Testamento, tanto de la Ley como de los Profetas, así como de la división de los Profetas, conocida genéricamente como «los Escritos». Sin embargo, no citó nunca ninguno de los libros conocidos como los apócrifos. Además, en Mateo 23:35, Jesús definió los límites del canon del Antiguo Testamento diciendo que terminaba en 2 Crónicas (el último libro del Antiguo Testamento judío) cuando usó la frase: «desde la sangre del justo Abel (Génesis 4) hasta la de Zacarías (2 Crónicas 24:20-22)» (é.a). Esta frase era el equivalente judío de la frase cristiana «desde Génesis al Apocalipsis», una indicación de que el Canon Judío de las Escrituras estaba completo. Además, Jesús usó frases como «la ley o los profetas» (Mateo 5:17) y «comenzando por Moisés y por todos los profetas» (Lucas 24:27), para indicar que el Canon de las Escrituras Judías estaba completo. En realidad, Jesús usó esta frase en conjunción con esta otra: «todas las Escrituras» (Lucas 24:27). Como un judío fiel, Jesús, que no había «venido a anular la ley o los profetas» (Mateo 5:17), aceptó el mismo Canon Judío, que siempre ha estado formado por los mismos libros, como los treinta y nueve libros del Antiguo Testamento protestante.

¿QUÉ DIJERON LOS CRISTIANOS PRIMITIVOS ACERCA DE LO COMPLETO DEL ANTIGUO TESTAMENTO?

Los primeros cristianos manifestaron su aceptación del Canon Judío de diversas maneras. En primer lugar, citaban los libros como si fueran parte de las Escrituras. Con excepción de Orígenes, el maestro hereje, el consenso entre los padres de la iglesia, de los primeros cuatro siglos, era en apoyo de los libros que formaban el Antiguo Testamento judío y nada más.[14]

Cuando se citaban los libros apócrifos, no se les atribuía la misma autoridad divina que a los restantes treinta y nueve libros canónicos. En cambio, se recurría a éstos de manera similar al empleo que Pablo hacía de los pensadores griegos no inspirados (p.ej. Hechos 17:28; 1 Corintios 15:33; Tito 1:12; o en la seudografía, los escritos falsos mencionados en Judas 9,14) cuando citaba verdades contenidas en éstos, pero sin atribuirles inspiración. Incluso Agustín, cuya influencia condujo a muchos después de él a aceptar los libros Deuterocanónicos del Antiguo Testamento, reconoció que estos libros no estaban incluidos en el Canon Judío.

La mayoría de las supuestas citas a los apócrifos de parte de los primeros escritores no respaldan la inspiración de estos libros Deuterocanónicos. Roger Beckwith, el notable estudioso del Canon, hace la siguiente observación:

«Al examinar los pasajes escritos por los padres de la Iglesia Primitiva, que supuestamente establecen la canonicidad de los libros apócrifos, nos encontramos con que algunos de estos fueron tomados del texto alternativo de Esdras (1 Esdras) o son apéndices agregados a Daniel, Jeremías o algún otro libro canónico, que ... no son realmente importantes; que otros no son ni siquiera citas de los libros apócrifos; y que, en aquellos casos que sí lo son, la mayoría no aporta ninguna indicación de que el libro haya sido considerado parte de la Escritura»[15].

¿AGREGÓ LA IGLESIA CATÓLICA ROMANA OTROS LIBROS AL ANTIGUO TESTAMENTO JUDAICO?

Sí. Estos libros, conocidos como los libros apócrifos o Deuterocanónicos, se escribieron entre los años 250 a.C. y 150 d.C. Fueron escritos por judíos acerca de su historia y religión durante el período intertestamentario, pero no declaran ser inspirados, ni el judaísmo los aceptó de esa manera. No obstante, las autoridades de la Iglesia Católica Romana incorporaron once de estos libros apócrifos a la Biblia conforme a la supuesta infalible declaración del Concilio de Trento (1546 d.C.).

Los protestantes rechazan la inclusión de los libros apócrifos porque:

- Estos libros no declaran haber sido inspirados.

- No fueron escritos por profetas.

- No hubo milagros que los confirmaran.

- No contienen ninguna profecía sobrenatural nueva.

- Contienen enseñanzas falsas y errores.

- Nunca fueron aceptados por el judaísmo como libros inspirados.

- El Nuevo Testamento en ningún caso los cita como parte de las Escrituras. Jesús aceptó y confirmó el Canon Judío, conocido como la Ley y los profetas (cf. Mateo 5:17-18; Lucas 24:27).

- Fueron rechazados por la mayoría de los principales padres de la Iglesia Primitiva, incluso por Jerónimo el gran erudito bíblico de la Iglesia Católica Romana.

- Su aceptación de parte de los católicos romanos se basó en criterios débiles, aduciendo razones de uso por parte de los cristianos y no porque hubieran sido escritos por algún profeta o apóstol (cf. Juan 14:26; 16:13; Efesios 2:20; Hebreos 1:1; 2:3-4).[16]

¿CÓMO SABEMOS QUE EL NUEVO TESTAMENTO ESTÁ COMPLETO?

El Nuevo Testamento se escribió entre los años 50 y 90

d.C. Hay varios indicios que apoyan la convicción evangélica de que el Canon del Nuevo Testamento está cerrado. Jesús prometió un canon cerrado cuando limitó la autoridad de enseñanza a los apóstoles, y todos ellos habían muerto hacia fines del primer siglo.[17]

¿QUÉ PROMETIÓ JESÚS ACERCA DE LA FORMACIÓN DEL NUEVO TESTAMENTO?

El Nuevo Testamento indica claramente que la revelación de Jesús a los apóstoles completaría la revelación bíblica. Jesús fue la revelación plena y completa del Antiguo Testamento. En el Sermón del Monte, dijo, con referencia a todo el Antiguo Testamento: «No piensen que he venido a anular la ley o los profetas; no he venido a anularlos sino a darles cumplimiento» (Mateo 5:17). De hecho, la epístola a los Hebreos enseña que Jesús fue la plenitud y culminación de la revelación de Dios en los «días finales». El autor de este libro escribió:

> «Dios, que muchas veces y de varias maneras habló a nuestros antepasados en otras épocas por medio de los profetas, en estos días finales nos ha hablado por medio de su Hijo. A este lo designó heredero de todo, y por medio de él hizo el universo. El Hijo es el resplandor de la gloria de Dios, la fiel imagen de lo que él es, y el que sostiene todas las cosas con su palabra poderosa» *(Hebreos 1:1-3)*.

Además, este mismo autor dice que Jesús fue «superior» a los ángeles (1:4), una «esperanza mejor» que la ley (7:19), y «mejor» que la ley y el sacerdocio del Antiguo Testamento (9:23). De hecho, se nos dice que su revelación y redención es eterna (c. 5:9; 9:12,15) y de una vez y para siempre (c. 9:28; 10:12-14). Jesús fue, entonces, la revelación completa y final de Dios a la humanidad. Solo él podía decir: «El que me ha visto a mí, ha visto al Padre» (Juan 14:9). Y solo de Jesucristo podría decirse que «toda la plenitud de la divinidad habita en forma corporal en Cristo» (Colosenses 2:9).

¿QUÉ DIJERON LOS APÓSTOLES DE JESÚS ACERCA DEL NUEVO TESTAMENTO?

Jesús eligió, comisionó y habilitó a doce apóstoles (cf. Hebreos 2:3-4) a enseñar la revelación plena y completa que él les había dado (cf. Mateo 10:1). Y antes de dejar este mundo, Jesús prometió que guiaría a sus apóstoles en toda verdad: «El Espíritu Santo ... les enseñará todas las cosas y les hará recordar todo lo que les he dicho» (Juan 14:26); y más adelante: «Pero cuando venga el Espíritu de la verdad, él los guiará a toda la verdad» (Juan 16:13). Por eso se dice que la iglesia ha sido edificada «sobre el fundamento de los apóstoles y los profetas» (Efesios 2:20) y que al principio las personas que se unían a la iglesia «se mantenían firmes en la enseñanza de los apóstoles» (Hechos 2:42). Si los apóstoles de Jesús no enseñaron esta revelación completa de Dios, Jesús se equivocó. Pero, como Hijo de Dios, no podía equivocarse con respecto a lo que enseñaba. Por lo tanto, la plenitud y culminación de la revelación de Dios en Jesucristo fue dada por los apóstoles.

Los apóstoles de Jesús vivieron y murieron en el curso del primer siglo. Por lo tanto, el registro de esta revelación completa y final de Jesús a los apóstoles se completó en el primer siglo. De hecho, uno de los requisitos para que fuera apóstol era que hubiera sido testigo ocular de la resurrección de Jesús, que ocurrió en el primer siglo (cf. Hechos 1:22). Cualquiera que hubiera vivido después de ese tiempo estaría en la categoría de «falsos apóstoles» (2 Corintios 11:13). Cuando la autoridad como apóstol de Pablo se puso en tela de juicio, él respondió: «¿No soy apóstol? ¿No he visto a Jesús nuestro

Señor?» (1 Corintios 9:1). De hecho, se lo menciona junto con los otros apóstoles como el último que vio a Cristo resucitado (cf. 1 Corintios 15:6-8).

¿QUÉ PRUEBAS APORTARON LOS APÓSTOLES PARA DEMOSTRAR SU AUTORIDAD?

Para que no hubiera ninguna duda acerca de quiénes estaban autorizados a enseñar esta revelación completa y final de Dios en Jesucristo, Dios les dio a los apóstoles la potestad de hacer obras de origen y poder sobrenatural, y ellos, a su vez, impartieron este don y poder a los convertidos (cf. Hechos 6:6; 8:15-19; 2 Timoteo 1:6). Que estas «señales, prodigios y milagros» eran únicamente propias de los apóstoles, resulta claro porque se las llama «las marcas distintivas de un apóstol» (2 Corintios 12:12), y se dice que algunas cosas solo eran posibles mediante «la imposición de las manos de los apóstoles» (Hechos 8:18; cf. c. 19:6). Además, este «poder» había sido prometido a los apóstoles (Hechos 1:8), y después de que Jesús ascendiera al Padre (cf. Juan 14:12), ejercieron o delegaron funciones y poderes apostólicos, entre los que podrían mencionarse el abatir a las personas que engañaron al Espíritu Santo (cf. Hechos 5:9-11), y el hacer muchas señales especiales y prodigios (cf. Hechos 5:12; 2 Corintios 12:12; Hebreos 2:3-4), entre las que se incluía el resucitar a las personas con el poder de su Palabra (cf. Mateo 10:8; Hechos 20:7-12).

En último término, hay solo un registro auténtico de las enseñanzas apostólicas en existencia: los veintisiete libros del Nuevo Testamento. Todos los demás libros que alegan ser inspirados provienen del siglo segundo o son aún posteriores. Estos libros se conocen como los apócrifos neotestamentarios, y es claro que no fueron escritos por los apóstoles, ya que todos los apóstoles murieron durante el primer siglo.

Como sabemos que los veintisiete libros del Nuevo Testamento se copiaron precisamente desde el principio (cf. «¿Son dignas de confianza las copias de la Biblia?», en la pág. 126), la única pregunta pendiente es si se han conservado *todos* los escritos apostólicos del primer siglo. De ser así, estos veintisiete libros completarían el Canon de las Escrituras. Cualquier cosa escrita con posterioridad a ellos no puede ser una revelación de Dios a la iglesia.

¿SE PRESERVARON TODOS LOS ESCRITOS APOSTÓLICOS Y PROFÉTICOS EN EL NUEVO TESTAMENTO?

Sí, y tenemos motivos sobrados para creer que esto es verdad. Hay dos vertientes para la evidencia que prueban que los escritos inspirados de los apóstoles y sus asociados se conservaron y se encuentran en los veintisiete libros del Nuevo Testamento. La primera razón se basa en el carácter de Dios y la segunda en el cuidado ejercido por la iglesia.

¿DE QUÉ MANERA EL CARÁCTER DE DIOS GARANTIZA QUE EL NUEVO TESTAMENTO ESTÁ COMPLETO?

Como el Dios de la Biblia conoce todas las cosas (cf. Salmo 139:1-6; 147:5), es completamente bueno (cf. Salmo 136; 1 Pedro 2:3) y todo lo puede (cf. Génesis 1:1; Mateo 19:26), nunca hubiera podido inspirar libros para la fe y el ejercicio de la fe de los creyentes en el curso de los siglos sin tomar los recaudos para conservarlos. La pérdida de libros inspirados sería un fallo de la providencia de Dios. El Dios que cuida de las aves sin duda que cuidará de sus Escrituras. Y es evidente que el Dios que ha conservado su revelación general en la naturaleza (cf. Romanos 1:19-20) no dejará de conservar su revelación especial en las Escrituras (cf.

Romanos 3:2). En suma, si Dios inspiró estas Escrituras (cf. 2 Timoteo 3:16), las conservará. Dios completa lo que comienza (cf. Filipenses 1:6).

¿CONSERVÓ CON CUIDADO LA IGLESIA TODO EL NUEVO TESTAMENTO?

La iglesia ha conservado todo el Nuevo Testamento. La providencia de Dios no solo ha prometido conservar todos los libros inspirados, sino que la conservación de estos, llevada a cabo por la iglesia, se confirma de diversas maneras.

En primer lugar, desde los primeros tiempos estos libros han estado reunidos en una colección. Ya en el Nuevo Testamento hay indicios de que este proceso de conservación se había puesto en marcha. Lucas hace referencia a otros registros escritos (cf. Lucas 1:1-4), posiblemente se traten de los Evangelios de Mateo y Marcos. En la primera carta de Pablo a Timoteo (cf. c. 5:18), él hace una referencia del Evangelio de Lucas (cf. c. 10:7). Pedro hace referencia a una colección de cartas de Pablo (cf. 2 Pedro 3:15-16). En su primera carta a los Tesalonicenses, Pablo les encargo que la leyeran «a todos los hermanos» (cf. c. 5:27), y luego instruyó a la iglesia de Colosas: «Una vez que se les haya leído a ustedes esta carta, que se lea también en la iglesia de Laodicea, y ustedes lean la carta dirigida a esa iglesia» (Colosenses 4:16). Judas (cf. v. 6-7) aparentemente tenía acceso a la segunda carta de Pedro (cf. 2 Pedro 2:4-6). Y Apocalipsis, la revelación de Juan, circulaba entre las iglesias de Asia Menor (cf. c. 1:4). La iglesia apostólica intervino, por imperativo divino, en la conservación de los escritos apostólicos.

En segundo lugar, los contemporáneos de los apóstoles mostraron un conocimiento de los escritos de sus mentores y los citaron prolíficamente. Siguiendo su ejemplo, los padres de la iglesia de los siglos segundo a cuarto citaron el Nuevo Testamento 36.289 veces, incluyendo todos los versículos ¡excepto solo once de ellos! Incluyeron 19.368 citas de los Evangelios, 1.352 citas de Hechos, 14.035 de las epístolas de Pablo, 870 citas de las epístolas generales, y 664 de Apocalipsis.[18] Solo entre los padres de la iglesia del segundo siglo, hay citas a todos los principales libros del Nuevo Testamento, con excepción de uno menor (la tercera epístola de Juan, posiblemente porque no tuvieron oportunidad de citarlo). Esto revela no solo su gran respeto por los escritos de los apóstoles sino también su deseo ferviente de conservar las palabras escritas.

En tercer lugar, frente a los cuestionamientos de las enseñanzas heréticas, como las de Marcio el gnóstico, que rechazaba todo el Nuevo Testamento salvo parte de Lucas y diez de las cartas de Pablo (aceptaba todas las cartas excepto las de 1 y 2 Timoteo y Tito), la iglesia respondió definiendo oficialmente la extensión del Canon. Hay listas de los libros apostólicos y colecciones de los escritos hechos desde los primeros tiempos, desde comienzos del siglo segundo. Entre estas se incluyen las listas de Alejandría (170 d.C.), la Apostólica (alrededor del año 300 d. C.), la de Cheltenham (alrededor del año 360 d.C.), y la de Atanasio (367 d.C.), así como la traducción al latín primitivo (alrededor del año 200 d.C.). Este proceso culminó hacia fines del siglo cuarto y principios del siglo quinto, con los Concilios de Hipona (393 d.C.) y de Cartago (410 d.C.), en los que se enumeraron los veintisiete libros que formaban el Canon completo del Nuevo Testamento. Todos los católicos, los protestantes y los anglicanos han aceptado que este fue el veredicto permanente de la Iglesia. Los protestantes evangélicos concuerdan con que el Canon está cerrado.

¿ESTÁ COMPLETA LA BIBLIA?

Sí, no hay ninguna evidencia de que se haya perdido algún libro inspirado. Esto resulta confirmado por la providencia de Dios, la conservación inmediata y esmerada ejercida por la iglesia, y la ausencia de evidencia con respecto a cualquier otro libro profético o apostólico. Los supuestos ejemplos, por el contrario, se explican fácilmente como obras no inspiradas a las que el autor bíblico hacía referencia u obras inspiradas contenidas en los sesenta y seis libros inspirados pero referidas con otro nombre.

¿POR QUÉ HAY EN LA BIBLIA MENCIONES A LIBROS NO INSPIRADOS?

Los autores bíblicos, en ocasiones, citaron libros no inspirados. El apóstol Pablo citó algunas verdades de los poetas paganos (cf. Hechos 17:28; Tito 1:12). Judas pudiera haberse referido a algunos libros seudoepigráficos (el Testamento de Moisés y el libro de Enoc; cf. Judas 9,14), rechazados tanto por el judaísmo como por todos los segmentos del cristianismo.

Otros libros no inspirados citados en el Antiguo Testamento incluyen el libro de las guerras del Señor (cf. Números 21:14), el libro de Jaser (cf. Josué 10:13) y el libro de las Crónicas de Salomón (cf. 1 Reyes 11:41). Se trataban simplemente de fuentes a las que el autor bíblico tenía ocasión de citar para referirse a alguna verdad contenida en estos. Los libros, dentro de esta categoría, podían incluso haber sido escritos por un profeta o apóstol pero que en dicha ocasión no pretendía estar transmitiendo una revelación de Dios para su pueblo. Es más, los autores de libros inspirados también emplearon la correspondencia normal para los asuntos relacionados con sus negocios o familias. «Las crónicas del profeta Semaías» (2 Crónicas 12:15) parece tratarse de un escrito correspondiente a esta categoría.[19]

¿CREEN LOS MORMONES QUE LA BIBLIA ES INS-PIRADA POR DIOS?

En realidad, no. Si bien, en teoría, los mormones aceptan la inspiración de los manuscritos originales de la Biblia, en la práctica creen que las copias están plagadas de errores. En *The Missionary Pal* [Compañero del misionero] figura una sección de «Errores bíblicos»[20] y da ejemplos de algunos, como los dos relatos de la muerte de Judas (cf. Mateo 27:5; Hechos 1:18) y las dos versiones de la visión de Pablo (cf. Hechos 9:7; 22:9).[21] De hecho, Joseph Smith realizó su propia traducción «inspirada» de la Biblia (la traducción Joseph Smith), en la que introdujo miles de cambios a la Biblia aceptada por la mayoría de los cristianos.

La declaración oficial de los mormones, con respecto a la Biblia, es la siguiente: «Creemos que la Biblia es la Palabra de Dios siempre y cuando haya sido traducida correctamente; también creemos que el Libro del Mormón es la Palabra de Dios» (octavo artículo de fe). No obstante, en la práctica, los líderes mormones, desde Joseph Smith en adelante, han dicho que la Biblia no ha sido bien traducida. Decir que creen que la Biblia es la Palabra de Dios da una impresión equivocada porque, si así fuera, ¿por qué habría Dios de encomendarle a Joseph Smith que hiciera una «traducción inspirada» de la Biblia, la que contiene miles de cambios a la misma que se usaba en los días de Smith, y que incluso no incluye un libro entero de la Biblia (el Cantar de los Cantares)?

¿HAY ALGO QUE CONFIRME QUE LAS ESCRITU-RAS MORMONAS PROCEDAN DE DIOS?

Nada en absoluto. A diferencia de los Evangelios, los testigos que afirman la inspiración del Libro del Mormón, no están respaldados por ningún suceso sobrenatural, como sí lo fueron Jesús y los apóstoles (cf. «¿Qué evidencia tenemos para demostrar que, como alega, la Biblia es inspirada por Dios?», en la pág. 132). Los escritos mormones posteriores contradicen a los primeros.[22] Lo que es aun peor, Joseph Smith se ajusta a los criterios para reconocer un falso profeta (cf. «¿Cuáles son las pruebas de un falso profeta?», en la pág. 136), porque practicó la adivinación e hizo profecías falsas. Además, ni él ni sus testigos recibieron confirmación milagrosa como la sanación de los ciegos, los cojos y los sordos, ni resucitaron a nadie de entre los muertos (cf. Mateo 10:8; Lucas 7:21-22). Por último, los testigos del Libro del Mormón no son dignos de crédito.

¿HAY ALGUNA EVIDENCIA DE QUE EL LIBRO DEL MORMÓN SEA INSPIRADO?

Los mormones presentan once testigos para probar que su libro tiene origen divino, pero su testimonio carece de credibilidad por muchas razones. Primero, aun en el caso de que los supuestos testigos hubieran visto algún tipo de las planchas del libro del Mormón, eso no significa que lo que estaba escrito en estas fuera verdad. Segundo, aun si algunos de los testigos hubieran creído ver algún tipo de ser angelical, eso no significa que no estuvieran alucinando. Tercero, aun si de verdad vieron algunos ángeles, eso no significa que eran ángeles buenos (el demonio también se puede transformar en ángel de luz, cf. 2 Corintios 11:14). Cuarto, el «evangelio» de las obras del ángel revelado a Smith contradice el Evangelio de la gracia predicado por Pablo que dijo: «Pero aun si alguno de nosotros o un ángel del cielo les predicara un evangelio distinto del que les hemos predicado, ¡que caiga bajo maldición!» (Gálatas 1:8). Quinto, los once testigos del Libro del Mormón no podían leer lo que estaba escrito en las planchas y, por lo tanto, nunca hubieran podido avalar el mensaje que estas contenían. Sexto, en otro caso en que Joseph Smith sostuvo ser capaz de traducir el Libro de Abraham, el manuscrito luego de descubierto y traducido por expertos competentes de Egipto, resultó ser un absoluto fraude, que no estaba de ningún modo relacionado con Abraham. Se trataba, en cambio, del «Libro de los Alientos» egipcio. ¿Por qué, entonces, habría que considerar que el Libro del Mormón fuera otra cosa que un fraude? Séptimo, hay serias dudas con respecto a la credibilidad de los testigos mismos, aun cuando hubieran visto lo que dicen que vieron.

¿ES EL CORÁN LA PALABRA DE DIOS?

Los musulmanes afirman que el Corán dice que provino de Dios por medio del profeta Mahoma (cf. Sura 39:1-2). Abu Hanifa, la gran autoridad suní, expresó la creencia ortodoxa de que «el Corán es la Palabra de Dios, y es su Palabra inspirada y revelación. Es un atributo necesario de Dios. No es Dios, pero es inseparable de Dios». Por supuesto, también «se escribió en un volumen, se lee en un idioma ... pero la Palabra de Dios no fue creada»[23].

No obstante, el Corán carece de cualquier evidencia real que pruebe que es la Palabra de Dios. Consideremos solo unos puntos cruciales. Primero, Mahoma mismo, al principio, creía que el mensaje que recibió del ángel que lo ahorcaba se trataba de un demonio. El biógrafo musulmán, M.H. Haykal, escribió vívidamente acerca de cómo Mahoma estaba abrumado por el temor de estar poseído por el demonio: «Muerto de pánico, Mahoma se levantó y se preguntó: "¿Qué he visto? ¡Habrá sucedido lo que más temía y estaré poseído por el demonio?"». Mahoma miró hacia su derecha y hacia su izquierda pero no vio nada. Por un momento se mantuvo de pie, temblando de miedo y espanto. Temía que la caverna pudiera estar embrujada y que él todavía pudiera huir pero sin poder explicar lo que había visto»[24].

Segundo, el Corán contradice la Biblia en asuntos esenciales. Ya hemos visto que hay mucha evidencia que prueba que la Biblia es la Palabra de Dios (cf. pág. 132-33). Y sabemos que dos afirmaciones contradictorias no pueden ser ambas verdad (cf. pág. 138). Por ejemplo, el Corán dice que Jesús no murió en la cruz ni resucitó de entre los muertos al tercer día (cf. Sura 4:157-158). Pero esta es una de las verdades esenciales y reiteradas de la Biblia (cf. 1 Corintios 15:1-19).

Tercero, aunque Mahoma reconoció que los profetas anteriores a él habían recibido la confirmación por milagros en la naturaleza, él mismo se negó a realizar milagros que lo confirmaran como profeta (cf. Sura 3:181-84).

Cuarto, a diferencia de la Biblia, en el Corán no hay ninguna predicción específica, a largo plazo, que se haya cumplido al pie de la letra. El mejor supuesto ejemplo de un anuncio profético acerca del futuro concierne a los romanos vengándose de una derrota (cf. Sura 30:2-4), pero se trata de una afirmación vacía, indefinida, y humanamente predecible. [25]

Quinto, el Corán contiene contradicciones y errores científicos. Un ejemplo es cuando afirma que Adán se formó a partir de un «coágulo de sangre» (cf. Sura 23:14). Y es contradictorio que el Corán afirme que la Palabra de Dios, que para los musulmanes es el Corán, no pueda cambiar (cf. Sura 10:64) porque «no hay nadie que puede alterar las Palabras (y los Decretos) de Dios» (Sura 6:34). Sin embargo, el Corán enseña la doctrina de la subrogación por la que, revelaciones posteriores, anulan las revelaciones anteriores. En Sura 2:106 leemos de «revelaciones … subrogadas o que pasan al olvido». Luego cambia de dirección y declara que «sustituimos una revelación por otra», admitiendo en el mismo verso que los contemporáneos de Mahoma lo llamaban «falsificador» ¡por hacer justamente eso!

Sexto, el Corán enseña una idea inferior del matrimonio (la poligamia) y de las mujeres. Mahoma permitía a sus seguidores tener hasta cuatro mujeres (cf. Sura 4:3), pero dijo que Dios había hecho una excepción en su caso y que él podía tener más (cf. Sura 33:50). Él pudo haber tenido hasta quince mujeres. Con respecto al tratamiento de ellas, el Corán autorizaba a los hombres «azotarlas (golpearlas)» cuando solamente se sospeche que les eran infieles (cf. Sura 4:34).

Conclusión

Al final de este libro incluimos una lista de excelentes recursos que pueden constituir una ayuda valiosa para cumplir con el mandato bíblico de estar preparados para «responder a cada uno» (Colosenses 4:6) y estar «siempre preparados para responder a todo el que les pida razón de la esperanza que hay en ustedes» (1 Pedro 3:15). Algunos de esos libros incluyen una lista más completa de preguntas y respuestas relacionadas con la Biblia.[26]

PREGUNTAS PARA LA REFLEXIÓN Y LA DISCUSIÓN

1. ¿Cuáles son algunas de las pruebas bíblicas para discernir los falsos profetas? ¿Cómo podría aplicar estos criterios bíblicos para contrarrestar algunas creencias acerca de ciertos profetas?

2. ¿Cuáles son algunas de las evidencias internas y externas que muestran que el Canon Bíblico está completo? Específicamente, ¿de qué manera confirmó Jesús la autoridad y culminación del Antiguo y Nuevo Testamento?

3. Según lo que ha leído en este capítulo, esboce la respuesta que podría darle a un mormón con respecto a la autoridad y la credibilidad del Libro del Mormón en comparación con la Biblia.

Capítulo ocho

PREGUNTAS DIFÍCILES ACERCA DEL HINDUISMO Y LA MEDITACIÓN TRASCENDENTAL

L.T. JEVACHANDRAN

Los cristianos de occidente vivimos en una cultura que está cada vez más influida por las filosofías y prácticas de la Nueva Era y de otras religiones orientales. Algunas personalidades famosas han adoptado religiones y estilos de vida iconoclastas (p.ej. Shirley MacLaine y muchas otras personas), popularizando esta fascinación novelera. Deepak Chopra, un médico originario de la India y que ahora ejerce en los Estados Unidos, promueve técnicas de meditación para bajar la presión sanguínea y para contrarrestar el estrés en aquellas personas que llevan vidas llenas de tensión y que adoptan estilos de vida frenéticos. Sus libros pueden adquirirse en cualquier librería. El *reiki*, una técnica japonesa de sanación de la Nueva Era, sugiere que la energía infinita del universo puede concentrarse sobre un tumor y que, de adoptarse la metodología adecuada, la sanación es posible. Es posible obtener por correo numerosos talismanes con poderes mágicos y aun en los periódicos más serios figuran columnas dedicadas a los horóscopos. En los dos siguientes capítulos, trataré las preguntas que tienen que ver con el hinduismo, el budismo y las cosmovisiones panteístas orientales con la intención de entender y contrarrestar estas perspectivas.

El propósito de este libro no se limita a ayudar al lector a discernir los errores en estas visiones del mundo que desafían las verdades de la fe cristiana histórica, sino a brindarle herramientas para que pueda testificar de Cristo a aquellas personas que propugnan estas ideas. En este contexto, resulta útil identificar la relación entre la verdad y el error, entre lo original y lo falso.

Es interesante notar que cualquier error siempre tiene un elemento de verdad. Un ejemplo simple, tomado de la aritmética, servirá para ilustrar este punto. El resultado correcto de la suma 2 + 2 es 4. Llamémoslo T. Hay solo una respuesta correcta, pero en teoría hay un número infinito de respuestas incorrectas. Si tomamos una respuesta incorrecta, supongamos 5, veremos que, aunque es incorrecta, en cierto sentido depende de la respuesta correcta: no tiene existencia original sino que deriva de agregar 1 a T; es decir, T + 1. De la misma manera, otra respuesta incorrecta, 3, sería T − 1. Por lo tanto, podría decirse que, si bien la repuesta correcta es absoluta, las respuestas incorrectas son relativas a la respuesta correcta porque podemos llegar a estas sumando o restando cantidades de la respuesta correcta. ¡Cómo no va a mandarnos la Biblia no agregar ni quitar nada de lo que Dios nos ha revelado (cf. Apocalipsis 22:18-19)!

No se trata de teorizar sin argumentos. Consideremos las siguientes dos implicancias inmediatas:

1. El error es un parásito de la verdad. Nuestro encuentro con cualquier falsedad debería conducirnos a preguntarnos: «¿Cuál es el original cristiano de esta falsificación?». La respuesta a esta pregunta es crítica porque iluminará la posición cristiana con respecto a ese asunto en particular, poniéndola de relieve, lo que a su vez podría ayudarnos a articular nuestra respuesta a la falsedad. La verdad, cuando no se cuestiona, se convierte en un dogma libre de toda crítica. Necesitamos aprovechar la multitud de errores que nos aho-

gan en la actualidad para reaprender nuestra fe desde diferentes perspectivas y salir así fortalecidos. Pablo aconsejó a sus lectores que su ministerio consistía en *confirmar* el evangelio tanto como *defenderlo* (cf. Filipenses 1:7).

2. También descubriremos que las falsedades son producto de distorsiones de puntos fundamentales de la verdad. En otras palabras, todos los errores contienen elementos de verdad. Este elemento común debería ayudarnos a tender puentes hacia nuestro antagonista y afirmar cualquier verdad de sus puntos de vista. A partir de esto, deberíamos ser capaces de demostrar (con cuidado y respeto, como enseña 1 Pedro 3:15) en qué punto vital se han apartado de la verdad y llegado a una conclusión errónea.

Las respuestas a las preguntas planteadas a continuación siguen este mismo esquema sin necesariamente explicitar la metodología en cada etapa del argumento. Se esboza también una respuesta evangelizadora en los lugares apropiados para que estos capítulos no sean solo teóricos (si bien esto es crucial), sino que puedan ser útiles en la práctica, en cualquier conversación. Al final de esta serie de preguntas, nuestra fe debería emerger más robusta, fortalecida en la singularidad de Cristo y más sensible hacia quienes no tienen esta fe.

¿POR QUÉ ESTÁN TAN INTERESADOS LOS OCCIDENTALES EN LAS RELIGIONES ORIENTALES?

El suceso más memorable que inauguró la entrada del pensamiento hindú en el occidente fue la visita a los Estados Unidos de Swami Vivekananda, en 1893, cuando arrasó el Congreso Mundial de Religiones que se celebraba en Chicago. Comenzó su exposición con una frase políticamente correcta: «Hermanos y hermanas», la que fue recibida con varios minutos de estruendosos aplausos. A continuación, se explayó sobre la unidad esencial de todas las cosas y los seres, un aspecto fundamental del panteísmo hindú. (Comparece la siguiente pregunta para una explicación de la palabra *panteísmo*). Su manera de abordar el tema fue bien recibida por los sincretistas presentes en la conferencia, porque implicaba que todos éramos aceptados por Dios (porque cualquier manera de llegar a Dios era igualmente válida) y, por lo tanto, todos éramos hermanos y hermanas.

En las conversaciones que mantuvo con cristianos, durante esa conferencia, también negó la existencia del pecado, porque toda la realidad era una y, por lo tanto, una distinción *definitoria* entre el bien y el mal era imposible. Se le atribuye a él el haber afirmado la inolvidable consigna: «Es un pecado decir que otro hombre es pecador». Sustentaba su posición postulando la unidad categórica de todas las cosas, incluyendo aparentemente las ideas contradictorias.

Más recientemente, el movimiento hippie, de la década de los sesenta, fue el momento en que el pensamiento religioso oriental se extendió como reguero de pólvora en el mundo occidental. Un número de jóvenes, muchos de los cuales provenían de hogares cristianos, peregrinaron a Oriente en búsqueda de su realización. Les parecía que su cristianismo nativo era demasiado intelectual y que no estaba a la altura de satisfacer las necesidades más íntimas de sus corazones. Veían en el Dios de los cristianos una figura autoritaria, arbitraria y cruel. Les parecía que la meditación oriental era más propicia para ponerlos en contacto directo con lo trascendental. La naturaleza exótica de las creencias, prácticas y rituales ofrecían un cambio agradable para el cristianismo bastante monótono que conocían por experiencia.[1]

Algunos de los primeros gurúes del movimiento de la Nueva Era que llegaron a occidente, por ejemplo el Maharishi Mahesh Yogi, reelaboró las creencias y prácticas hindúes para que fueran intelectual y socialmente aceptables en occidente. Los yoguis promocionaron sus enseñanzas en algunas de las escuelas públicas estadounidenses bajo el título «La ciencia de la inteligencia creativa». (Sin embargo, en 1977, estos departamentos académicos fueron declarados inconstitucionales por los tribunales estadounidenses porque enseñaban religión). En la actualidad, personas como Deepak Chopra, han popularizado diversas técnicas de la Nueva Era para aliviar el estrés en el contexto de una sociedad que es altamente competitiva, industrializada y próspera.

Los cristianos no deberían limitarse a analizar las respuestas teológicas y filosóficas propuestas por el movimiento de la Nueva Era, sino también a examinar el contexto existencial en que estas ideas encuentran suelo fértil. De pasada, también veremos cómo encarar este campo desde un punto de vista cristiano. Los menciono brevemente en los siguientes párrafos.

No es difícil ver que el movimiento de la Nueva Era encuentra en lo subjetivo un terreno fértil. Por otra parte, la fe cristiana, en particular, para poder defenderse de los azotes del secularismo ateo y del relativismo de otras épocas, tiende a jerarquizar lo objetivo. De hecho, la apologética cristiana se basa en la necesidad de la naturaleza objetiva de su fe. Con esto, parecería que hemos perdido contacto con las respuestas subjetivas que el cristianismo ofrece a quienes tienen inquietudes espirituales, un hecho evidente si se tiene en cuenta la popularidad del libro del apologista Ravi Zacharias, *Cries of the Heart* [Clamores del corazón].[2]

Sin abandonar la necesidad de objetividad y de historicidad propias de la verdad, necesitamos presentar, sin reservas, la dimensión subjetiva del evangelio: «Prueben y vean que el Señor es bueno» (Salmo 34:8). Todas las afirmaciones objetivas de verdad que Jesús pronunció, en particular sus famosas «Yo soy» del Evangelio de Juan, están acompañadas por llamados a un compromiso y experiencia subjetiva.

La preferencia por lo subjetivo podría estar acompañada

por una «huída de la razón», el título del último libro de la trilogía de Francis Schaeffer.[3] En ese libro profético, escrito a principios de la década de los setenta, vio la expansión del movimiento de la Nueva Era en el mundo occidental y la relacionó con el abandono de la racionalidad. El movimiento posmodernista y de destrucción ha sido un terreno fértil para la propagación de movimientos orientales. (En realidad, sería pertinente señalar que, desde el punto de vista filosófico, la India hace al menos doce siglos que es «posmoderna», ¡lo fue antes de comenzar a transitar la senda actual hacia la modernidad!).

La nota epistemológica de Pablo en 1 Corintios 2:10, que afirma que la verdadera sabiduría viene de la revelación por el Espíritu, necesita una elaboración como parte de nuestra apologética. Nuestra experiencia subjetiva de Cristo se basa en la realidad histórica y objetiva de Dios en Cristo. Solamente si adoptamos este marco de manera consistente en nuestras iglesias, podremos estar seguros que satisfaremos las necesidades subjetivas de las personas sin abandonar los principios de racionalidad. Enseñar que *creer* que el cristianismo es verdad siempre, debería estar acompañado de una invitación a *creer en* Cristo, el único que puede satisfacer nuestros anhelos más subjetivos.

El ateísmo, tan de moda hace unas décadas, dejó tras de sí una aproximación fragmentaria a la verdad, dado que carecía del factor aglutinante de un Dios y Creador. El movimiento de la Nueva Era llenó este vacío postulando que la unidad básica de todas las cosas es una entidad impersonal infinita. *Brahman* es el término empleado por la filosofía panteísta india de la *Advaita*, o del no dualismo. El *reiki*, la técnica japonesa de sanación, invoca la unidad de la energía «infinita» del universo que puede ser manipulada por los humanos mediante diversos métodos. El budismo Zen sugiere técnicas de meditación (como el panteísmo hindú ofrece meditación trascendental) para fusionarse con la conciencia infinita del universo. Las palabras, como *energía* y *conciencia*, abundan en el vocabulario de la Nueva Era. La fuerza subyacente para superar esta fragmentación solo se consigue elevándonos por encima o trascendiendo esta diversidad que atesta nuestra existencia, permitiendo al individuo fusionarse con la realidad infinita; por eso se habla de la meditación trascendental (cf. «¿Qué es la meditación trascendental?», en la pág. 203).

La respuesta cristiana, en este momento, debería hacer igual hincapié en la unidad y la diversidad. El ser trino de un Dios que engloba la unidad y la trinidad es quien creó este universo. Necesitamos desempolvar esta doctrina de los estantes de la academia ortodoxa y hacer de esta la base de la verdadera definición cristiana de la realidad. Génesis 1 describe un universo en armonía, en el que hay verdadera diversidad. Por lo tanto, lo que debemos hacer es asegurar la armonía entre los diversos aspectos de la realidad en vez de aceptar los postulados del movimiento de la Nueva Era, que lo que pretende es acabar con la diversidad para sustituirla por una unidad final.

¿CUÁLES SON LOS PRINCIPIOS FUNDAMENTALES DEL HINDUISMO?

El hinduismo es una conjunción de creencias complejas y aparentemente contradictorias. Muchos eruditos hindúes acusan a los cristianos (y en parte con razón) de reducir la complejidad del hinduismo en fragmentos más manipulables a fin de poder criticarlos. Sería conveniente contar con un modelo que, además de hacer un esfuerzo en serio por acomodar las complejas creencias de esta religión, también nos proveyera del andamiaje para poder testificar de Cristo a quienes la han adoptado.

El modelo que sugiero es un espectro: en un extremo estaría el hinduismo politeísta, que conlleva la adoración de muchos dioses y diosas; y en el otro estaría el hinduismo panteísta, que promueve la idea de una realidad infinita, unificada e impersonal y en todo sentido totalmente ilusoria o como si fuera una realidad secundaria. La palabra *politeísmo* proviene de dos palabras griegas: *polus*, que significa «mucho» y *theos* que significa «Dios». La palabra *panteísmo*, por su parte, se forma agregando el prefijo *pan*, que es un adjetivo que significa «todos», a la palabra *theos*. La idea es que todo es Dios y que Dios es todo, y que no hay otra realidad. La realidad física que, para los cristianos es realidad creada, para el panteísta se trata completamente de una ilusión o debería ser considerada como una forma inferior de realidad. Este último punto de vista está en el centro de la mayoría de las creencias y prácticas de la Nueva Era. El politeísmo, que podría considerarse la forma popular de hinduismo, tiene muchas similitudes con el politeísmo griego y romano, aunque el contexto cultural es muy distinto. El panteísmo, en cambio, se basa en una filosofía especulativa en un orden intelectual muy elevado, y constituye el eje que sostiene todo el movimiento de la Nueva Era.

Históricamente, el hinduismo politeísta es anterior a la forma panteísta. Las antiguas escrituras hindúes, llamadas las *Vedas*, o la encarnación del conocimiento, en algunas instancias, incluso, tienen indicios de monoteísmo. El culto moderno de muchos dioses y diosas comenzó como una veneración de las fuerzas de la naturaleza, como fue también el caso en Grecia y Roma. Los ritos luego se convirtieron en personificaciones y deificaciones de estas fuerzas, acompañados de mitos con bases históricas. Debemos reconocer que, dentro del amplio panorama de politeísmo, es posible discernir corrientes de monoteísmo (el filólogo alemán del siglo diecinueve, Friedrich Max Müller, acuñó el término *henoteísmo* para describir la adoración de un dios), dado que se suele reconocer poderes supremos a una de las deidades veneradas. En nuestra categorización del hinduismo politeísta como idolatría, no deberíamos perder de vista este aspecto de devoción personal a una deidad personal. La devoción manifestada por los hindúes, en la adoración, tiene pocos paralelos en las celebraciones, por lo general monótonas, que conocemos como adoración digna a nuestro Creador. Sería bueno que aprendiéramos de Pablo quien, acongojado, al ver los ídolos de Atenas, también pudo discernir el anhelo latente en los atenienses. (Pablo usó esto para tender un puente en su brillante predicación en el Areópago; cf. Hechos 17:22-23). Véase también la sección en la que se trata la Sociedad Internacional de la Conciencia Krishna en las páginas 172-176.

También es un hecho bien probado que los sacrificios de animales constituían una parte importante de los antiguos rituales hindúes en que la ofrenda tenía el propósito de aplacar a la divinidad ofendida. Mientras que la doctrina del pecado y de los sacrificios expiatorios no estaban ni por asomos tan desarrollados como en el Antiguo Testamento, estos paralelismos sirven como una importante puerta de entrada para la presentación del evangelio. Puede ser interesante notar que los brahmanes, que hoy son vegetarianos estrictos, tenían sacerdotes que ofrecían estos sacrificios y que comían del holocausto como prueba de que este era aceptado por la divinidad. (Tal vez no esté tampoco de más notar que todas las religiones de la antigüedad se basaban en sacrificios, lo que es una realización intuitiva de que la humanidad, de alguna manera u otra, sentía que había ofendido a los poderes supremos, a los que había que aplacar por medio de sacrificios.) El cristiano, por lo tanto, debería ser capaz de mostrar la santidad de Dios y la inherente incapacidad del ser humano de satisfacer las exigencias de este Dios, y presentar así la muerte de Jesucristo como el único medio para satisfacer estas demandas, la única verdadera culminación de los sacrificios de nuestros antepasados.

Por desgracia, el ejercicio de este tipo de culto politeísta ha derivado en una jerarquía de castas, y el nivel más alto corresponde a los sacerdotes. Por debajo de la casta de los brahmanes, vienen las clases de los guerreros y de los comerciantes, y el último rango de la escala social está ocupado por las clases serviles, entre las que se encuentran los intocables. Se cree que a través de los ciclos de la reencarnación (cf. «¿Qué es la reencarnación?», en la pág. 171) el supremo nacimiento es dentro de la especie humana, donde los brahmanes ocupan el rango más elevado. Ellos serían quienes podrían fusionarse con lo divino, sin mucho esfuerzo, gracias a su servicio a los dioses durante su estadía en la tierra.

Antes de proseguir, correspondería señalar los aspectos demoníacos de cualquier tipo de politeísmo. La veneración de divinidades personales puede llevar al devoto a un encuentro con el ocultismo. No es nada fuera de lo común que hayan casos en que los fieles han sido poseídos de una u otra forma por el maligno y sus potestades, particularmente en cuanto a los beneficios o el daño que algunas divinidades son capaces de provocar. En dichos casos, los sacrificios de sangre a estas suelen formar parte crucial de los rituales. El satanismo, que se extiende por todas partes del mundo de la actualidad, se caracteriza por estas ofrendas de sangre como señal de vida para participar del mundo espiritual.

La adoración a los ídolos suele estar acompañada por la consagración de objetos, lugares (como templos, ríos o cumbres) y de algunas personas (en algunas ocasiones) a diversos dioses y diosas. Hay muchas pruebas de la actividad demoníaca en dichos sitios y a través de dichos objetos y personas. Por ejemplo: se ha dicho que Ramakrishna Paramahamsa, el maestro de Swami Vivekananda, en un día que parecía muy auspicioso, invocó el espíritu de *Kali*, la diosa de la destrucción, sobre su esposa. Mientras estaba poseída, sostuvieron relaciones sexuales, alegando que, por lo tanto, había logrado la unión con la diosa. Siempre que se adore a una criatura en vez de adorar al Creador (cf. Romanos 1:25), tarde o temprano se acabará en la corrupción moral y la perversión espiritual. El reciente interés del mundo occidental por todo aquello relacionado con el culto satánico, bien podría ser el resultado de un afán impío por la riqueza y el placer; cuando estas cosas no satisfacen el anhelo del alma, la única alternativa es Satanás, porque Dios ya ha sido descartado.

Si usamos la metodología esbozada en la introducción a este capítulo, el cristiano debería poder identificarse con los anhelos inarticulados que yacen en el corazón del hindú. En uno de los extremos del espectro está el deseo de relacionarse con divinidades personales que, lamentablemente, son finitas. En el otro extremo, está la necesidad de un absoluto que, desafortunadamente, está ocupado por una entidad impersonal. La respuesta cristiana a este espectro de paradojas es que Dios, la Realidad Absoluta, es un ser Infinito, Personal, capaz de relacionarse. De hecho, necesitamos redefinir lo personal en términos *relacionales* más que en unipersonales, como lo hace la teología convencional. Las facultades que constituyen la personalidad (el intelecto, las emociones y la voluntad) son teóricas, no realizadas, y hasta podría decirse que vacías porque carecen de una relación funcional. Por esto, la naturaleza trinitaria de Dios podría ser un buen lugar para comenzar a predicar el evangelio. El hindú politeísta apreciará la centralidad de la relación en el Dios del cristiano: un Dios en tres personas (el Padre, el Hijo y el Espíritu Santo). La doctrina del pecado puede seguir a un entendimiento del quiebre en la relación con Dios. La santidad, en sí, es la relación suprema de amor dentro de la Trinidad (cf. Juan 17:24; Romanos 5:5). Aun en los círculos cristianos, la santidad no suele ser bien comprendida y se la confunde con el ascetismo de la reclusión (¡en ese sentido los hindúes son mucho mejores que cualquier cristiano!), en vez de considerarla como el compromiso a tener una relación robusta con Dios, con los seres humanos y con el resto de la creación. A partir de la antigua idea de los sacrificios en el hinduismo politeísta, deberíamos poder presentar el único, completo, perfecto y suficiente sacrificio de Jesucristo como culminación de todos los sacrificios del pasado.

A los hindúes les impresiona el compromiso cristiano con las causas sociales, como la obra llevada a cabo por la madre Teresa. Necesitamos comprender que el hinduismo es una religión moralista en que la salvación es por las obras. Sería útil sugerir: primero, que el ser humano nunca estará a la altura de las exigencias morales de su propia conciencia, para no mencionar las exigencias inefables y santas del Dios trino; segundo, las buenas obras realizadas con el ánimo de obtener una recompensa, como la posibilidad de nacer en una futura reencarnación, no pueden en realidad considerarse *buenas* porque obedecen a un motivo espurio; pero si Dios nos salva gratuitamente (para expresarlo de algún modo), por Cristo, y nos deja en este planeta para hacer buenas obras, estas serán *verdaderamente buenas* porque ¡no necesitamos nada más! Esta exposición de Efesios 2:10 puede apelar a la moral del hindú más que la predicación de la gracia sin ninguna mención de las obras, ante la cual el hindú puede no interesarse por considerar que el evangelio no vale nada.

El hindú panteísta cree, como ya hemos visto, que la «Realidad Absoluta» es impersonal. Esta creencia resulta en la convicción clara de que la personalidad es inferior a la realidad impersonal absoluta. Para el hindú, la idea de la salvación, por lo tanto, implica el deseo de fusionarse con el Infinito y, en cierto sentido, perder su propia personalidad en este. Podemos señalarle al hindú que lo que nos hace humanos es la capacidad de tener relaciones libres; ¡y dejar de tener personalidad no nos va a servir de mucho! Lo que deberíamos procurar en cambio es que nuestra persona pudiera tener una relación permanente y plena; y esto es justamente lo que Dios nos ofrece en Jesucristo.

Tal vez, también sea importante señalar que el hindú puede interpretar el énfasis cristiano en el pecado del humano como una muestra de que el cristianismo tiene una imagen muy pobre del ser humano. Entonces, podría ser necesario reconocer que nuestra propia teología de la especie humana muchas veces comienza en Génesis 3 en vez de comenzar en Génesis 1. Tal vez necesitemos repensar y redefinir el pecado humano antes de poder presentarlo debidamente a un hindú. La tragedia del pecado humano no radica en que el ser humano sea por constitución inferior al resto de la creación, sino que se debe a lo contrario. La rebelión humana contra Dios es una tragedia cósmica solo porque los humanos fuimos creados a imagen de Dios y colocados por él en una posición de dignidad y honor (cf. Salmo 8:5-8) para dominar al resto de la creación terrenal. El hindú se identificará mejor con la realidad de una *dignidad humana* antes de que le presentemos la realidad del pecado; después de todo, ese es el orden de la revelación divina de Génesis. El pecado, por lo tanto, es el quiebre de la relación con Dios, la única relación que puede darnos identidad, propósito y dignidad. Si bien entrar en las minucias de los pecados prácticos puede conmover a los cristianos nominales en una predicación del evangelio, el hindú filosófico responderá más a la indignidad de una relación rota con la Realidad Absoluta: el Dios Infinito, Personal y Relacional.

¿QUÉ ES LA MEDITACIÓN TRASCENDENTAL?

El Maharashi Mahesh Yogi popularizó el término *meditación trascendental* (mt) a fines de la década del sesenta. Su diagnóstico del destino humano era que, quienes somos realmente parte (o extensión) del *Brahmán* infinito, no nos dábamos cuenta de esto debido a nuestra ignorancia (*avidya*) y preocupación por las cosas mundanas. Necesitábamos «trascender» lo mundano por medio de la práctica de una meditación adecuada (mt) para ser capaces de encontrar nuestra unión con el Infinito. (El desarrollo de este tema continúa en la sección «¿Qué es el yoga y cuáles son sus doctrinas?», en la pág. 210). Se trataba de una enseñanza clásica del panteísmo del antiguo gurú Sankara (788-820 d.C.)

El Mahesh Yogi, sin embargo, sugirió una manera muy práctica y elemental de meditación que no requería ningún tipo de sofisticación y prácticamente ningún conocimiento del hinduismo o de la filosofía especulativa. En su *ashram* (templo de oración) en el norte de la India, asignaba palabras monosílabas a cada uno de los devotos, en un idioma en que se sintieran cómodos. Los devotos debían repetir la palabra asignada de manera audible como un cántico durante todo el tiempo de vigilia. Podían guardar silencio siempre y cuando la preocupación continuara siendo esa única palabra. Al cabo de unos días, cuando la mente conciente estaba preocupada con la palabra, se le aconsejaba al devoto que aboliera todo pensamiento de esa palabra para que la mente quedara (en teoría) en blanco. En ese preciso instante, uno podría, de pronto, tener una iluminación interior (*Brahmavidya*) que era una extensión de Brahmán. En dicho momento uno habría trascendido lo temporal para encontrar la liberación interior que es el anhelo del corazón humano.

Bastará reflexionar solo un momento para ver que la meditación recomendada por el Maharashi involucra el vaciamiento de la mente: es una meditación *sin contenido*. Él argumentaba que el desorden en nuestra mente humana era un obstáculo para el verdadero conocimiento del Infinito. Un filósofo, menos conocido, que vivió la mayor parte de su vida en Oxford, Inglaterra, y que murió en 1986, el Dr. J. Krishnamurti, afirmaba que el problema humano estaba en los pensamientos; es decir, un resultado del condicionamiento recibido durante la vida como humanos en el curso de las diferentes etapas de desarrollo intelectual. Postulaba un estado «libre de pensamientos» como medio para la liberación, aunque no perfeccionó una técnica como lo hizo el Maharashi. Este abordaje plantea tanto problemas prácticos como filosóficos. Nuestras mentes han sido diseñadas para pensar y aun para trascender el pensamiento, ¡para dejar de pensar que tenemos que pensar! Cualquier gurú que nos diga que los pensamientos son el problema ha llegado a esa conclusión y la comunica solo a través de las propias facultades que él condena. Estamos atrapados en una red de contradicciones de la que no hay escapatoria. En realidad, la única conclusión lógica de esta filosofía sería el más absoluto de los silencios: la ausencia de comunicación. Una escritura hindú antigua, llamada el *Kenopanishad*, tiene esta cita imposible de afirmar: «Aquel que habla no sabe, y aquel que sabe no habla».

La idea de una meditación sin contenido puede alojar una dimensión demoníaca. En una enseñanza de Mateo, Jesús parece aludir a una situación en la que un espíritu maligno sale de una persona solo para regresar y encontrar la casa de donde fue sacado «desocupada, barrida y arreglada» (Mateo 12:43-45). Podría tratarse del estado de una persona cuya mente está inactiva, en el sentido pasivo después de haberse vaciado de todas las demás entidades. Antes solíamos decir que una mente desocupada era «el taller del diablo». Como la meditación trascendental y otras formas de meditación no se fundan en ninguna verdad objetiva, no hay lugar para otra cosa que no sea el error y lo oculto. Al demonio le agrada oprimir (y aun poseer) la mente vacía del impío cuando no tiene ninguna inquietud por encontrar el Dios de la verdad.

También haríamos bien en recordar que la meditación, en este sentido, es una «mirada interior» más que una «mirada hacia fuera», hacia Dios. Como la enseñanza metafísica, detrás de esta meditación es que somos extensiones de la realidad absoluta de Brahmán, se nos exhorta a mirar nuestro interior para comprender esta «verdad»: que somos parte del Infinito. El pecado del «lucero de la mañana» fue querer hacerse «semejante al Altísimo» (Isaías 14:12-14). Este intento de realización personal, como parte del Infinito, es una forma sutil de idolatría e inevitablemente una entrada a los designios del maligno.

Por el contrario, el Dios trino de la fe cristiana tiene poder de comunicación eterna. Es un Dios que crea por medio de su Palabra, tanto que podemos creer que el universo es real y objetivo, así como tiene realidad la palabra hablada. Este Dios nos creó con la facultad para pensar y hablar. Menospreciar la facultad de pensar es despreciar nuestro ser creado. Los cristianos, en occidente, deberíamos reaccionar contra las técnicas de meditación extrañas y exóticas que enseñan los partidarios de la Nueva Era y adoptar posturas contra este tipo de práctica. La respuesta a la meditación *errónea* no puede ser *no* meditar sino meditar *bien*. Necesitamos responder a la meditación *vacía* del movimiento de la Nueva Era con *meditación sobre contenidos*. La Biblia nos exhorta a meditar *en* la Palabra de Dios (cf. Salmo 1:2) y a pensar *en* todo aquello que sea lo verdadero, respetable, justo, puro, amable, digno de admiración, excelente y digno de alabanza (cf. Filipenses 4:8). Los cristianos hoy corremos el riesgo de tener la Palabra en un disco duro en vez de guardarla en el corazón (cf. Salmo 119:11).

También necesitamos superar un entendimiento cerebral e inductivo de la Palabra de Dios para interactuar con esta, subjetivamente, en contemplación, para convertirnos en sujetos en la narrativa de la revelación de Dios más que en objetos que la estudian desde afuera. La obra transformadora del Espíritu Santo se convertirá en una realidad en la vida solo cuando la persona de Jesucristo apele desde la Biblia (cf. 2 Corintios 3:18). Un entendimiento más cabal y una aplicación de 2 Corintios 10:4-5, implicaría una liberación interior del poder de Dios mediante las Escrituras para que aun los baluartes mentales de la vida de las ideas sean vencidos y cautivados a la obediencia a Cristo.

Confío en que se aprecien mis reparos para sugerir una nueva técnica de meditar en la Biblia. No quisiera restringir la meditación en la Biblia a una sola metodología y trivializar así la gloriosa teología de la Biblia. En cambio, prefiero sugerir que el énfasis de la Nueva Era, en los aspectos subjetivos de la meditación religiosa, debería conducirnos a examinar la subjetividad legítima que la Biblia promueve sin desviarnos a un misticismo impropio. Entonces, y solamente entonces, podremos responder teórica y prácticamente a las ideas sobre la meditación que postula la Nueva Era.

Conclusión

Las aspiraciones del hinduismo clásico y los movimientos modernos de la Nueva Era apuntan a dos polos del espectro teológico. El primero se refiere a dioses personales y finitos, mientras que el segundo hace hincapié en una realidad infinita e impersonal. Por lo tanto, son indicadores de que sus seguidores anhelan una *relación* con los dioses, por una parte, y con la realidad absoluta del infinito, por otra. El Dios de la Biblia satisface mucho más que esos anhelos, porque es Infinito y porque tiene una relación personal manifestada por la Trinidad. Como iglesia de Dios, nuestra apologética final es ser una comunidad de cristianos que se aman entre sí y que anuncian al mundo que somos discípulos de Cristo (cf. Juan 13:34-35).

PREGUNTAS PARA LA REFLEXIÓN Y LA DISCUSIÓN

1. ¿Qué señales podría ver en sus conocidos que pudieran indicarle que están buscando respuestas en la religión de la Nueva Era?

2. Dedique un momento para reflexionar sobre la magnitud del pecado humano como rebelión cósmica y del sacrificio expiatorio de Jesucristo como suficiente a la luz de las ideas inadecuadas de pecado y de expiación postuladas por las religiones vistas en este capítulo. ¿Qué ideas le vienen a la mente?

3. Considere cómo la iglesia (así como toda la familia cristiana) puede servir como modelo adecuado para reflejar la unidad y la relación de la Trinidad y, por lo tanto, ser interesante para los seguidores de las religiones de la Nueva Era. Discuta con su familia y otros creyentes qué implica esto.

Capítulo nueve

PREGUNTAS DIFÍCILES ACERCA DEL YOGA, LA REENCARNACIÓN Y EL BUDISMO

L.T. JEVACHANDRAN

C omo se mencionó en el capítulo ocho, los cristianos en occidente se enfrentan a una cultura que cada vez más está influida por las filosofías y prácticas de la Nueva Era y de otras religiones orientales. Además, observamos que los cristianos no solo deberían considerar las respuestas teológicas y filosóficas propuestas por estas religiones alternativas, sino que deberían examinar el contexto existencial en que se propagan.

Por ejemplo, el cristianismo enseña inequívocamente que el tiempo es lineal y que los seres humanos seremos responsables de lo que hagamos en esta vida porque Dios nos juzgará después de la muerte (cf. Hebreos 9:27). Creer en la reencarnación o en cualquier otro tipo de existencia intermedia entre el aquí y el más allá está, por lo tanto, descartado según los principios de la fe cristiana. Sin embargo, el interés en la reencarnación, en un contexto pos-cristiano occidental, surge posiblemente por dos motivos.

Primero, muchas personas quisieran comunicarse con los muertos. El deseo del obispo James Pike de hablar con su hijo, que había muerto hacía unos años, causó un revuelo en los periódicos y precipitó una serie de artículos acerca de aquellas personas que se suponía habían podido conectarse con aquellas otras que habían muerto. Segundo, la reencarnación parecería ser una alternativa preferible a enfrentar la justicia impartida por un Dios Santo e Infinito. La reencarnación ofrece una explicación casi mecanicista de causa y efecto para la vida después de la muerte, en la que no hay lugar para ningún tipo de responsabilidad moral.

Algunas de estas religiones y prácticas también ofrecen un alivio rápido para los estilos de vida estresantes que caracterizan el siglo veintiuno. El Yoga y la meditación, supuestamente, son eficaces para aliviar los síntomas provocados por el ritmo frenético de la sociedad occidental. Examinemos en detalle, entonces, algunas de estas enseñanzas.

¿QUÉ ES EL YOGA Y CUÁLES SON SUS ENSEÑANZAS?

Yoga es un sencillo término en sánscrito que significa «unión». Como ya apuntamos en el capítulo ocho (cf. «¿Qué es la meditación trascendental?», en la pág. 203), el destino humano se identifica con la ignorancia del hecho de que en realidad somos extensiones de una realidad impersonal e infinita, el *Brahmán*. El adjetivo *impersonal* se aplica al *Brahmán* porque se considera que la realidad absoluta está más allá de cualquier atributo (más allá del bien y del mal) y hasta podría decirse que está más allá del ser o del no ser. Considerar la realidad absoluta, más allá de cualquier atributo, es una preocupación (legítima) para evitar que dicha restricción pudiera limitar a Brahmán. Las limitaciones implícitas son palabras y atributos como *bien* y *ser*, las que excluirían otras como *mal* y *no ser*. El Brahmán, entonces, se considera que es *nada*, no tiene atributos. (He dicho que esta preocupación por identificar al Brahmán, como estando más allá o exento de atributos, es legítima solo porque los atributos son interdependientes y, por lo tanto, relativos. La respuesta a esta cuestión, esencialmente filosófica, se tratará más adelante). El objetivo de la persona que quiere encontrar la verdad debería ser, por ende, realizar la unión con esta realidad infinita en medio de las preocupaciones existenciales, las que parecen aprisionar a las personas entre muros de preocupaciones materiales y morales.

El término *yoga* se usa para englobar y a veces, indefinidamente, para describir ciertas técnicas y ejercicios físicos y mentales que facilitan la realización de la unión entre lo finito y lo infinito. Es importante notar que esta unión no se logra; no hay necesidad de lograrla porque ya *es una realidad* que está oculta debido a una fuerza de ilusión llamada *maya*. Lo que se necesita, en cambio, es tomar conciencia de la unión que ya es una realidad más que lograr una unión que ya estaba presente desde un principio.

Para que tenga lugar esta realización personal, se proponen una serie de técnicas físicas y de meditación. No son de ninguna manera uniformes ni similares, y de hecho, pueden ser muy diversas, según la escuela de yoga que se trate. Las técnicas comienzan con ejercicios físicos, si bien en algunos casos pueden incluir la veneración del Sol o de la forma del loto, la flor que sería la morada de la diosa de la riqueza, *Lakshmi*. Estas formas de culto dependerán de las preferencias teológicas de la escuela hindú practicante del yoga. Para no herir las sensibilidades occidentales, en la actualidad el yoga se promueve sin ningún tipo de matiz teológico y solo como una serie de ejercicios físicos los que, en la mayoría de los casos, pueden tener efectos físicos saludables.

Los maestros de yoga, a menudo, estimulan a sus alumnos a meditar, sin necesariamente decirles en qué meditar ni cómo hacerlo. Incluso pueden decirles a sus discípulos cristianos que mediten sobre Jesucristo. La idea, por supuesto, es que el individuo piense y reflexione acerca del tema de meditación. En sí, esto no sería ningún problema. Sin embargo, a medida que se progresa, se estimula a los practicantes a involucrarse en una meditación que implica dejar la mente en blanco. El 16 de julio de 2001, en la revista *Time* (la edición asiática), el gurú hindú, Bharat Thakur, se burló de la práctica occidental del yoga que solo tenía como meta la salud física. Clasificó la práctica en dos partes: la externa y la interna. La parte externa abarca lo físico y, según su punto de vista, en occidente solo están interesados en ese aspecto y no en profundizar en lo interno. Argumenta que el yoga es una sola cosa, completa en sí, y que nadie tiene la opción de separar ambas partes. Para ingresar en la parte interna, sugiere lo siguiente:

«Se necesita un verdadero maestro para conducirlo en el yoga espiritual. Alguien que haya caminado por esa senda. Este maestro preguntará: ahora, amigo, conoces el cuerpo, conoces tu respiración, tu mente ¿qué te falta por conocer? Entonces comienza el viaje a lo desconocido donde, el maestro, hará que el alumno tome conciencia gradual de cada etapa, donde sabrás que no eres el cuerpo ni la mente, ni siquiera el alma. Entonces tendrás la primera degustación del *moksha* (es decir, la salvación) o de la iluminación. Es el sentido de la apertura del silencio, el sentido en que te pierdes y eres feliz, cuando por primera vez tu ego se ha fusionado con la supraconciencia. Sentirás que ya no existes, porque has andado por el valle de la muerte. Y si comienzas a caminar más y más por este valle, cada vez serás más libre.

»Es un viaje del yo al no yo. Es un viaje de lo conocido a lo desconocido. Del valle del conocimiento total, de las cosas y del ego a la entrega absoluta donde ya no quedará nada en ti sino solo la pura conciencia. Estarás en un estado en que eres completamente libre del temor o de la muerte o de la vida. Eso es lo que pretende un yogui en la India. Es alguien que ha pasado del cuerpo a la mente, al alma, a la conciencia, que se ha entregado sutilmente a la supraconciencia. La próxima vez que vayas a tu clase de yoga, pregúntate si estás dispuesto a transitar por ese sendero»[1].

La siguiente cita de un gurú de la Nueva Era ilustra varios puntos:

- Lo físico no tiene sentido y debe ser transcendido para acceder a la maestría verdadera. El cristiano no debería confundirse esto con la afirmación de Pablo en 1 Corintios 9:27. Pues él se refiere a controlar un cuerpo físico verdaderamente real. Él no dice que lo físico sea intrínsecamente malo o que carezca de realidad y que deba ser eludido para alcanzar la *moksha*.

- Todo lo lógico y lo racional debe ceder su lugar a lo no racional o, aún mejor, a lo suprarracional. Mientras continuemos haciendo uso de nuestra mente, continuaremos en un estado inferior. La epistemología del panteísmo (en la que se basa el yoga) no se puede conocer y, por lo tanto, es inefable, no se puede afirmar.

- Cuando los yoguis emplean palabras como *entrega* no quieren decir nada, porque no hay ninguna entidad o personalidad a la que entregarse. La palabra, a menudo, se usa para denotar la nada que parecería ser en definitiva a lo que se reduce la realidad absoluta.

- De manera similar, *la iluminación* no significa conocer objetivamente algo o a alguien. En cambio, se la usa para referirse al estado de realización personal, a la unidad del individuo con el Brahmán absoluto.

La respuesta cristiana a esta acometida, particularmente violenta contra la verdad, se debería basar en la ontología (el ser), la moralidad y la epistemología (el conocimiento) de la Trinidad. Solo en el Dios trino encontramos al ser en relación significativa. El énfasis occidental (y a veces cristiano) en el individualismo es presa fácil de esta filosofía. Incluso, deberíamos redefinir la personalidad para que no dependiera de ideas abstractas como la razón, la emoción y la voluntad sino que fuera la realización de estas cualidades en una relación con Dios, con otras personas y con el resto de las criaturas impersonales. De manera similar, la moral para el cristiano, representada por el amor, es lo que caracteriza la relación en la Trinidad (cf. Juan 17:24; Romanos 5:5. El Padre ama al Hijo a través del Espíritu Santo). Nuevamente, la moralidad individual, descrita en frases como «santidad personal», no resiste la ética relativa postulada por esta filosofía. La santidad debe entenderse como una relación interpersonal en Dios y en nosotros, que hemos sido hechos a su imagen. Además, el conocimiento se basa en la comprensión mutua y eterna dentro de la Trinidad (cf. Mateo 11:27), más que en la realización personal propuesta por el movimiento de la Nueva Era. Cuando los cristianos destacan el conocimiento objetivo deben incluir el conocimiento de la relación personal con Dios y con su creación.

Por lo tanto, la respuesta cristiana al yoga es una relación cognoscible con Dios que se manifiesta a través de una relación de amor con otros y con el mundo. Esta es la vida eterna (cf. Juan 17:3), y la Ley y los profetas se cumplen cuando se guardan estos mandamientos (cf. Mateo 22:34-40).

¿QUÉ ES LA REENCARNACIÓN?

Es la creencia en que un ser (humano, animal, vegetal o mineral), después de su existencia en la Tierra, experimentará un nuevo nacimiento y regresará a la existencia bajo otra forma de ser. Esta creencia se basa en dos premisas: primero, el tiempo es cíclico, lo que a veces se conoce como «intemporalidad» y lo que sucede puede volver a pasar; segundo, la clase de nacimiento dependerá de las obras realizadas por el ser en una vida anterior.

Creer en la reencarnación es común al hinduismo y al

budismo, aunque las mecánicas son diferentes. Las formas politeístas y panteístas del hinduismo la interpretan de manera algo diferente. El hindú cree que el alma del individuo, el *jivatman*, es una extensión del alma eterna, el *paramatman*, o simplemente el *atman*. La identidad propia en cualquier vida en particular es el *jivatman*, que asume una forma ganada por las obras (*karma*) en una vida anterior. Cuando un *jivatman* migra, al cesar la existencia de esa forma particular, puede comenzar su existencia adoptando una forma completamente nueva, decidida por el *karma*, y el ciclo continúa así sucesivamente.

En el hinduismo politeísta, los dioses y las diosas son encarnaciones (o reencarnaciones) y, por lo tanto, su historia humana no necesariamente debe ser absoluta. Esto también explica por qué al hindú politeísta no le molesta la ausencia de cualidades moralmente ejemplares en los dioses. En los últimos tiempos, sin embargo, uno de los dioses, *Krishna*, que en el hinduismo clásico es una encarnación (de hecho, una de las nueve encarnaciones a las que los fieles aspiran antes de llegar a una décima encarnación perfecta) del dios de la conservación, *Vishnu*, ha sido elevado a un nivel infinito y personal. Tendría el mismo nivel teológico asignado a Dios por el islam, el judaísmo y el cristianismo. Quienes interpretan el *Krishna*, de esta manera, pertenecen a la Sociedad Internacional de Consciencia Krishna (ISK-CON, por sus siglas en inglés). Volveré a considerar este grupo más adelante (cf. pág. 219-220).

La idea politeísta de la salvación es alcanzar el grado más elevado de nacimientos, que para muchos sería el *nacimiento como un brahmán*. A partir de entonces, gracias a los rituales y obligaciones religiosas, la visita a los lugares sagrados, el bañarse en ríos sagrados, además de los holocaustos y la adoración (*pujas*) en diversos templos, el fiel alcanza la *moksha* (la salvación). Las buenas obras no son necesariamente conductas morales exigidas por una divinidad santa, sino la realización de obligaciones religiosas practicadas meticulosamente en conformidad con las reglas fijas en las *Vedas* (las antiguas escrituras hindúes). Desde el punto de vista social, el brahmanismo es una manera de vida que hoy tiene cierta mala reputación debido a la discriminación que la casta de los brahmanes impone a quienes tienen vidas «inferiores». Por eso, hoy la peregrinación a lugares sagrados es practicada por todos los niveles de la sociedad hindú, si bien todavía hay sitios en los templos y zonas de los ríos en las que no se permite el acceso de las castas inferiores. Las obligaciones religiosas en los templos es todavía una obligación reservada en gran parte a los sacerdotes brahmanes

El concepto de la salvación, entre los politeístas, es algo vago. Si bien incluye definidamente una huida del ciclo de renacimientos, no especifica claramente si se trata de una fusión sin identidad con el Infinito o una comunión con el Personal. Los devotos de la ISKCON se alinearían claramente con lo último y hablarían de la salvación como la comunión con *Krishna*, mientras que la corriente de panteístas de la Nueva Era y algunos hindúes populares (politeístas) adoptarían la posición de la primera: la absorción dentro del Brahmán infinito.

El hinduismo panteísta considera que la personalidad es una manifestación inferior de lo Impersonal (como ya señalamos), por lo tanto, creer en divinidades personales se considera que es una forma primitiva de entender el Brahmán absoluto porque estas divinidades son de por sí manifestaciones inferiores de la realidad absoluta. Sin embargo, los panteístas animan a los politeístas a ser devotos de sus dioses y diosas hasta que alcancen la iluminación, cuando por fin podrán librarse del ciclo de renacimientos, llamado el *Karma Samsara*. Según los panteístas, por lo tanto, la sujeción a las sucesivas reencarnaciones de karma es una indicación de que todavía no se ha alcanzado el *brahmavidya*. En otras palabras, mi conciencia como ser humano es prueba de que todavía formo parte de este ciclo y que necesito liberarme por medio de la verdadera unión (yoga) con el Brahmán infinito.

La idea de la reencarnación, en la actualidad, es cuestionada por algunos eruditos hindúes contemporáneos porque: primero, existe el problema de cómo evaluar el karma bueno (las obras). Si un ser puede pertenecer a todas las categorías de la vida y de la no vida, ¿cómo puede atribuirse karma y conductas buenas a las criaturas impersonales?

En segundo lugar, al panteísta se le plantean dos problemas: uno es que si toda la realidad es una sola, el karma de una criatura no se puede diferenciar del karma de otra criatura. Además, el panteísta insiste en el impersonal absoluto y, por lo tanto, no tiene ninguna base para medir el karma (moral).

En tercer lugar, aunque este planteamiento no es del todo serio, algunos han comentado que, debido al deterioro moral del estilo de vida de las generaciones presentes, muy pocos humanos podrían «volver a nacer» como humanos. Los animales y las losas de granito no tienen manera alguna de tener vidas morales y, por lo tanto, tampoco podrían aspirar a convertirse en humanos. ¿Cómo es que entonces tenemos esta explosión en la población mundial?

El panteísta suele recurrir a una explicación de causa y efecto cuando analiza el karma. Él o ella dirán que, como toda acción tiene una reacción, el karma de nuestra vida futura será la reacción a lo que hayamos hecho en la vida anterior, y que no debemos asignar matices morales a este fenómeno. He escuchado a algunos panteístas referirse a Gálatas 6:7: «Cada uno cosecha lo que siembra». Por supuesto, ellos preferirán hacer caso omiso del contexto moral en que Pablo hace esta afirmación.

El cristiano puede capitalizar la enseñanza acerca del karma. A veces, cuando predicamos el evangelio de la gracia, no nos ocupamos de las buenas obras como debiéramos. En el juicio del gran trono blanco, retratado en Apocalipsis 20:11-15, los seres humanos serán juzgados por lo que *hayan hecho*. Si bien es correcto afirmar que el infierno será el destino de los que han rechazado a Cristo, no deberíamos soslayar el hecho de que los «libros» mencionados en este pasaje son los registros de lo que cada ser humano hizo, cada uno será juzgado «según lo que hay hecho». La salvación cristiana, por lo tanto, es la intervención de Dios encarnado, de Jesucristo que rompe el ciclo del karma llevando sobre sí nuestra deuda de karma, para expresarlo de alguna manera, porque si hubiéramos dependido solo de nuestro karma nunca hubiéramos podido agradar a un Dios inefablemente Santo. Su propio carácter es el estándar para juzgar a los humanos. Quienes se libren del juicio lo harán no porque Dios haya disminuido las exigencias ni porque las cumplieron (porque esto sería imposible), sino porque Jesucristo vicariamente las cumplió con ellos.

También podemos usar los descubrimientos de la ciencia para refutar la idea de la naturaleza cíclica de la historia. De las tres dimensiones que conocemos, las tres dimensiones espaciales de longitud, ancho y altura más la dimensión del tiempo, solo el tiempo es unidireccional. En las restantes, podemos trasladarnos en sentidos opuestos, hacia la derecha o izquierda, hacia adelante y hacia atrás, o hacia arriba y hacia abajo, pero en el tiempo solo podemos avanzar hacia el futuro. Esto sugiere, con mucha fuerza, que el tiempo es lineal más que circular. Esta propiedad del tiempo ha fascinado y cautivado a los físicos, que acuñaron la frase: «la flecha del tiempo» para describirla. Por eso, cuando en Hebreos 9:27 dice que «está establecido que los seres humanos mueran una sola vez, y después venga el juicio», concuerda más con la interpretación científica del tiempo que con el postulado de que hay una serie interminable de nacimientos y nuevos nacimientos.

Es necesaria una aclaración con respecto a la Sociedad Internacional de Consciencia Krishna. Si bien no me animaría a decir que creer en Krishna como un Dios personal infinito es el siguiente paso lógico en la evolución del hinduismo, debido a los conflictos y contradicciones anteriormente vistos, sería factible concluir que el corazón humano anhela tener una relación personal y alcanzar la plenitud, y la idea de la reencarnación no puede satisfacer estos deseos. El movimiento *bhakti* en el hinduismo, que tiene siglos de historia, es la evolución de la devoción a Dios y ha encontrado su manifestación reciente en ISKCON. Los seguidores de este grupo se identifican por sus cabezas rapadas, a veces se dejan solo un mechón de pelo. No se avergüenzan de caminar por la calle cantando: «*Hare Rama, Hare Krishna*», la frase con que veneran a los dioses *Rama* y *Krishna*. Este grupo no cree en la reencarnación ni en la absorción en un Brahmán impersonal. Enseñan que, mediante la devoción a Krishna en la vida presente, los humanos podrán disfrutar la eterna comunión con él en el más allá.

Mi encuentro, en 1997, con unos fieles de ISKCON, puede ser importante para mostrar cómo tender puentes que sirvan para predicar el evangelio con personas que sostienen ideas tan diferentes a las enseñanzas de las Escrituras. Este pequeño grupo de investigadores, con doctorados en una de las facultades de ingeniería más importantes de la India, me había pedido que hablara sobre el tema «Dios y la ciencia». De un modo u otro, el diálogo derivó a una comparación entre Jesucristo y Krishna. Por cada aspecto de Cristo que les mencionaba, podían encontrar otro semejante en Krishna. Al final, me pidieron que dijera algo acerca de la idea cristiana del cielo, porque, según ellos, algunos de los antiguos

escritos hindúes se referían a Krishna sentado en toda su perfección rodeado de esplendor celestial. Estuve de acuerdo
con ellos en que, Apocalipsis 21, era una descripción espec-
tacular del cielo, pero parecía haber una divergencia fundamental: a diferencia de su Krishna «perfecto», mi Cristo era
«imperfecto» porque todavía tenía las marcas que le había
dejado la cruz. Por primera vez, durante el diálogo, hubo un
silencio tremendo mientras procedí a predicar el evangelio:
que los seres humanos, fuera del Cristo crucificado por causa
de su estado de pecado, no tenían ninguna esperanza de
comunión eterna con Dios. El movimiento ISKCON, al pro-
meter un estado de felicidad celestial, sin atravesar los ciclos
interminables de nacimientos y renacimientos, no tiene en
cuenta la impropiedad de la humanidad pecaminosa de habi-
tar en compañía de la belleza moral de Dios desplegada en el
esplendor del cielo.

Las ideas de viajes astrales y trasmigración de las almas
vigentes, en la actualidad, corresponden más a nuestro afán
de poder y de conocimiento con el fin de controlar a las personas y los hechos; estas ideas se adaptan bien a algunas de
las suposiciones teológicas antiguas del hinduismo.
Correspondería una palabra de advertencia: algunos de los
ejemplos de niños capaces de relatar, con lujo de detalles, su
vida pasada, sería más el resultado de una posesión del demonio que una constatación de la teoría de la reencarnación. El
afán de poder y el correspondiente interés por lo oculto, que
se evidencia en estos tiempos, pueden llevar a encuentros
directos con los poderes de las tinieblas... más de lo que nos
gustaría creer.

¿CUÁLES SON LAS CREENCIAS DEL BUDISMO?

Buda («el iluminado») nació como Siddarta Gautama en
Lumbini (que hoy es Nepal), hijo de una familia real del clan

Sakya. La fecha de su nacimiento habría sido entre los años 624 y 448 a.C. La fecha más aceptada es el año 560 a.C. Vivió una vida protegida, porque su padre no quería exponer a su hijo a los rigores de la existencia humana. Según la leyenda, cuando se escapaba subrepticiamente para visitar el mundo exterior, se encontró en días consecutivos con un hombre enfermo, un hombre viejo y un hombre muerto a quien llevaban al crematorio.

Concluyó que la vida no era otra cosa que sufrimiento que resultaba en enfermedad, vejez y muerte. Siddarta renuncia a su vida como jefe de hogar (con una esposa joven y un hijo bebé) cuando tenía veintinueve años y comenzó a vagar por las llanuras de la India oriental en busca de la verdad. Se dice que recibió la iluminación a la edad de treinta y seis años, en una noche de luna llena, en el mes de mayo. Esto habría sucedido en Gaya, en lo que hoy es el estado Bihar de la India. Durante otra noche de luna llena, en el siguiente mes, impartió su primer discurso cerca de la ciudad sagrada hindú de Varanasi, e introdujo las cuatro verdades nobles al mundo. Su muerte, cuando tenía ochenta años, fue referida por sus seguidores en el *Paranibbana* (en pali; *Parinirvana*, en sánscrito) o liberación final.

Cien años después de su muerte, el segundo concilio de monjes budistas se reunió en Vaishali, y tuvo lugar el primer cisma en el budismo de la antigüedad. Quienes no aceptaban la autoridad de los escritos de los primeros budistas formaron la escuela budista *Mahayana* («el vehículo mayor»), que se convirtió en la religión dominante de China, Tíbet, Japón y Corea. Quienes se adscribieron a las escrituras budistas constituyeron la escuela *Theravada* (conocida con la expresión peyorativa de «Escuela de ancianos» o de *Hinayana*, que significa «el vehículo menor»). Esta escuela prosperó en Sri Lanka, Myanmar y Tailandia. Puede decirse que el budismo surgió como reacción al hinduismo de aquella época, posiblemente por causa del sistema de castas. Los primeros budistas fueron perseguidos y expulsados de la India; por esta razón el budismo, como religión, no prosperó tanto en la India como en otros países asiáticos.

Las cuatro nobles verdades de Buda son las siguientes:

1. La noble verdad del *dukkha* (el sufrimiento, la insatisfacción, la tensión): la vida está fundamentalmente plagada de toda clase de decepciones.

2. La noble verdad de la causa del *dukkha*: esta insatisfacción se debe a la *tanha*, los deseos en todas sus formas.

3. La noble verdad del cese del *dukkha*: el fin a toda insatisfacción podrá encontrarse mediante la renuncia o el abandono de todo deseo.

4. La noble verdad del sendero que conduce al cese del *dukkha*: hay un método para alcanzar el fin de toda insatisfacción, y es el noble sendero óctuple.

Para cada una de estas nobles verdades, Buda asignó una tarea específica para el practicante: la primera noble verdad debe ser comprendida; la segunda debe ser abandonada; la tercera debe ser realizada; la cuarta debe ser cultivada. La plena realización de la tercera noble verdad allana el camino para entrar en el *Nibbana* (en pali; *Nirvana*, en sánscrito), la libertad trascendental por aniquilación total (y abnegación [literalmente, desnudez]) del individuo es la meta final de todas sus enseñanzas.

La última de las nobles verdades, el noble sendero óctuple, prescribe cómo aliviar nuestra infelicidad y alcanzar, eventualmente, y de una vez y para siempre, la liberación de todo el ciclo penoso y cansador de nacimiento y muerte (*samsara*) al que estamos encadenados por períodos interminables de tiempo, por causa de nuestra ignorancia de las cuatro nobles verdades (en pali, *avijja*; en sánscrito, *avidya*). El noble sendero óctuple ofrece una guía práctica comprensiva para el desarrollo de estas saludables cualidades y habilidades en el corazón humano, las cuales deben ser cultivadas para que el practicante alcance la meta final, o sea, la libertad suprema y felicidad del *Nibbana*. Las ocho cualidades que deben desarrollarse son la visión correcta, la motivación correcta, la palabra correcta, la acción correcta, el modo de vida correcto, el esfuerzo correcto, la atención correcta y la concentración correcta.

En la práctica, Buda enseñó el noble sendero óctuple a sus seguidores, según un sistema de enseñanza gradual, comenzando con el desarrollo de la *sila*, o virtud (la palabra correcta, la acción correcta y el modo de vivir correcto, que se resumen en forma práctica por medio de preceptos), seguido por el desarrollo de *samadhi*, o la concentración, y el cultivo de la mente (el esfuerzo correcto, la atención correcta y la concentración correcta), para culminar con el desarrollo del *panna*, o de la sabiduría (la visión correcta y la motivación correcta). La práctica del *dana*, o de la generosidad, servirá de apoyo a cada paso del sendero, ya que estimulará el desarrollo de un corazón compasivo y contrarrestará la tendencia natural del corazón hacia el deseo.

El progreso, a lo largo de este sendero, no será una trayectoria lineal sino que el desarrollo de cada uno de los aspectos del noble sendero óctuple servirá para refinar y fortalecer todos los demás, haciendo avanzar al practicante en una espiral ascendente hacia la madurez espiritual que culminará en el despertar.

Desde otro punto de vista, el largo viaje por este sendero que conduce al despertar comienza con las primeras conmociones tentativas de la visión correcta, los primeros atisbos de sabiduría por el que el individuo reconoce tanto la validez de la primera noble verdad como la inevitabilidad de la ley de *kamma* (en pali; *karma*, en sánscrito), la ley universal de causa y efecto. Cuando el individuo comienza a darse cuenta que las acciones malas producen inevitablemente resultados dañinos y que las acciones saludables producen resultados saludables, el deseo de vivir una vida productiva y recta y practicar de veras el *sila* se desarrollará de manera natural. La confianza producida por esta comprensión preliminar llevará al practicante a confiar más y más en las enseñanzas. El seguidor se convierte en budista después de expresar una resolución interna de «refugiarse» en las tres joyas (o tesoros):

1. El *Buda*, tanto el Buda histórico como el propio potencial innato para el despertar.

2. El *Dhamma* (en pali; o *Dharma*, en sánscrito, que significa «enseñanza»), que incluye tanto las enseñanzas del Buda histórico como la verdad absoluta a las que apuntan.

3. La *Sangha*, la comunidad monástica que ha guardado las enseñanzas y que las ha practicado desde los días de Buda, como también todos los que han alcanzado al menos un grado de despertar.

Con los pies firmemente plantados por haberse refugiado en «las tres joyas» y con un amigo admirable (*kalyanamitta*, en pali; o *kalyanamitra*, en sánscrito, que significa «amigo interesado en el bienestar de uno») para mostrarnos el camino, podemos comenzar a transitar el sendero, con la confianza de que realmente estamos siguiendo los pasos del mismo Buda.

El budismo, como Buda lo enseñó originalmente y tal como lo transmite la escuela de los ancianos, no hace ninguna referencia a una deidad o deidades personales y, en ese sentido, podría ser considerado ateísta (porque niega la existencia de una deidad). La forma *Theravada* se asemeja al hinduismo panteísta y parece concebir las mismas fuerzas impersonales. La palabra clave es la *sabiduría*, no en el sentido de aprehender algo objetivo sino en el contexto de la realización propia. La escuela moderna del budismo Zen, aunque no está ligada históricamente a la rama *Theravada*, promueve la meditación, la que también es recomendada incidentalmente por la escuela *Theravada*. La palabra *zen* en realidad es una desviación de la forma del sánscrito *Dhyan*, que significa «meditación». La palabra china *Shan* tiene el mismo significado. En el zen, como en la meditación trascendental, la idea de meditación está asociada con la ausencia y el vacío que conduciría a la «sabiduría». El individuo está en su propio mundo, y solo por su esfuerzo podrá emanciparse.

La forma *Mahayana*, por otra parte, tiene algunas características en común con el hinduismo popular politeísta. Ambas consideran que es necesario tener salvadores: en *Mahayana*, el mismo Buda es considerado un salvador y la salvación es por gracia. Las oraciones de petición son comunes a ambas. En algunos templos budistas hay lugares donde se puede ofrecer incienso a las divinidades hindúes. Aunque no se permite la presencia de deidades hindúes en el *sanctum sanctorum* budista (el lugar santísimo del recinto), se considera que los ruegos a estas divinidades son eficaces.

Algunos métodos apologéticos sugeridos en el capítulo ocho (cf. «¿Cuáles son los principios fundamentales del hinduismo?», en la pág. 197) podrían aplicarse de manera similar a las formas *Mahayana* y *Theravada* de budismo. Además, podríamos señalar que, cualquier análisis de la vida, basado en criterios puramente negativos, acarreará inevitablemente problemas. Por ejemplo, para decir que todo es sufrimiento, deberíamos tener al menos una idea de lo que es el gozo y el placer. Reconocemos el sufrimiento solo porque lo comparamos con algo que puede gozarse. No nos daríamos cuenta de que el sufrimiento es efectivamente sufrimiento ¡si lo único que conociéramos fuera el sufrimiento! Es un razonamiento similar a las reflexiones de C.S. Lewis antes de su conversión:

«Mi argumento contra Dios se basaba en que el universo parecía ser un lugar muy cruel e injusto. ¿Pero de dónde había sacado esta idea de *justo* e *injusto*? Nadie dice que una línea está torcida a no ser que tenga más o menos una idea de lo que es una línea recta. ¿Con qué estaba comparando el universo cuando decía que era injusto? Si todo el drama era malo, de principio a fin, ¿cómo era que yo, que supuestamente formaba parte del drama, reaccionaba tan violentamente contra este? El individuo siente que se mojó cuando cae dentro del agua, porque el hombre no es un animal acuático; un pez nunca se sentiría mojado. Por supuesto, podría haberme librado de mi idea de justicia y haber dicho que no era más que una idea privativa de mi mente. Pero de haberlo hecho, mi argumento contra Dios se desmoronaba, porque el argumento dependía en afirmar que el mundo era realmente injusto, no simplemente en que no se ajustaba a mis gustos. Por ende, en el mismo instante en que intentaba probar que Dios no existía, en otras palabras, que toda la realidad carecía de sentido, me veía obligado a suponer que una parte de la realidad (es decir, mi idea de justicia) estaba llena de sentido. En consecuencia, el ateísmo resulta ser demasiado simple. Si todo el universo carece de sentido, nunca nos habríamos dado cuenta de que no tenía sentido; así como si no hubiera luz en el universo y, por lo tanto, tampoco hubiera criaturas con ojos, nunca nos hubiéramos dado cuenta de lo que es la oscuridad. La *oscuridad* sería una palabra carente de significado»[2].

Al considerar esta cita, no deberíamos confundirnos y creer que el budismo llegó lógicamente a la conclusión de que Dios no existe por causa de la primera noble verdad, de que todo es sufrimiento. Dios simplemente no figura en los escritos de Buda. Podríamos, por otra parte, señalar que, desde un punto de vista filosófico, el sufrimiento es comprensible solo como la contracara del placer y que ambas son realidades de nuestra existencia. Deberíamos, por lo tanto, animar al budista a encontrar las causas del sufrimiento en otra parte. Además, deberíamos poder mostrar que, aun en un nivel pragmático, la vida tiene muchas cosas que son buenas, que hay muchas personas buenas que intentan aliviar el sufrimiento. Incluso la enseñanza budista de practicar la *dana* (la generosidad) es una admisión tácita de que el sufrimiento puede aliviarse y de hecho está siendo aliviado en este mundo de dolor.

La segunda noble verdad incluye un hecho admirable: la razón del sufrimiento radica en el *tanha* (el deseo). El apóstol Juan nos advierte acerca de «los malos deseos del cuerpo, la codicia de los ojos y la arrogancia de la vida» (1 Juan 2:16). Sin embargo, la tercera noble verdad contradice esto mismo. El abandonar todo deseo puede convertirse en sí en un deseo, es decir, el deseo de acabar con todo deseo ¡es propiamente un deseo! Una existencia sin deseo es una contradicción existencial como lógica. En cambio, necesitamos centrar nuestro deseo en un objeto digno de nuestro deseo (cf. Salmo 27:4). De manera similar, la cuarta noble verdad sienta la base para un estilo de vida admirable, pero ofrece poco para realmente llevarla a la práctica. Estamos de vuelta en la grave debilidad de *saber* lo que es el bien pero ser incapaces de *hacerlo*.

Necesitamos ayudar a nuestros amigos budistas a identificar cuál es el verdadero problema del sufrimiento y señalarles la conexión entre el sufrimiento y la existencia de un mal moral: el estado de rebelión contra un Dios moralmente Santo. Podemos tratar el problema del sufrimiento mostrándoles un Dios que se identifica con nosotros en el sufrimiento, mediante el sufrimiento devastador que experimentó en la cruz. La verdadera iluminación será cuando veamos cara a cara a nuestro cariñoso Salvador Jesucristo, cuando nuestro peregrinar sobre esta Tierra llegue a su fin.

Quisiera decir una palabra final con respecto a la idea de

la reencarnación en el budismo. Si bien el hinduismo sostiene la identidad del alma individual en el proceso de trasmigración, el budista cree que el alma se disipa con la muerte y se convierte en cinco esencias que luego se reagrupan en el nuevo ciclo de vida. Sin embargo, no hay ninguna garantía para *la identidad de la persona*, como sí la hay en el caso del hinduismo. Esta creencia, en particular, puede llevar al adherente budista a tener un profundo sentimiento de inseguridad con respecto a su identidad. El cristiano tiene una respuesta específica para esto. Nuestro Creador no solo nos conoce desde que estábamos en el vientre de nuestra madre, sino que se ha encargado de prepararnos una morada, un lugar, solo para nosotros. Nuestra identidad, por lo tanto, se conserva cuando tenemos una relación con Dios mediante nuestro Señor Jesucristo.

Conclusión

Hay muchos hindúes y budistas que han entregado su vida a Cristo, no por mérito de argumentaciones filosóficas sino gracias al amor y la amistad genuina expresada por sus amigos cristianos. A diferencia del énfasis del yoga, en la fusión con una realidad indefinible, podemos ofrecer una verdadera relación con el Dios Infinito mediante Jesucristo y dar muestras de esto en el gozo que disfrutamos de tener ese vínculo sagrado. Los budistas tienen que esforzarse por demostrar que su religión *no* niega la vida al ofrecer nada más que el nihilismo, pero es difícil no llegar a esa conclusión a partir de las enseñanzas budistas.

Lamentablemente, a veces presentamos el cristianismo como si no se tratara de otra cosa que un ascetismo con un tinte cristiano y reducimos, a mera devoción personal, lo que implica seguir a Cristo. El argumento más firme contra la atracción de las religiones orientales no está en procurar individualmente la santidad cristiana, sino en hacer visible y evidente la vida de una *comunidad cristiana*.

PREGUNTAS PARA LA REFLEXIÓN Y LA DISCUSIÓN

1. ¿Hay algo malo con el yoga cuando se centra en los beneficios físicos terapéuticos?

2. ¿Cuál es la manera más sencilla de demostrar en la práctica que esta vida es realmente importante y que no deberíamos esperar contar con otra oportunidad para vivir mejor?

3. En un mundo signado por afanes materialistas, ¿cómo puede el cristiano adoptar y poner en práctica su fe que reafirma el valor de la vida sin orientarse solo a la prosperidad?

Capítulo diez

PREGUNTAS DIFÍCILES ACERCA DEL ISLAM DE LA COMUNIDAD NEGRA

ROBERT WHITE

R ecuerdo una reunión de la Nación del Islam a la que asistí cuando estaba cursando mi primer año en la Universidad de Tuskegee, hacia fines de los ochenta. Antes de matricularme, había tenido una experiencia religiosa única y me sentía muy a gusto con mi fe cristiana, pero, por curiosidad, deseaba aprender acerca de otras religiones. No estaba preparado, sin embargo, para lo que habría de soportar. Antes de que comenzara la reunión de la Nación del Islam, unos individuos, a los que reconocí como compañeros, me condujeron a una habitación adyacente. Una vez allí, me revisaron «para protegerme» y luego me invitaron a un salón donde tendría lugar la reunión. Pronto me di cuenta de que los ujieres separaban al público según su sexo. Unos pocos minutos más tarde, un hombre, de aproximadamente mi edad, entró en el salón acompañado de cinco individuos y pidieron que se hiciera silencio. Después de una oración, una ofrenda y una recitación del Corán, el ministro comenzó a hablar. Hablaba con suficiencia y confianza. Al principio su mensaje no era nada diferente al que estaba acostumbrado a escuchar los domingos de mañana en la iglesia. Pero el ministro musulmán me cautivó la atención cuando mencionó la posición del hombre negro en Estados Unidos y las maneras

231

en que los negros podrían cambiar las condiciones de su comunidad.

A medida que el discurso progresaba, noté que el ministro lenta pero sutilmente había girado su atención a un tema más polémico. Comenzó con un ataque a la Biblia y nos exhortó a dejar de adorar al «Jesús blanco». También declaró que el hombre blanco no era humano sino que era un demonio y enemigo de Dios. Por último, introdujo a un hombre, llamado Master Fard Muhammad, como el último «profeta» de Dios y el «Consolador» al que hacían referencia las Escrituras. El pedido final del ministro fue que reflexionáramos acerca de lo que habíamos escuchado y que examináramos las razones que nos hacían creer lo que creíamos. Concluyó invitándonos para otra reunión que tendría lugar la semana siguiente, ya que era evidente que no había ninguna razón para negar el islam. Su exposición perturbadora me dejó con una pregunta: «¿Será el cristianismo verdaderamente una religión del hombre blanco, o estarán intentando engañarme?».

Después de esta reunión, estaba confundido y no deseaba tener nada que ver con todo lo que fuera blanco, incluyendo la lámina del «Jesús blanco» sobre la pared en la casa de mi abuela. Aunque tenía en aquel tiempo algunos amigos blancos, comencé a distanciarme de ellos y a iniciar un proceso de reevaluación. Medité sobre toda mi vida, mis temores, mis ansiedades y acerca del Dios a quien había decidido servir. Mi presencia en aquella reunión me hizo estudiar las Escrituras y buscar respuestas a las preguntas que el orador había planteado. Pero después de haber «hurgado en mi alma», opté por quedarme con Cristo, porque sus promesas representaban mejor mis expectativas de vida. Descubrí que no creía en Cristo porque mis padres hubieran creído en él. Más bien, aprendí que Dios, mediante Cristo, tenía un plan para mí y que él era la persona que me motivaba a escudriñar las Escrituras. Pero, ¿cuántos otros jóvenes cristianos llegan a esta conclusión? Aquel mismo año, vi cómo varios de mis amigos se convertían al islam y seguían las enseñanzas de Elijah Muhammad. Por algo Pablo, en su carta a los Gálatas, nos advierte de no aceptar ningún otro evangelio que se predique (ni aun cuando sea predicado por un individuo elegante y con don de palabra, ¡ni aunque sea un ángel en una caverna!):

> «Pero aun si alguno de nosotros o un ángel del cielo les predicara un evangelio distinto del que les hemos predicado, ¡que caiga bajo maldición! Como ya lo hemos dicho, ahora lo repito: si alguien les anda predicando un evangelio distinto del que recibieron, ¡que caiga bajo maldición!» (*Gálatas 1:8-9*).

¿CUÁL ES LA SITUACIÓN ACTUAL DE LA IGLESIA?

Martin Luther King Jr. dijo una vez: «Sí, creo que la iglesia es el cuerpo de Cristo pero ¡ay! cómo lo hemos lastimado, cuántas cicatrices tiene, debido a nuestra negligencia social y por temor a ser no conformistas»[1]. Los pastores cristianos, como King, han desempeñado un papel importante en la comunidad afroamericana, en particular en la lucha por los derechos civiles. Históricamente, la iglesia afroamericana ha desempeñado el doble papel de estar en el centro de la fe cristiana y de ser una institución de cambio social. A su vez, el pastor afroamericano ha sido la voz de la razón para la comunidad negra y una caja de resonancia para los derechos humanos. Con todo, aun cuando la iglesia ha estado a la vanguardia del cambio social, las congregaciones de comunidades negras han visto como muchos cristianos negros caen bajo la influencia de las organizaciones no cristianas.

Como la función de la iglesia, en la actual agenda civil de

los afroamericanos, ha disminuido significativamente, algunos activistas han comenzado a reunirse en otros lugares por considerarlos menos amenazantes y más propicios a la diversidad. En dichas reuniones, a los cristianos negros se les sugiere que «dejen su religión en la entrada», y el orar en el nombre de Jesús ha sido reemplazado por oraciones no sectarias. ¿Es esto un problema? Sí, porque esta restricción permite que otros grupos religiosos, como el Baha'i y ciertos grupos minoritarios islámicos, se den el lujo de propagar sus ideas religiosas bajo los auspicios de un marco menos amenazador llamado *conciencia social*. La popularidad de los grupos islámicos negros, en especial entre los jóvenes, hace necesario el surgimiento de predicadores negros y líderes religiosos que puedan desarrollar una respuesta cristiana a los atractivos mensajes no cristianos que están siendo comunicados dentro de la comunidad. (cf. pág. 252 para una ampliación de este tema, «¿Cómo podría la iglesia evangelizar a los musulmanes negros?»).

Para entender la dinámica social de la religión de la comunidad negra (islam) es importante entender el papel que el cristianismo ha cumplido en la lucha de los negros. La mayor tragedia del cristianismo, en la gestación de los Estados Unidos, fue el fracaso de los predicadores blancos que no denunciaron la esclavitud ni la práctica de la segregación. El Rev. Fred Price, pastor del Centro Cristiano Crenshaw en Los Ángeles, en una entrevista reciente, señaló:

«El problema de la iglesia no es la Biblia sino que son aquellos que la interpretan o, tal vez sería más apropiado decir, que la malinterpretan. Algunas personas dicen que, como la gente tomó la Biblia, manipuló su mensaje, y luego la usó para justificar la esclavitud y la discriminación de un grupo étnico, sin ningún otro motivo que el color de su piel, deberíamos deshacernos de la Biblia. Pero la Biblia no ha sido el problema; el problema radica en los supuestos transmisores de la enseñanza bíblica»[2].

Aunque muchos esclavos y generaciones subsiguientes aceptaron el cristianismo, los esclavos consideraban que el tipo de cristianismo abogado por los misioneros blancos era un instrumento de opresión. Muchos creían que aceptar a Jesucristo era sinónimo de aceptar el orden social occidental o algún tipo de agenda geopolítica, un argumento hasta hoy vigente. La única responsabilidad de los líderes blancos de la iglesia que les compete para rectificar esta situación es asegurarse de no repetir el pasado cediendo a las presiones domésticas de discriminación y prejuicios raciales.

¿CÓMO ES LA RELIGIÓN EN LA COMUNIDAD NEGRA?

Los Estados Unidos han asignado mucha importancia a las diferencias raciales. Ya en la década de los sesenta, la vida estaba dividida en dos sectores: el negro y el blanco. Había bebederos para negros y otros para blancos, escuelas para negros y otras para blancos, teatros para negros y salas de cine para blancos, empleos para negros y empleos para blancos, religión para negros y religión para blancos. En particular, la religión de la *comunidad negra* podría definirse como los patrones y prácticas espirituales de la población negra de Estados Unidos que se han formado en el curso de cuatrocientos años. Es también una continuidad de las prácticas espirituales de los pueblos africanos. Por lo tanto, el islam de las comunidades negras podría definirse como *la filosofía social del islam articulada a través de la experiencia afroamericana*.

Como el estatus de la población negra en Estados Unidos ha mejorado con el tiempo, hay una necesidad periódica de autodefinirse. Mientras que los inmigrantes europeos, por ejemplo, tienden a manifestar una identidad dual que incluye la ciudadanía de Estados Unidos junto con la de su país de origen, la población negra ha aceptado esa ciudadanía a regañadientes, como si se tratara de una identidad impuesta por el orden social de este país. Los términos *de color, morocho, de tez oscura, mulato, negro* no son sinónimos pero sí implican factores claves de la existencia africana en diversos momentos de la evolución del orden social en Estados Unidos. Sin las experiencias que la población negra sufrió en este país, que hizo de la discriminación racial el factor fundamental de la existencia, no tendría ningún sentido diferenciar las religiones en negras o blancas. Y conviene no olvidar que la mayoría de las iglesias negras se fundaron cuando las blancas prohibieron el ingreso de los negros a sus templos.

La teología tiende a expresar ideas acerca de Dios en términos humanos, y la teología de la *comunidad negra*, en particular, siempre está relacionada con hechos históricos y con las experiencias culturales de la población negra. Notemos las palabras de James Cone, autor del libro *God of the Oppressed* [El Dios de los oprimidos]:

«Los teólogos blancos construyeron sistemas lógicos; la gente negra narraba relatos. Los blancos debatían la validez del bautismo de niños o la cuestión de la predestinación y del libre albedrío; los negros recitaban las historias bíblicas de cómo Dios había conducido a los israelitas y los había sacado de la esclavitud en Egipto, de Josué y la batalla de Jericó, y de los niños hebreos en el horno de fuego. Los teólogos blancos debatían acerca del estado general de las afirmaciones religiosas a la luz del desarrollo científico en general y de *El origen de las especies* de Darwin en particular; los negros estaban más interesados en su lugar en la sociedad de Estados Unidos y su relación con la promesa bíblica de que Jesús había venido a liberar a los cautivos. Los blancos pensaban que la idea cristiana de la salvación era un asunto «espiritual» y a veces racional, pero solían separarlo de las luchas concretas por la libertad en este mundo. El pensamiento de las comunidades negras era mayoritariamente escatológico y nunca abstracto, sino que estaba relacionado con la lucha de los negros contra la opresión que sufrían en esta tierra»[3].

Hay suficiente evidencia para probar que una porción significativa de los esclavos que llegaron a Estados Unidos eran musulmanes. Por ejemplo, los misioneros de Carolina del Sur, Georgia y Louisiana, mencionan que los esclavos rezaban a Alá y se abstenían de comer cerdo. Pero los esclavos pronto adoptaron la religión de sus amos y adaptaron los principios básicos para que reflejaran su experiencia. Ahora, después de cuatrocientos años de cristianismo, muchos afroamericanos están regresando a la religión que sus antepasados tenían antes de llegar a estas tierras.

¿QUIÉN FUNDÓ EL MOVIMIENTO ISLÁMICO DE LAS COMUNIDADES NEGRAS?

La Nación del Islam ha sido el movimiento islámico de las comunidades negras más popular y polémico entre los afroamericanos. Pero la Nación del Islam es en realidad la continuación de dos movimientos islámicos negros anteriores. Mientras que fuera de los Estados Unidos se comenzaron organizaciones como los Ahmadiyya, los movimientos comenzados por la población negra en Estados Unidos le imprimieron al género islámico un aura más afrocéntrica.[4] En Newark, Nueva Jersey, en 1913, Timothy Drew estableció el Divino Templo de la Ciencia Morisca y el Movimiento Nacional (el nombre luego se cambió a Templo de la Ciencia Morisca de América en 1925). Alegaba ser un discípulo de Alá y enseñaba una estética para dilucidar las claves de la importancia de la diferencia racial. Luego adoptó el nombre de Noble Drew Ali, y dijo que las expresiones *negro* y *mulato* significaban muerte y que un nombre más apropiado para la población africana debería ser *moro* o *asiático*.[5] Ali creía que la salvación se encontraría en una debida interpretación del individuo y la negación de falsas identidades. La doctrina principal del Templo de la Ciencia Morisca fue el descubrimiento del individuo auténtico, y la organización no practicó la segregación racial propiamente dicha.

Después de Drew Ali vendría Wali (o Wallace) D. Fard, que muchos dicen que era un hombre caucásico de Arabia. El sucesor de Fard, Elijah Muhammad, afirmó lo siguiente:

«El Mahdi (Fard Muhammad) es un viajero del mundo. Me dijo que había viajado por todo el mundo y que había vivido veinte años en Estados Unidos antes de darse a conocer a nosotros, a su pueblo, a quienes él había venido. Sabía hablar dieciséis idiomas y escribía en estos diez. Había estado en todos los lugares poblados de la tierra y fotografiado y extractado los idiomas de los pobladores de Marte, y tenía, además, conocimiento de toda la vida en el universo. Podía recitar de memoria las historias del mundo remontándose a ciento cincuenta mil años y conocía el principio y el final de todas las cosas»[6].

Mientras iba de puerta en puerta, como hacían los misioneros musulmanes en África durante el siglo trece, Fard propagó su mensaje del islam. En 1930 cambió su nombre a Wali D. Fard Muhammad y estableció el Templo del islam en Detroit, Michigan. Habiendo reclutado a más de ocho mil miembros, Fard desapareció tan misteriosamente como había aparecido. Después de su desaparición, su organización se dividió en dos grupos: el Templo del Islam, encabezado por Abdul Muhammad, y la Nación del Islam, encabezada por Elijah Muhammad. Aunque Abdul Muhammad no creía que Fard Muhammad fuera el mesías, para los seguidores de Elijah Muhammad, la desaparición de Wali D. Fard Muhammad era el cumplimiento de un *hadith* (un dicho con la autoridad del profeta Muhammad) y de una profecía bíblica.[7] Un estudio de las obras de Cain Hope Felder, James Cone, Carl Ellis y C.E. Lincoln puede ser útil para un análisis más comprensivo de los inicios del movimiento islámico de las comunidades negras y de su teología.

¿QUIÉN FUE RESPONSABLE DE PONER EN EL TAPETE PÚBLICO EL MENSAJE DEL ISLAMISMO DE LAS COMUNIDADES NEGRAS?

Después de la partida de Fard Muhammad, Elijah Muhammad comenzó a predicar que el cristianismo europeo estaba muy influido por el imperialismo de ese continente y el capitalismo de Estados Unidos y que, entonces, no contemplaba los intereses de la población negra. En su libro, *The Supreme Wisdom* [La sabiduría suprema], Elijah Muhammad escribió: «Los así llamados negros deben sacarse de encima las viejas enseñanzas del tiempo de la esclavitud según las que Jesús, que habría muerto hace dos mil años, todavía vive en alguna parte y espera y escucha sus oraciones».

Pero las enseñanzas más polémicas de Elijah Muhammad tienen que ver con el origen de la raza blanca. Según las teorías de Fard Muhammad, que algunos dicen que era caucásico, Elijah Muhammad enseñó que el hombre blanco era un demonio, el hijo de un científico malvado llamado Yacub. Esta enseñanza fue muy polémica en Estados Unidos y fue rechazada universalmente por la comunidad islámica. Según Elijah Muhammad, Yacub habría sido un enemigo de Alá expulsado de la Meca. Yacub habría diseñado genéticamente una legión de «diablos blancos» para luego luchar contra Alá. Pero Alá habría prevalecido y los diablos blancos se habrían exiliado en la región que hoy es Europa. Elijah Muhammad declaró que Estados Unidos corrompía a la población negra, y prohibía los matrimonios entre negros y blancos. Declaró que la única alternativa para los afroamericanos era la segregación total de la cultura blanca. El mensaje de Elijah Muhammad fue desestimado por la mayoría de los intelectuales negros, pero tuvo buena aceptación entre los miembros de la comunidad negra política y en el mundo del espectáculo. Según un informe, aparecido el 20 de febrero de 1960 en *Los Angeles Herald Dispatch*, alrededor de ciento cincuenta afroamericanos renegaron del cristianismo y se unieron al islam en una concentración de la Nación del Islam realizada en Los Ángeles.

Elijah Muhammad es venerado como uno de los líderes negros más influyentes del movimiento de derechos civiles. Escribió varios libros, entre los que se podría mencionar *Eat to Live* [Como para vivir], que vendió millones de ejemplares. Viajó extensamente y estableció vínculos con varios de los países más importantes del mundo islámico. A pesar de sus enseñanzas poco ortodoxas, fue aceptado y reconocido en toda la comunidad islámica mundial.

Después de la muerte de Elijah Muhammad, en 1975, su hijo y sucesor, Warith Deen Muhammad, intentó dar un giro a las enseñanzas doctrinales de la organización, afiliándose al islam ortodoxo. Esto provocó muchas discusiones internas y, en 1977, el ministro, Louis Farrakhan, se separó de Warith Deen Muhammad y continuó las enseñanzas de Elijah Muhammad.[9] Warith Deen Muhammad estableció la Comunidad Mundial de Al-Islam en occidente (luego llamada la Misión Musulmana Americana). Casi veinticinco años después de su separación, el ministro Farrakhan y Warith Deen Muhammad se reconciliaron en la Celebración del Día del Salvador de la Nación del Islam del año 2000. El ministro Farrakhan dijo en su exposición: «El imán [Warith Deen Muhammad] y yo estaremos juntos hasta que nos llegue la muerte, y trabajaremos juntos por la causa del islam, no solo entre nuestra gente sino con el fin de establecerlo en Estados Unidos».

¿QUÉ FACTORES SOCIALES PROPICIARON LA EMERGENCIA DE UN MOVIMIENTO ISLÁMICO DE LAS COMUNIDADES NEGRAS?

La distinción filosófica entre el cristianismo de las comunidades negras y el islam de las comunidades negras se hizo evidente durante las décadas de los cincuenta y los sesenta cuando los tiempos exigieron la adopción de una estrategia colectiva para luchar contra el terrorismo racial. Los líderes cristianos, como el Dr. Martin Luther King Jr, promovían el cambio social mediante estrategias de no violencia. El movimiento de resistencia no violenta, o pasiva, dirigido por el Dr. King, se inspiraba en el ejemplo dejado por Jesucristo. El Dr. King decía que su inspiración política se la debía a Gandhi, el revolucionario de la India. Irónicamente, la estrategia de no violencia de Gandhi estaba influida por las luchas raciales de Sudáfrica que había conocido antes de regresar a la India.

Mientras que la mayoría de los líderes cristianos negros no consideraban que la violencia fuera un medio útil para obtener igualdad de derechos, ni siquiera frente a los violentos linchamientos y al Ku Klux Klan, la noción de una revolución armada se cernía como amenaza. A medida que la población negra intensificaba sus esfuerzos de protesta no violenta y la inscripción en los registros electorales, la población blanca intensificó su violencia: la situación alcanzó su momento más álgido cuando cuatro niñas murieron en un atentado con bombas a una iglesia de Birmingham, Alabama, y cuando se atacó a todo un grupo de personas en Selma, en el mismo estado. Además, las protestas generalizadas contra la guerra de Vietnam aumentaban el período de inestabilidad civil. El gobierno federal y la población blanca enardecida continuaron recurriendo a la violencia; esto hizo que muchos dieran crédito a las predicciones del líder islámico emergente Elijah Muhammad.

Elijah (Poole) Muhammad, el fundador de la Nación del islam, surgió en un momento en que la realidad de una guerra racial era inminente. Sin embargo, la filosofía de Muhammad no se asemejaba a la de una jihad sangrienta sino que, sus ideas, englobaban una jihad interna o espiritual que permitiría a la población negra encontrar su identidad. La Nación del Islam comenzó una intensa campaña de reclutamiento de miembros, repartiendo literatura en centros nocturnos así como en los estacionamientos de las iglesias después del culto matutino de los domingos. A pesar de que King, la figura dominante en los medios, mantenía su posición de no violencia, vivía todas las horas del día conciente de la creciente influencia de los movimientos nacionalistas e islámicos entre la población negra. Por desgracia, el movimiento no violento por los derechos civiles prácticamente desapareció con la muerte de King, mientras que el movimiento islámico de las comunidades negras continuó avanzando con un plan social y económico intensivo.

¿CUÁL ES EL ATRACTIVO SINGULAR DEL ISLAMISMO PARA LOS NEGROS?

En los albores de un movimiento pan-africano, a fines del siglo diecinueve, los intelectuales africanos y negros se dieron cuenta de que sus pueblos no tenían ningún lugar reconocido de honor en los centros tradicionales europeos del cristianismo; los predicadores blancos más importantes nunca mencionaban las contribuciones académicas de los teólogos africanos ni negros. Históricamente, el peso de la teología en torno a la reflexión negra ha estado limitado al «lugar» que ocupan en la familia humana y en el orden social de Estados Unidos. De hecho, muchos estudiosos cristianos creen que la esclavitud valió la pena porque civilizó a la población negra y evitó la extinción de la raza.

El islam, en cambio, consideraba que los negros eran iguales y que no estaban subordinados a ninguna raza de la Tierra. Las palabras del profeta Muhammad asignaba a los africanos un sitial de honor y equiparaba a estos hombres con los santos del islam: «Los amonesto a temer a Dios y a obedecer a mi sucesor, aunque sea un esclavo negro»[11]. Además, muchos de los acólitos y hombres de confianza del profeta Muhammad eran africanos. Para algunos, esto hacía al islam más atractivo que el cristianismo, que había defendido el tráfico de esclavos y que todavía se usaba para oprimir y dividir en vez de ser un instrumento de unidad.

Es interesante la observación que realizó, allá por 1946, el Dr. Buell Gallagher, presidente del City College de Nueva York: «Hay señales de que el movimiento pan-islámico podría endurecer sus posiciones y llegar a ser un nuevo nacionalismo político, basado en la raza, lo que podría reemplazar al islam como una hermandad internacional e interracial. Uno de los imponderables del mañana sería que el espíritu pan-islámico en ciernes madurara y unificara a todo el mundo musulmán contra el resto del mundo»[12].

¿POR QUÉ ATRAE EL MENSAJE DEL ISLAMISMO ESPECIALMENTE A LOS HOMBRES AFROAMERICANOS EN PARTICULAR?

La Nación del Islam promueve una filosofía social que es la que mejor representa las necesidades morales y espirituales de los hombres afroamericanos. Según los hombres con que he hablado, la Nación del Islam provee un sentimiento de aceptación y de dignidad que no tiene nada que ver con el estigma tradicional de los negros, y además permite que los varones de color cuenten con un foro desde el cual desafiar la paradoja del orden social de Estados Unidos. Mientras que las iglesias cristianas negras han procurado trabajar con el gobierno y crear redes con otras organizaciones, los musulmanes negros han promovido una filosofía de ayudarse solo entre ellos, mientras cuestionan al gobierno en todo lo que pudiera considerarse estadounidense. Por ejemplo, Mahmoud Abdul

Rauf se negó a ponerse de pie mientras se cantaba el himno nacional durante un partido de la Asociación Nacional de Baloncesto, y Muhammad Ali se negó a enlistarse en las Fuerzas Armadas de los Estados Unidos. Daniel Pipes, director del Foro del Medio Oriente, un comité de expertos sobre el tema, refiere los sentimientos anti-estadounidenses de Abdul Rauf, el expastor bautista que se convirtió al islam:

«Un hombre negro de veintisiete años, exbautista de Mississippi, convertido al islam en 1991 [Abdul Rauf], declaró que, como musulmán, no podía rendir honor a la bandera de Estados Unidos, que el llamaba un "símbolo de opresión y de tiranía". Continuó diciendo que la bandera estaba en franca contradicción con su fe islámica: "Este país tiene un largo historial de (opresión). No creo que nadie pueda negar los hechos. No se puede estar a favor de Dios y a favor de la opresión. Eso está bien claro en el Corán. El islam es la única salida"» [13].

El hecho único más significativo en la historia del movimiento de las comunidades negras musulmanas fue la Million-Man March [Marcha del Millón de Hombres] que convocaba a los hombres afroamericanos a la unidad y a «expiar» sus pecados pasados contra la comunidad. Fue una convocatoria para que los hombres negros ocuparan su lugar en la sociedad y se arrepintieran de haber descuidado sus obligaciones. Pero la marcha también probó ser una gran oportunidad para que el ministro Farrakhan acaparara la atención nacional y promoviera su mensaje islámico. La manifestación fue patrocinada principalmente por la Nación del Islam, aunque también concitó el apoyo de miles de cristianos que se sintieron atraídos por las ideas de expiación y de identidad. Aunque algunos críticos han dicho que la marcha no fue más que una muestra de fuerza islámica, el ministro Farrakhan logró unificar las diversas manifestaciones de la personalidad afroamericana.

La Nación del Islam ha penetrado detrás de los muros de las cárceles, aparentemente obrando milagros en las vidas de los delincuentes más duros. Esto está tipificado en la vida del líder más carismático del movimiento, Malcolm Little, que se convirtió al islam mientras estaba en prisión y cambió su nombre a Malcolm X. El brazo de seguridad de la Nación del islam, el fruto del Islam, ha logrado reducir ochenta por ciento los delitos en algunas localidades urbanas pobres de Chicago y, en algunas zonas, ha convertido a una manzana entera en un centro económico. El Islam de las comunidades negras, y en particular la Nación del Islam, han reclutado hombres famosos, desde los excampeones mundiales de peso pesado Muhammad Ali y Mike Tyson, hasta el exdirector de la NAACP, Ben Chavis (hoy llamado Benjamín Muhammad). Todos quienes le toman el pulso a la comunidad afroamericana pueden atestiguar el extraordinario éxito de la Nación del Islam como organización social y comunitaria.

¿QUIÉN FUE MALCOLM X?

El musulmán más popular e influyente de descendencia afroamericana fue El-Hajj Malik al-Shabazz, más conocido como Malcolm X. Su vida no solo ha sido tema de muchos debates en el mundo intelectual, sino que es reconocido por musulmanes y cristianos como uno de los más grandes líderes de su tiempo. Él eligió defender los derechos humanos y la dignidad del hombre negro y exigió que Estados Unidos fuera acusado por su trato al pueblo afroamericano. Su historia, sus ideas y su solución fueron importantes porque venía de una larga estirpe de hombres justos que siempre habían resistido la opresión.

El alejamiento de Malcolm X de la Nación del Islam, en marzo de 1964, concentró la atención sobre la vida personal de Elijah Muhammad y sobre la legitimidad de la Nación del Islam como organización. Mientras que mucho del éxito de la Nación del Islam era atribuible a Malcolm X, después de que se convirtiera en la prisión en 1952, él pronto se desencantó con el movimiento cuando se enteró de que Elijah Muhammad era el padre de varios hijos ilegítimos. Esta información fue devastadora para Malcolm X, ya que a sus ojos parecía descalificar a Elijah Muhammad de ser realmente un profeta de Alá.

Malcolm X, más adelante, descubrió en su peregrinaje a la Meca que el mundo islámico estaba conformado por diversos grupos étnicos, entre los que había caucásicos, una revelación que le hizo reconsiderar su filosofía, y pronto se apartó de su mentor y comenzó su propia organización. A pesar de la retórica de los líderes de la Nación, el grueso de la violencia perpetrada por sus integrantes se dirigió contra los miembros excomulgados. Supuestamente la Nación del Islam habría asesinado a Malcolm X, en 1965, aunque esto no ha sido probado por la justicia.

¿SE ESTÁ CONVIRTIENDO EL ISLAMISMO EN LA VERDADERA RELIGIÓN DEL HOMBRE NEGRO?

Elijah Muhammad una vez dijo: «Con la ayuda de Alá, estos dos enemigos del Islam (el cristianismo y el budismo) serán erradicados completamente del planeta Tierra y no se podrá encontrar ni rastros de estos». Agregó: «Alá, en el juicio del mundo, no reconocerá otra religión salvo el Islam»[14]. Mientras que la Nación del Islam ha llevado a cabo una buena tarea al apelar a la «negritud» de los afroamericanos, los musulmanes afroamericanos que, según las últimas estadísticas, representan el treinta por ciento de la población islámica de Estados Unido, serían mayoritariamente suníes. Aun en los grupos más marginales del Islamismo de las comunidades negras, la tendencia es hacia el Islam ortodoxo. La población musulmana estadounidense ha aumentado significativamente en los últimos diez años y un número sorprendente de cristianos blancos también se han convertido a esta religión. El éxito manifiesto del Islam, en países tradicionalmente cristianos, como Indonesia y Egipto, favorece la teoría de la viabilidad del sistema islámico en movimientos de liberación nacional. Las investigaciones posteriores al atentado terrorista del 11 de setiembre de 2001 han revelado que una porción significativa del mundo islámico es de origen africano o afroamericano. Según un artículo publicado en la revista *Christianity Today*, la mayoría de los estadounidenses convertidos al Islam, entre ochenta y cinco y noventa por ciento, eran afroamericanos.[15] Según Carl Ellis, experto en Islamismo de las comunidades negras, una de cada quince personas de color se identifican como musulmanas, y hay aproximadamente dos millones seiscientos mil afroamericanos musulmanes en los Estados Unidos de América.[16]

¿TIENEN LOS MUSULMANES NEGROS UNA IDEA ERRÓNEA ACERCA DE LA FE CRISTIANA?

Los conceptos errados que los musulmanes negros tienen acerca de Cristo se asemejan a los de los musulmanes ortodoxos. Primero, un cristiano debería poder probar que su creencia no es una religión exclusiva del hombre blanco. El cristiano debería estar preparado para defender la inerrancia de la Biblia, y la deidad de Cristo y su señorío. El cristiano que testifica a un musulmán negro debería estar preparado para un diálogo extenso pero también debería sentirse tranquilo, porque a los musulmanes negros se les enseña a ser respetuosos y cordiales. Están familiarizados con la Biblia y a menudo harán referencias a pasajes bíblicos en particular. El cristiano también debería ser capaz de destacar los versículos y pasajes bíblicos que representan la universalidad del mensaje del evangelio. Por último, la motivación del cristiano para acercarse a los musulmanes negros debería ser *hacerse amigos* de ellos, más que el mero afán de ganar un debate teológico. Un testimonio eficaz de Jesucristo, a un musulmán negro, implica que el cristiano esté dispuesto a ser cambiado por la relación en el mismo grado que el cristiano espera que el musulmán negro cambie al aceptar la fe cristiana. En el intercambio de ideas con los musulmanes, el cristiano tomará conciencia de cómo opera este mundo y el musulmán conocerá la gracia redentora de Jesucristo. No conozco de ningún musulmán negro que haya aceptado a Jesucristo en el primer encuentro. Sin embargo, algunos de los cristianos más comprometidos que conozco fueron antes de su conversión miembros de la Nación del Islam.

¿RECONOCE EL ISLAMISMO DE LAS COMUNIDADES NEGRAS LA DEIDAD DE JESUCRISTO?

Con respecto a Jesucristo, el movimiento islámico de las comunidades negras tiene ideas similares al Islam ortodoxo. Para el musulmán negro, Jesús fue un profeta, pero de ningún modo era divino y no murió en una cruz. A partir del Santo Corán Sharrieff (traducido al inglés por Maulvi Muhammad Ali), la Nación del Islam ha desarrollado un relato diferente de la crucifixión de Jesús. En palabras de Elijah Muhammad: «Nadie después de la muerte ha ido a otro lugar que aquel donde lo llevaron. No hay ningún cielo ni infierno salvo el que tú o yo tengamos en la Tierra, y Jesús no fue ninguna excepción. Su cuerpo todavía está en el Paraíso y allí se quedará».

Según Elijah Muhammad, las personas negras no deberían reconocer la deidad de Cristo, su nacimiento virginal, la inmutabilidad de la Biblia, o las doctrinas del Nuevo Testamento. Para él, la Biblia y especialmente la versión más antigua, es un «veneno» y un engaño para confundir al pueblo elegido de Dios. También dice que el término *cristianismo* fue inventado por las mismas personas que odiaban a Jesús y que las enseñanzas de él en realidad son del Islam. Por último, también afirma que el nacimiento virginal de Jesús fue una señal para los judíos pero no para el mundo. Asevera que Jesús no murió literalmente en una cruz sino que fue muerto a espada mientras extendía sus brazos como si estuviera en una cruz.[18] La posición de Elijah Muhammad, con respecto a Jesús, se encuentra en una de sus obras más populares y polémicas, *The History of Jesus' Birth, Death and What It Means to You and Me* [La historia del nacimiento y la muerte de Jesús y lo que esto significa para ti y para mí].

¿DEBERÍA PERMITIRSE A LOS MUSULMANES NEGROS DAR CONFERENCIAS EN LAS IGLESIAS DE COMUNIDADES NEGRAS?

Aunque muchas iglesias negras han invitado al ministro Farrakhan para hablar acerca de los derechos civiles, algunos cristianos negros entienden que invitarlo a subir a un púlpito es una contradicción, y que implica comprometer el evangelio. Como el ministro Farrakhan ha pedido perdón por su retórica anti-semítica, la mayoría de los cristianos negros toleran sus ideas sobre política y relaciones raciales. Pero como musulmán, cree que Jesucristo no es divino. En Sura 4:171, el Corán dice: «Gloria sea a (Alá); (muy exaltado sea él) que ha tenido un hijo. De (Alá) son todas las cosas que hay en los cielos y en la tierra». El Corán también enseña que Jesucristo no fue crucificado, ni que murió en una cruz literal. Sura 4:156 dice: «No lo mataron, ni lo crucificaron, solo les pareció que había sido así».

La Biblia tiene instrucciones claras para ayudarnos a reconocer a quienes no creen en la deidad de Cristo:

«Queridos hermanos, no crean a cualquiera que pretenda estar inspirado por el Espíritu, sino sométanlo a prueba para ver si es de Dios, porque han salido por el mundo muchos falsos profetas. En esto pueden discernir quién tiene el Espíritu de Dios: todo profeta que reconoce que Jesucristo ha venido en cuerpo humano, es de Dios; todo profeta que no reconoce a Jesús, no es de Dios sino del anticristo. Ustedes han oído que este viene; en efecto, ya está en el mundo. Así manifestó Dios su amor entre nosotros: en que envió a su Hijo unigénito al mundo para que vivamos por medio de él. Y nosotros hemos visto y declaramos que el Padre envió a su Hijo para ser el Salvador del mundo. Si alguien reconoce que Jesús es el Hijo de Dios, Dios permanece en él, y él en Dios» *(1 Juan 4:1-3,9,14-15)*.

Esta verdad bíblica descalifica al ministro Farrakhan o a cualquier otro no cristiano de la posibilidad de hablar desde el lugar en que debería hablar el predicador del evangelio, cualquiera sea el tema. El púlpito de la iglesia es un lugar sagrado porque desde allí se anuncia a la humanidad la verdad eterna y absoluta, y no debería usarse para promover ideas personales ni propaganda política. Cristo habla desde el púlpito, y no hay lugar para que, desde allí, se prediquen otras doctrinas. La pregunta, entonces, no debería ser si se debería autorizar o no al ministro Farrakhan a hablar desde el púlpito, sino si las iglesias cederán o no a las presiones políticas externas. Mientras que cualquier discurso político o histórico puede ser debatido, la verdad de Cristo no es debatible y no debería comprometerse.

La Palabra de Dios y la verdad de Cristo no deberían ocupar nunca un segundo lugar, después de la importancia política de una persona. El ministro Farrakhan no descuida su religión y esto es evidente porque siempre comienza sus discursos diciendo: «Los saludo en el nombre de Alá, el bueno, el misericordioso». De hecho, el Corán advierte a los musulmanes que no deberían asociarse con cristianos. Sura 5:56 dice: «Creyentes, no se hagan amigos de los judíos ni de los cristianos; ellos son amigos entre sí. Aquel que se haga amigo de ellos es uno de ellos. Dios no guía al pueblo de los malvados».

Si las intenciones del ministro Farrakhan son fieles al Islam, su meta es propagarlo y no luchar solo por la causa de los derechos civiles. Muchas personas se sienten atraídas por la Nación del Islam por el uso que hace de los textos cristianos y por su éxito manifiesto entre la comunidad negra. Pero basta un examen del contexto para hacer evidente que este ministro y otros musulmanes negros tuvieron mucho contacto con la iglesia durante los primeros tiempos y ahora exhiben un entendimiento erróneo de la fe cristiana, aprovechándose de eso para seducir a los incautos, muchos de los cuales son cristianos con antepasados africanos.

La meta de Satanás es explotar los anhelos de las personas y, mediante estratagemas y sensacionalismo, arrastrar a los cristianos a las tinieblas. Satanás también se aprovecha de la ignorancia, las emociones, incluso de nuestras pasiones. Los cristianos harían bien en recordar que los lazos que los unen a Cristo son más fuertes que cualquier afiliación de raza, nación o afinidad política (cf. Mateo 10:37). Jesús mandó a su iglesia que fuera luz para la comunidad (cf. Mateo 5:14-16) y que se mantuviera fiel a su fe (cf. Apocalipsis 2-3). No importa lo bien que una persona verbalice un mensaje; la verdad de este debería confrontarse con las afirmaciones de Jesucristo. La muerte de Cristo fue el gesto de amor más grande de la historia. Creó la unidad más fuerte posible dentro del amplio campo de diversidad. Su sacrificio otorgó la medalla de honor más importante al más humilde de los pueblos.

¿CÓMO PODRÍA LA IGLESIA EVANGELIZAR A LOS MUSULMANES NEGROS?

La primera iglesia no estuvo exenta de conflictos raciales. Sin embargo, el problema se resolvió asignando siervos que pudieran ministrar a diversos grupos de personas. Fueron hombres sensibles a las necesidades, a quienes el Espíritu Santo usó para administrar la igualdad entre los miembros de la iglesia. La única solución para las diferencias entre los judíos y los griegos era la equidad. Se requiere lo mismo cuando consideramos la situación lamentable que existe entre los cristianos negros y blancos.

Antes de que la iglesia se lance a predicar a los musulmanes negros, debería procurar sanar la brecha que existe entre los cristianos negros y blancos en los Estados Unidos. Esto no podrá suceder hasta tanto que los negros y blancos tengan las mismas necesidades. Las organizaciones como la Nación del Islam y el partido de las Panteras Negras serán necesarias mientras las iglesias blancas no consideren que el racismo, la pobreza y la desigualdad en la educación sean temas tan importantes como el aborto y la homosexualidad. Las iglesias blancas deberían procurar tener relaciones saludables con las negras para que, ambos grupos, puedan aprender unos de otros, antes que un grupo sea mero beneficiario de los servicios del otro grupo. Esto establecería un precedente dentro de la comunidad que permitiría cultivar relaciones con otras organizaciones no cristianas. Una vez que las iglesias blancas y negras hayan envainado las espadas divisorias, deberían unirse colectivamente para entablar un diálogo con las organizaciones islámicas, para discutir los problemas de la raza y para hacer un esfuerzo de buena fe que permita reconstruir la comunidad negra. La reconciliación no es algo puntual que pasa solo una vez, sino que es la intención de crear una cultura nueva, en cierto sentido una contracultura, que no tenga nada que ver con las divisiones provocadas por el orden social anterior.

No es necesario tener recursos apologéticos para testificar a los musulmanes negros pero sí debemos estar dispuestos a reconocer que el otro tiene sus propias necesidades y a sentir el sufrimiento de la persona que queremos ganar para Cristo. La apologética no es una batalla de argumentos, y siempre es posible que el teólogo entrenado gane la batalla intelectual pero pierda la guerra, que tiene como objetivo presentar el evangelio de Jesucristo al musulmán. Cuando testificamos a los musulmanes negros no es productivo criticar al ministro Farrakhan o a otros líderes islámicos, o refutar sus ideas de hechos históricos, más bien es necesario memorizar algunos aspectos de la filosofía islámica negra y mostrarles cómo estas filosofías son contrarias a la Biblia. Además, los cristianos deberíamos destacar la importancia de aquellos pasajes de las Escrituras que nos ordenan a tener igualdad racial dentro de la iglesia, y deberíamos poder reaccionar a la ausencia de equidad en la iglesia de hoy. Por último, el cristiano debe orar para que la mente del musulmán sea receptiva al evangelio.

Conclusión

La primera presencia islámica en los Estados Unidos creó la conciencia social que sería el catalizador de lo que en la actualidad se conoce como el «Islam de las comunidades negras». En sus inicios, el movimiento fusionó las enseñanzas del Islam con la ética de la lucha por la independencia negra. Los esfuerzos de los primeros musulmanes negros son importantes porque dieron origen a varias personalidades que se convirtieron en algunos de los musulmanes más influyentes del mundo. De manera notable, de las raíces de los primeros musulmanes negros emergería la organización negra más importante e influyente de los Estados Unidos: la Nación del Islam.

Estados Unidos es un país de categorías y diferencias a las que Jesús no asignaba importancia. Mientras que los domingos de mañana continúen siendo una de las horas de la semana de mayor segregación, la iglesia norteamericana continuará teniendo víctimas entre su población. Los cristianos norteamericanos están llamados a aceptar el ministerio de la reconciliación y a buscar medios de recomponer la división cultural que hoy amenaza volver ineficaz a la iglesia.

PREGUNTAS PARA LA REFLEXIÓN Y LA DISCUSIÓN

1. ¿Qué son más importantes: los vínculos raciales y étnicos o los compromisos religiosos? ¿Por qué? Estos vínculos, ¿deberían ser más importantes que la identidad religiosa de una persona, o hay alguna necesidad legítima para diferenciar la religión en términos de *blanca* y *negra*?

2. ¿Están haciendo las iglesias negras lo suficiente para desarrollar e influir positivamente en la comunidad negra?

3. Si tomamos en cuenta todos los conflictos étnicos que hay en el mundo y el conflicto racial que todavía aqueja a los Estados Unidos, ¿cómo podrían los cristianos norteamericanos ser un modelo del amor de Cristo y de la reconciliación racial en sus propias iglesias y barrios?

RECURSOS PARA PROFUNDIZAR EN LOS TEMAS

CAPÍTULO UNO:
PREGUNTAS DIFÍCILES ACERCA DE DIOS

Norman L. Geisler, *God, Baker Encyclopedia of Christian Apologetics* [Dios, Enciclopedia Baker de Apologética Cristiana], Baker, Grand Rapids, MI, EE.UU., 1999.

Norman L. Geisler y Ronald M. Brooks, *When Skeptics Ask: A Handbook of Christian Evidences* [Cuando los escépticos preguntan: un manual de evidencias cristianas], Baker, Grand Rapids, MI, EE.UU., 1995.

www.impactapologetics.com, www.normgeisler.com

CAPÍTULO DOS
PREGUNTAS DIFÍCILES ACERCA DE LA MALDAD

Norman L. Geisler, *Evil, Baker Encyclopedia of Christian Apologetics* [La maldad, Enciclopedia Baker de Apologética Cristiana] Baker, Grand Rapids, MI, EE.UU., 1999.

_____, «God and the Problem of Evil» [Dios y el problema de la maldad], «If God, Why Evil?» [Si Dios existe, ¿por qué existe la maldad?], «The Problem of Evil» [El problema de la maldad], «What about Evil?» [¿Y qué pasa con la maldad?], estas grabaciones en inglés pueden ser adquiridas en el sitio de Norman Geisler: www.normgeisler.com

_____, *Philosophy of Religion* [La filosofía de la religión], Baker, Grand Rapids, MI, EE.UU., 1989. Este libro está agotado, pero se pueden adquirir ejemplares encuadernados en el sitio de internet de Norman Geisler: www.normgeisler.com

_____, *The Roots of Evil* [Las raíces de la maldad], Probe, Dallas, TX, EE.UU., 1989. Este libro está agotado, pero se pueden adquirir ejemplares encuadernados en el sitio de internet de Norman Geisler: www.normgeisler.com

Norman L. Geisler y Ronald M. Brooks, *"Questions about Evil"*, [Preguntas acerca de la maldad]. Capítulo 4, *"When Skeptics ask"* [Cuando los escépticos preguntan], Baker, Grand Rapids, Mi, EE.UU., 1995

Gary Habermas, «Atheism and Evil: A Fatal Dilemma» [El ateísmo y la maldad: un dilema fatal], grabación en inglés que se puede adquirir en el sitio de Norman Geisler: www.normgeisler.com

C.S. Lewis, *Una pena observada*, Editorial Andrés Bello, Santiago de Chile, Chile, 2001.

___, *El problema del dolor*, Editorial Andrés Bello, Santiago de Chile, 2001.

Ron Rhodes, «Is Evil an Apologetic against Christianity?» [¿Es la maldad una apología contra el cristianismo?], grabación que se puede obtener del sitio web de Ron Rhodes: www.ronrhodes.org

Rick Rood, «The Problem of Evil: How Can a Good God Allow Evil?» [El problema del mal: ¿cómo puede un Dios bueno permitir la maldad?], 1996. Sitio web de Ministerios Probe: www.probe.org

Dan Story, *Defending Your Faith* [Defendiendo tu fe], Nelson, Nashville, TN, EE.UU., 1992.

Philip Yancey, *Desilusión con Dios*, Editorial Vida, EE.UU., 1990.

_____, *Where Is God When It Hurts?* [¿Dónde está Dios cuando sufrimos?], Gran Rapids, MI, EE.UU., 2001.

CAPÍTULO TRES
PREGUNTAS DIFÍCILES ACERCA DE LA CIENCIA

Michael Behe, *Darwin's Black Box* [La caja negra de Darwin], Free Press, Nueva York, EE.UU., 1996.

Michel Denton, *Evolution: A Theory in Crisis* [La evolución: una teoría en crisis], Adler & Adler, Bethesda, MD, EE.UU., 1985.

Phillip E. Jonson, *Darwin on Trial* [Darwin sometido a juicio], InterVarsity Press, Downer's Grove, IL, EE.UU., 1991.

Charles B. Thaxton, Walter L. Bradley y Roger Olsen, *The Mystery of Life's Origin* [El misterio del origen de la vida], Philosophical Library, Nueva York, EE.UU., 1984.

Charles B. Thaxton y Nancy R. Pearcey, *The Soul of Science* [El alma de la ciencia], Crossway, Wheaton, IL, EE.UU., 1994.

Andrew Dickson White, A *History of the Warfare of Science with Theology in Christendom* [Una historia de la lucha entre la ciencia y la teología en el mundo cristiano], 2 vols. Reedición, IndyPublish.com, Maclean, VA, EE.UU., 2002.

CAPÍTULOS CUATRO Y CINCO
PREGUNTAS DIFÍCILES ACERCA DE CRISTO

Paul Copan, *Will the Real Jesus Please Stand Up: A Debate Between William Lane Craig and John Dominic Crossan* [¿Podría el verdadero Jesús ponerse de pie?: Un debate entre William Lane Craig y John Dominic Crossan], Baker, Grand Rapids, MI, EE.UU., 1999.

William Lane Craig, *Reasonable Faith* [Una fe razonable], edición revisada, Crossway, Wheaton, IL, EE.UU., 1994, p. 251.

_____, *The Son Rises: Historical Evidence for the Resurrection of Jesus* [La resurrección del Hijo: evidencia histórica de la resurrección de Jesús], Moody Press, Chicago, IL, EE.UU., 1981, p.140.

Simon Greenleaf, *The Testimony of the Evangelists* [El testimonio de los evangelistas], Baker, Grand Rapids, MI, EE.UU., 1994.

Gary Habermas, *The Verdict of History* [El veredicto de la historia], Nelson, Nashville, TN, EE.UU., 1988.

Peter Kreeft y Ronald K. Tacelli, *Handbook of Christian Apologetics* [Manual de apologética cristiana], InterVarsity Press, Downers Grove, IL, EE.UU., 1994, pp. 48-88.

J.P. Moreland, *Scaling the Secular City* [Reto a la ciudad secular], Baker, Grand Rapids, MI, EE.UU., 1987, pp. 152-153.

Lee Strobel, *El caso de Cristo*, Editorial Vida, Miami, FL, EE.UU., 2000.

___, *El caso de la fe*, Editorial Vida, Miami, FL, EE.UU., 2000.

Michael J. Wilkins y J.P. Moreland, *Jesus Under Fire: Modern Scholarship Reinvents the Historical Jesus* [Jesús bajo ataque: la academia moderna reinventa el Jesús histórico], Zondervan, Grand Rapids, MI, EE.UU., 1995.

CAPÍTULOS SEIS Y SIETE
PREGUNTAS DIFÍCILES ACERCA DE LA BIBLIA

PREGUNTAS DIFÍCILES ACERCA DE LA BIBLIA, LOS FALSOS PROFETAS Y LOS LIBROS SAGRADOS DE OTRAS RELIGIONES

Craig L. Blomberg, *The Historical Reliability of the Gospels* [La historicidad de los evangelios], InterVarsity Press, Downers Grove, IL, EE.UU., 1987.

F.F. Bruce, *The New Testament Documents: Are they Reliable?* [Los documentos del Nuevo Testamento: ¿Son fidedignos?], InterVarsity Press, Downers Grove, IL, EE.UU., 1984.

Norman L. Geisler, *Inerrancy* [La inerrancia], Zondervan, Grand Rapids, MI, EE.UU., 2001.

Norman L. Geisler y Thomas Howe, *When Critics Ask: A Popular Handbook on Bible Difficulties* [Cuando los críticos preguntan: manual popular de dificultades bíblicas], Baker, Grand Rapids, MI, EE.UU., 1999.

Norman L. Geisler y William E. Nix, *From God to Us: How We Got Our Bible* [De Dios a nosotros: cómo nos llegó la Biblia], Moody Press, Chicago, IL, EE.UU., 1974.

_____, *A General Introduction to the Bible* [Introducción general a la Biblia], versión revisada y ampliada, Moody Press, Chicago, IL, EE.UU., 1986.

Elas Mateen, *Understanding the Koran: A Quick Christian Guide to the Muslim Holy Book* [Entendiendo el Corán: una breve guía cristiana al libro sagrado del Islam], Zondervan, Grand Rapids, MI, EE.UU., 2003.

Thomas L. Youngblood y Sandra P. Aldrich, *The Bible Encounters: 21 Stories of Changed Lives* [Encuentros bíblicos: veintiún historias de vidas transformadas], Zondervan, Grand Rapids, MI, EE.UU., 2002.

CAPÍTULOS OCHO Y NUEVE
PREGUNTAS DIFÍCILES ACERCA DEL HINDUIS-MO Y LA MEDITACIÓN TRASCENDENTAL

David K. Clark y Norman L. Geisler, *Apologetics in the New Age: A Christian Critique of Pantheism* [Apologética en la Nueva Era: una crítica cristiana del panteísmo], Baker, Grand Rapids, MI, EE.UU., 1990.

Norman L. Geisler, *False Gods of Our Time* [Los dioses falsos de nuestro tiempo], Harvest House, Eugene, OR, EE.UU., 1985.

Douglas R. Groothuis, *Confronting the New Age* [Enfrentando la Nueva Era], InterVarsity Press, Downers Grove, IL, EE.UU., 1988.

_____, *Revealing the New Age Jesus* [La revelación del Jesús de la Nueva Era], InterVarsity Press, Downers Grove, IL, EE.UU., 1990.

_____, *Unmasking the New Age* [La Nueva Era desenmascara da], InterVarsity Press, Downers Grove, IL, EE.UU., 1986.

Os Guinness, *The Dust of Death: The Sixties Counterculture and How It Changed America Forever* [El polvo de la muerte: la contracultura de los años sesenta y cómo cambió EE.UU. para siempre], edición revisada, Crossway, Wheaton, IL, EE.UU., 1994.

Christmas Humphreys, *The Buddhist Way of Life* [La vida budis ta], HarperCollins, Nueva Delhi, India., 1993.

Michael Friedly, *Malcolm X: The Assassination* [Malcolm X: el asesinato], Carroll & Graf / R. Gallen, Nueva York, NY, EE.UU., 1992.

David L. Johnson, *A Reasoned Look at Asian Religions* [Una mirada razonada a las religiones asiáticas], Bethany House, Minneapolis, MN, EE.UU., 1985.

Myrtle Langley, *World Religions* [Religiones del mundo], reimpresión, Chariot/Victor, Wheaton, IL, EE.UU., 1993.

C.S. Lewis, *cristianismo y nada más*, Editorial Caribe, Miami, FL, EE.UU., 1977.

___, *El problema del dolor*, Editorial Andrés Bello, Santiago de Chile, Chile., 2001.

Vishal Mangalwadi, *When the New Age Gets Old* [Cuando la Nueva Era envejece], segunda edición, InterVarsity Press, Downers Grove, IL, EE.UU., 1992.

Josh McDowell y Don Stewart, *Handbook of Today's Religions* [Manual de las religiones de hoy], Nelson, Nashville, TN, EE.UU., 1983.

Elliot Miller, *A Crash Course on the New Age Movement* [Un curso relámpago sobre el movimiento de la Nueva Era], Baker, Grand Rapids, MI, EE.UU., 1993.

Paul C. Reisser, Teri K. Reisser y John Weldon, *New Age Medicine* [Medicina de la Nueva Era], InterVarsity Press, Downers Grove, IL, EE.UU., 1987.

Ron Rhodes, *The Challenge of the Cults and New Religions* [El reto de los cultos y las nuevas religiones], Zondervan, Grand Rapids, MI, EE.UU., 2001.

Francis A. Schaeffer, *Complete Works* [Obras completas], cinco vols, segunda edición, Crossway, Wheaton, IL, EE.UU., 1985.

CAPÍTULO DIEZ
PREGUNTAS DIFÍCILES ACERCA DEL ISLAM DE LA COMUNIDAD NEGRA

Edgard Blyden, *Christianity, Islam and the Negro Race* [cristianismo, Islam y la raza negra], Black Classic Press, Baltimore, MD, EE.UU., 1994.

Eldridge Cleaver, *Soul on Ice* [El alma sobre el hielo], Delta
    Trade Paperbacks, Nueva York, NY, EE.UU., 1991.

James Cone, *God of the Oppressed* [El Dios de los oprimidos],
    Orbis, Maryknoll, NY, EE.UU., 1997.

Cheikh Anta Diop, *Pre-Colonial Black Africa: A Comparative
    Study of the Political and Social Systems of Europe and Black
    Africa, from Antiquity to the Formation of Modern Status*
    [África negra precolonial: un estudio comparativo de los sis-
    temas políticos y sociales de Europa y África negra, de la
    antigüedad a la formación del estado moderno], L. Hill,
    Westport, CT, EE.UU., 1987.

Cain Hope Felder, *Stony the Road We Trod: African American
    Biblical Interpretation* [El camino escabroso que recorremos:
    interpretación bíblica afroamericana], Fortress, Minneapolis,
    MN, EE.UU., 1991.

Mark Galli, «Bound for Canaan: The Spiritual Journey of
    Africans in America 1619-1865» [Rumbo a Canaán: el viaje
    espiritual de los africanos a Estados Unidos 1619-1865],
    Christian History 62 ,1999, pp. 10-46.

Heshaam Jaaber, *The Final Chapter: I Buried Malcolm* [El último
    capítulo: yo enterré a Malcolm], New Mind Productions,
    Jersey City, NJ, EE.UU., 1993.

Paul Johnson, *African American Christianity: Essays in History*
    [El cristianismo afroamericano: ensayos de historia],
    University of California Press, Berkeley, CA, EE.UU., 1994.

Timothy George, *Is the father of Jesus the God of Muhammad?* (¿Es
    el padre de Jesús el dios de Muhammad?, Zondervan, Grand
    Rapids, EE.UU., 2002

Martha Lee, The Nation of Islam: An American Millenarian
    Movements [La Nación del Islam: los movimientos estadou-
    nidenses milenaristas], Syracuse University Press, Syracuse,
    NY, EE.UU., 1996.

Elijah Muhammad, *Message to the Black Man in America*
    [Mensaje al hombre negro de Estados Unidos], Messenger
    Elijah Muhammad Propagation Society, Atlanta, GA,
    EE.UU., 1997.

_____, *The Supreme Wisdom: Solution to the So-Called Negroes' Problem* [La suprema sabiduría: la solución al así llamado problema de los negros], University of Islam, Chicago, IL, EE.UU., 1957.

Contactos:

Rev. Carl Ellis, Proyecto Joseph, Chattanooga, Tennessee. Contacto al Proyecto Joseph en: P.O. Box 16616, Chattanooga, TN 37416. Tel: 423-490-9194.

Rev. Robert White, Central Community Christian Church, Montgomery, Alabama. Puede contactar a la iglesia en: 981 S. Perry Street, Montgomery, AL 36104. Tel: 334-269-0457.

NOTAS

Capítulo uno

Preguntas difíciles acerca de Dios.

1. Por supuesto, la cantidad efectiva de energía permanece constante; solo la cantidad disponible disminuye.

2. Robert Jastrow, *God and the Astronomers* [Dios y los astrónomos], W.W. Norton, Nueva York, EE.UU., 1978, pp. 15-16.

3. David Hume, *The Letters of David Hume* [Cartas de David Hume], vol. 1, ed. J.Y.T. Greig, Clarendon, Oxford, Inglaterra, 1932, p. 187.

4. _____, *Enquiry Concerning Human Understanding*, [Investigación sobre el entendimiento humano], ed. Chas. W. Hendel, Liberal Arts, Nueva York, NY, EE.UU. 1955, pp. 165-166.

5. C.S. Lewis, *La abolición del hombre*, Editorial Andrés Bello, Santiago de Chile, Chile., 2000 (p. 69 del original en inglés).

6. ___, *El problema del dolor*, Zondervan/HarperCollins, 2006 (p. 120 del original en inglés).

Capítulo dos

Preguntas difíciles acerca de la maldad

1. Citado por Lee Strobel, «Why Does God Allow Suffering?» [«¿Por qué permite Dios el sufrimiento?»], predicación en la iglesia Saddleback Valley Community Church, El Toro, California, 26 de febrero de 2000.

2. Ken Boa y Larry Moody, *I'm Glad You Asked* [Qué bien que hayas preguntado], Victor, Colorado Springs, Co, EE.UU., 1994, p. 129.

3. Norman L. Geisler, *Baker Encyclopedia of Christian Apologetics* [Enciclopedia Baker de Apologética Cristiana], Baker, Grand Rapids, MI, EE.UU., 1991, p. 220.

4. Ibid, p. 220.

5. Millard J. Erickson, *Introducing Christian Doctrine* [Introducción a la doctrina cristiana], Baker, Grand Rapids, MI, EE.UU., 1996, pp. 138-39.

6. Ibid, p. 139.

7. Norman L. Geisler y Ronald M. Brooks, *When Skeptics Ask* [Cuando los escépticos preguntan], Victor, Wheaton, IL, EE.UU., 1990, pp. 59-60.

8. Ken Boa y Larry Moody, *I'm Glad You Asked* [Qué bien que hayas preguntado], Victor, Colorado Springs, Co, EE.UU., 1994, p. 122.

9. Citado en Erickson, *Introducing Christian Doctrine* [Introducción a la doctrina cristiana], pp. 138-139.

10. Robert Morey, *The New Atheism and the Erosion of Freedom* [El nuevo ateísmo y la erosión de la libertad], Bethany House, Minneapolis, MN, EE.UU., 1986, p. 153.

11. Ibid, p. 153.

12. Paul E. Little, *Know Why You Believe* [Sepa por qué cree], InterVarsity Press, Downers Grove, IL, EE.UU., 1975, p. 81.

13. Ibid, p. 81.

14. Norman L. Geisler y Ronald M. Brooks, *When Skeptics Ask* [Cuando los escépticos preguntan], Victor, Wheaton, IL, EE.UU., 1990, p. 73.

15. Paul E. Little, *Know Why You Believe* [Sepa por qué cree], InterVarsity Press, Downers Grove, IL, EE.UU., 1975, p. 87

16. Ken Boa y Larry Moody, *I'm Glad You Asked* [Qué bien que hayas preguntado], Victor, Colorado Springs, Co, EE.UU., 1994, p. 131.

17. Norman L. Geisler y Jeff Amanu, *Evil, New Dictionary of Theology* [La maldad, Nuevo Diccionario de teología], ed., Sinclair B. Ferguson y David F. Wright, InterVarsity Press, Downers Grove, IL, EE.UU., p. 242.

18. Rick Rood, «The Problem of Evil: How Can a Good God

Allow Evil?» [El problema de la maldad: ¿Por qué un Dios bueno permite la maldad?], 1996, sitio internet de Ministerios Probe: www.probe.org

19. Ken Boa y Larry Moody, *I'm Glad You Asked* [Qué bien que hayas preguntado], Victor, Colorado Springs, Co, EE.UU., 1994, p. 133.

20. Citado en Dan Store, *Defending Your Faith* [Defendiendo tu fe], Nelson, Nashville, TN, EE.UU., 1992, pp. 171-72.

21. Norman L. Geisler y Ronald M. Brooks, *When Skeptics Ask* [Cuando los escépticos preguntan], Victor, Wheaton, IL, EE.UU., 1990, p. 73.

22. Ibid, pp. 64-65.

23. Paul E. Little, *Know Why You Believe* [Sepa por qué cree], InterVarsity Press, Downers Grove, IL, EE.UU., 1975, p. 81.

24. Citado en Dan Store, *Defending Your Faith* [Defendiendo tu fe], Nelson, Nashville, TN, EE.UU., 1992, pp. 176-77.

25. Harold Kushner, *When Bad Things Happen to Good People* [Cuando pasan cosas malas a personas buenas], Schocken, Nueva York, NY, EE.UU., 1981, p. 134.

26. Ibid, p. 43.

27. Ken Boa y Larry Moody, *I'm Glad You Asked* [Qué bien que hayas preguntado], Victor, Colorado Springs, EE.UU., 1994, p. 127.

28. Mary Baker Eddy, *Miscellaneous Writings* [Escritos varios], Christian Science Publishing Society, Boston, MA, EE.UU.1896, p. 27.

29. Emily Cady, *Lessons in Truth* [Lecciones en la verdad], Unity School of Christianity, Kansas City, MO, EE.UU., 1941, p. 35.

30. Ernest Holmes, *What Religious Science Teaches* [Lo que enseña la ciencia religiosa], Science of Mind Publications, Los Angeles, CA. EE.UU., 1974, p. 13.

31. Walter Martin, *The Kingdom of the Cults* [El reino de los cultos], Bethany House, Minneapolis, MN, EE.UU., 1997, pp. 40-41.

32. David Spangler, *Revelation: The Birth of a New Age* [La revelación: el nacimiento de la Nueva Era], Lorian, Middleton, WN, EE.UU., 1976, p. 13.

33. Rabi Maharaj, «Death of a Guru: The Personal Testimony of Rabi Maharaj» [La muerte de un gurú: El testimonio personal de Rabi Maharaj], *Christian Research Newsletter* 3, No. 3, 1990, p. 2.

34. David Gershon y Gail Straub, *Empowerment: The Art of Creating Your Life as You Want It* [Empoderamiento: el arte de crear tu vida como quieras], Delta, Nueva York, NY, EE.UU., 1989, p. 35.

35. Ibid, p. 36.

36. Shirley MacLaine, citada en Douglas Groothuis, «A Summary Critique» [Reseña crítica], reseña del libro *It's All in the Playing*, en *Christian Research Journal*, otoño 1987, p. 28.

37. Ibid, p. 28.

38. Gary Zukav, *The Seat of the Soul* [El asiento del alma], Simon and Schuster, Nueva York, NY, EE.UU., 1989, p. 45.

39. Véase Norman L. Geisler, *The Root of Evil* [La raíz del mal], Probe, Dallas, TX, EE.UU., 1989; C.S. Lewis, *El gran divorcio*, Harper Collins, 2006; y C.S. Lewis, *El problema del dolor*, Editorial Andrés Bello, Santiago de Chile, Chile, 2001.

40. Norman L. Geisler y Jeff Amanu, *Evil, New Dictionary of Theology* [La maldad, Nuevo Diccionario de teología], ed., Sinclair B. Ferguson y David F. Wright, InterVarsity Press, Downers Grove, IL, EE.UU., p. 242.

41. Norman L. Geisler, *Baker Encyclopedia of Christian Apologetics* [Enciclopedia Baker de Apologética Cristiana] Baker, Grand Rapids, MI, EE.UU., 1991, p. 222.

42. Millard J. Erickson, *Introducing Christian Doctrine* [Introducción a la doctrina cristiana], Baker, Grand Rapids, MI, EE.UU., 1996, pp. 141-42.

43. Gary R. Habermas y J.P. Moreland, *Immortality: The Other Side of Death* [La inmortalidad: el otro lado de la muerte], Nelson, Nashville, TN, EE.UU., 1992, p. 185.

Capítulo tres

Preguntas difíciles acerca de la ciencia

1. Andrew Dickson White, *A History of the Warfare of Science with Theology in Christendom* [Una historia de la guerra entre la ciencia y la teología en el mundo cristiano], 2 vols., reimpresión, Dover, Nueva York, NY, EE.UU., 1960.

2. Charles B. Thaxton y Nancy R. Pearcey, *The Soul of Science* [El alma de la ciencia], Crossway, Wheaton, IL, EE.UU., 1994.

3. Loren Eiseley, «Francis Bacon», in *The Horizon Book of Makers of Modern Thought* [«Francis Bacon», El libro de horizontes de los creadores del pensamiento moderno], American Heritage, Nueva York, N.Y, EE.UU., 1972, pp. 95-96.

4. Loren Eiseley, *Darwin's Century* [El siglo de Darwin], Doubleday, Garden City, NY, EE.UU. 1961, p. 62.

5. Freeman J. Dyson, «Is God in the Lab?» [¿Está Dios en el laboratorio?], *The New York Review of Books*, 28 de mayo de 1998, p. 8.

6. C.P. Snow, «The Two Cultures», *The Two Cultures and a Second Look* «Las dos culturas y una segunda mirada», Cambridge University Press, Cambridge, EE.UU., 1969.

7. Victor Weisskopf, «Frontiers and Limits of Science» [Fronteras y límites de la ciencia], *Alexander von Humboldt Stiftung: Mitteilunger* 43, marzo 1984, p. 1-11; cf. un documento similar por el mismo autor en *American Scientist* 65, 1977, p. 405.

8. John Barrow y Frank Tipler, *The Anthropic Cosmological Principle* [El principio cosmológico antrópico], Clarendon, Oxford, Grand Bretaña., 1986, p. 442.

9. Quentin Smith, «The Uncaused Beginning of the Universe» [El principio no causal del universo] en William Lane Craig y Quentin Smith, *Theism, Atheism, and Big Bang Cosmology*, [Teísmo, ateísmo y la cosmología de la Gran Explosión] Clarendon, Oxford, Gran Bretaña., 1993, p. 120.

10. Arthur Eddington, *The Expanding Universe* [El universo en expansión], Macmillan, Nueva York, NY, EE.UU., 1933, p. 124.

11. Ibid, p. 178.

12. Por discusión véase «Naturalism and Cosmology» [Naturalismo y cosmología] en *Naturalism: A Critical Appraisal*, ed. Wm. L. Craig y J.P. Moreland, *Routledge Studies in Twentieth-Century Philosophy*, Routledge, Londres, Gran Bretaña., 2000, pp. 215-52.

13. Stephen Hawking, *A Brief History of Time* [Una breve historia del tiempo], Bantam, Nueva York, NY, 1988, pp. 140-41.

14. Arthur Eddington, *Space, Time, and Gravitation* [El espacio, el tiempo y la gravitación], reimpresión. ed. Cambridge University Press, Nueva York, NY, EE.UU., 1987, p. 48.

15. Ibid, p. 181.

16. Stephen Hawking y Roger Penrose, *The Nature of Space and Time* [La naturaleza del espacio y el tiempo], The Isaac Newton Institute Series of Lectures, Princeton University Press, Princeton, NJ, EE.UU., 1996, pp. 3-4, 121.

17. John D. Barrow, *Theories of Everything* [Teorías para todo], Clarendon, Oxford, Gran Bretaña, 1991, pp. 67-68.

18. Hawking y Penrose, *The Nature of Space and Time* [La naturaleza del espacio y el tiempo], p. 20.

19. Andrei Linde, que piensa que el modelo de Steinhardt «está plagado de numerosos problemas no solucionados», se queja del escenario cíclico/ekpirótico es «muy popular entre los periodistas» pero «bastante impopular entre los científicos», «Cyclic Universe Runs into Criticism», *Physics World*, junio de 2002, p. 8.

20. J.M. Wersinger, «Genesis: The Origin of the Universe» [Génesis: El origen del universo], *National Forum*, invierno de 1996. 9, 12. Wersinger aparentemente intenta evitar el origen absoluto del universo de la nada apelando a una fluctuación en el vacío, una idea que ha resultado insostenible, como explico en el artículo referido en la nota 19.

21. John Barrow, *The World Within the World* [El mundo dentro del mundo], Clarendon, Oxford, Gran Bretaña, 1988.

22. Paul Davies, «God and Time Machines» [Dios y las máquinas del tiempo], *Books and Culture*, marzo/abril de 2002, p. 29.

23. John C. Polkinghorne, *Serious Talk: Science and Religion in Dialogue* [Hablando en serio: diálogos entre la ciencia y la religión], SCM Press, Londres, Gran Bretaña., 1996, p. 6.

24. Debo esta observación al filósofo de la ciencia Robin Collins.

25. Ludwig Botzmann, *Lectures on Gas Theory* [Presentaciones sobre la teoría del gas], trad. por Stephen G. Brush, University of California Press, Berkeley, CA, EE.UU., 1964, pp. 446-48.

26. Fred Hoyle y Chandra Wickramasinghe, *Evolution from Space* [Evolución desde el espacio], Simon & Schuster, Nueva York, NY, EE.UU., 1981, p. 24.

27. Charles B. Thaxton, Walter L. Bradley y Roger Olsen, *The Mystery of Life's Origin* [El misterio del origen de la vida], Philosophical Library, Nueva York, NY, EE.UU., 1984.

28. Francis Crick, «In the Beginning...» [En el principio...], *Scientific American*, febrero de 1991, p. 125.

29. Nathan Aviezer, *In the Beginning* [En el principio] Katv Publishing House, Hoboken, NJ, EE.UU., 1990.

30. Phillip E. Jonson, *Darwin on Trial* [Juicio a Darwin], Intervarsity Press, Downer's Grove, IL, EE.UU., 1991. El movimiento de diseño inteligente, cuyos líderes incluyen William Dembski, Stephen Meyer, Paul Nelson, Michael Behe y Jonathan Wells, recalca la necesidad de un agente inteligente detrás de la complejidad biológica, sin pronunciarse sobre las cuestiones del intervencionismo (creacionismo) y el teísmo (Dios).

31. Michael Denton, *Evolution: A Theory in Crisis* [La evolución: una teoría en crisis], Arlet & Adler, Bethesda, MD, EE.UU., 1985, cap. 8 y 9.

32. Barrow y Tipler, *The Anthropic Cosmological Principle* [El principio cosmológico antrópico], pp. 561-65.

33. Ibid, p. 133.

34. Michael Behe, *Darwin's Black Box* [La caja negra de Darwin], Free Press, Nueva York, NY, EE.UU., 1996.

35. La respuesta de Behe a los críticos puede leerse en Michael Behe, «The Modern Intelligent Design Hypothesis: Breaking Rules» [La hipótesis del diseño moderno inteligente: rompiendo las reglas], *Philosphia Christi* 3, no. 1, 2001, pp. 165-79.

Capítulo cuatro

Preguntas difíciles acerca de Cristo

1. Para una descripción de la evidencia específica que me convenció de la deidad de Jesús, véase Lee Strobel, *El caso de Cristo*, Editorial Vida, Miami, FL, EE.UU., 2000; y Lee Strobel, *El caso de la Fe*, Editorial Vida, Miami, FL, EE.UU., 2000.

2. Para una discusión más detallada de su enfoque, véase Michael J. Wilkins y J.P. Moreland, editores, *Jesus Under Fire: Modern Scholarship Reinvents the Historical Jesus* [Jesús bajo ataque: la academia moderna reinventa el Jesús histórico], Zondervan, Grand Rapids, MI, EE.UU., 1995, en especial los capítulos 1 y 5.

3. Para una breve historia acerca de la distinción entre el Jesús de la historia y el Cristo de la fe, véase Norman L. Geisler, *Baker Encyclopedia of Christian Apologetics* [Enciclopedia Baker de Apologética Cristiana] Baker, Grand Rapids, MI, EE.UU., pp. 141-42.

4. Richard N. Ostling, «Who was Jesus Christ?» [¿Quién fue Jesucristo?], *Time*, 15 de agosto de 1988.

5. Lee Strobel, *El caso de Cristo*, Editorial Vida, Miami, FL, EE.UU., 2000, pp. 26-27.

6. Irineo, *Adversus haereses* 3.3.4.

7. Hank Hanegraaff, «The Search for Jesus Hoax» [El engaño de la búsqueda de Jesús], *Christian Research Journal* 23, no. 2 (2001), p. 14.

8. Citado en Lee Strobel, *El caso de la Fe*, Editorial Vida, Miami, FL, EE.UU., 2000, p. 161.

9. Simon Greenleaf, *The Testimony of the Evangelists* [El testimonio de los evangelistas], Baker, Grand Rapids, MI, EE.UU., 1994, vii.

10. Véase Lee Strobel, *El caso de Cristo*, Editorial Vida, Miami, FL, EE.UU., 2000.p. 114-115.

11. Norman Geisler y Thomas Howe, *When Critics Ask* [Cuando los críticos preguntan], Victor, Wheaton, IL, MI, EE.UU., 1992, p. 385.

12. Véase Lee Strobel, *El caso de Cristo*, Editorial Vida, Miami, FL, EE.UU., 2000.p. 113

13. Clifford Wilson, *Rocks, Relics, and Biblical Reliability* [Rocas, reliquias y confiabilidad bíblica], Zondervan, Grand Rapids, MI, EE.UU., 1977, p. 120.

14. Citado en Lee Strobel, *El caso de Cristo*, Editorial Vida, Miami, FL, EE.UU., 2000.p. 114-115.p. 37.

15. J.P. Moreland, *Scaling the Secular City* [Reto a la ciudad secular], Baker, Grand Rapids, MI, EE.UU., 1987, pp. 152-53.

16. Ibid, p. 154.

17. Ibid, p. 148.

18. Ibid, p. 149. Hay ejemplos de credos e himnos en Romanos 1:3-4; 1 corintios 11:23-26; 15:3-8; Filipenses 2:6-11; Colosenses 1:15-18; 1 Timoteo 3:16; 2 Timoteo 2:8.

19. Ibid, p. 149.

20. Véase A.N. Sherwin-White, *Roman Society and Roman Law in the New Testament* [La sociedad romana y el derecho romano en el Nuevo Testamento], Baker, Grand Rapids, MI, EE.UU., 1978, pp. 186-93

21. Frederic Kenyon, *Handbook to the Textual Criticism of the New Testament* [Manual de Crítica Textual del Nuevo Testamento], Macmillan, Nueva York, NY, EE.UU., 1912, p. 5.

22. Frederic Kenyon, *The Bible and Archaeology* [La Biblia y la arqueología], Harper, Nueva York, NY, EE.UU., 1940, p. 288.

23. Véase Lee Strobel, *El caso de Cristo*, Editorial Vida, Miami, FL, EE.UU., 2000, p. 73.

24. H.R. Macintosh, *The Person of Jesus Christ* [La persona de Jesucristo], T. & T. Clark, Edinburgo, Escocia, 1913, p. 2.

25. Citado en John N. Akers, John H. Armstrong, y John D. Woodbridge, editores generales, *This We Believe* [Esto creemos], Zondervan, Grand Rapids, MI, EE.UU., 2000, p. 64.

26. William Lane Craig, *The Son Rises: Historical Evidence for the Resurrection of Jesus* [La resurrección del Hijo: evidencia histórica de la resurrección de Jesús], Moody Press, Chicago, IL, EE.UU., 1981, p. 140.

27. Citado por Akers, Armstrong y Woodbridge, *This We Believe* [Esto creemos], p. 65.

28. Citado en (Ibid, p. 64).

29. Citado por Lee Strobel, *El caso de Cristo*, Editorial Vida, Miami, FL, EE.UU., 2000, p. 182.

30. Citado en (Ibid, p. 154).

31. Citado en (Ibid, pp. 156-157).

32. Citado en (Ibid, pp. 157-158).

33. William Lane Craig, *Reasonable Faith* [Una Fe razonable], edición revisada, Crossway, Wheaton, IL, EE.UU., 251.

34. Citado por Lee Strobel, *El caso de Cristo*, Editorial Vida, Miami, FL, EE.UU., 2000, p. 156.

35. James D.G. Dunn, *Jesus and the Spirit* [Jesús y el Espíritu] SCM Press, Londres, Gran Bretaña, 1975, p. 60, citado por Craig, *Reasonable Faith* [Una fe razonable], p. 250.

36. Royce Gruenler, *New Approaches to Jesus and the Gospels* [Nuevas aproximaciones a Jesús y a los Evangelios], Baker, Grand Rapids, MI, EE.UU., 1982, p. 74.

Capítulo cinco

Más cuestionamientos difíciles acerca de Cristo

1. John Stott, *cristianismo básico*, p. 26.

2. Carl Sagan, *Cosmos*, Ballantine, Nueva York, NY, EE.UU., 1993, p. 4.

3. Charles Templeton, *Farewell to God* [Despedida a Dios], McClelland & Stewart, Toronto, Canadá, 1996, p. 21.

4. Richard Dawkins, «Snake Oil and Holy Water» [Aceite de víboras y agua bendita], disponible en www.forbes.com/asap/99/1004/235.html.

5. John Dominic Crossan, *Jesus: A Revolutionary Biography* [Jesús: una biografía revolucionaria], HarperSanFrancisco, San Francisco, CA, EE.UU., 1994, p. 95.

6. Robert W. Funk, Roy W. Hoover, y el Seminario de Jesús, *The Five Gospels* [Los cinco evangelios], HarperSanFrancisco, San Francisco, CA. EE.UU., 1993, p. 2.

7. Hay un resumen de estos argumentos en Norman L. Geisler, *Baker Encyclopedia of Christian Apologetics* [Enciclopedia Baker de Apologética Cristiana] Baker, Grand Rapids, MI, EE.UU., 1991, pp. 276-83. Hay veinte argumentos a favor de la existencia de Dios en Meter Kreeft y Ronald K. Tacelli, *Handbook of Christian Apologetics* [Manual de apologética cristiana], InterVarsity Press, Downers Grove, IL, EE.UU., 1994, pp. 48-88.

8. Norman L. Geisler, *Baker Encyclopedia of Christian Apologetics* [Enciclopedia Baker de Apologética Cristiana], Baker, Grand Rapids, MI, EE.UU., 1999, p. 450.

9. Gary Habermas, *The Historical Jesus* [El Jesús histórico], College Press, Joplin, MO, EE.UU., 1996.

10. R.T. France, «The Gospel as Historical Sources for Jesus, the Founder of Christianity» [El evangelio como fuente histórica de Jesús, el fundador del cristianismo], *Truth* 1, 1985, p. 86.

11. Citado por Lee Strobel, *El caso de Cristo*, Editorial Vida, Miami, FL, EE.UU., 2000, p. 29.

12. Citado en (Ibid, p. 76).

13. Véase Michael J. Wilkins y J.P. Moreland, eds. *Jesus under Fire: Modern Scholarship Reinvents the Historical Jesus* [Jesús bajo ataque: la academia moderna reinventa el Jesús histórico], Zondervan, Grand Rapids, MI, EE.UU., 1995, p. 129.

14. Citado por Lee Strobel, *El caso de la Fe*, Editorial Vida, Miami, FL, EE.UU., 2000, p. 75.

15. Véase Wilkins y Moreland, *Jesus under Fire* [Jesús bajo ataque], p. 131.

16. Véase Stephen T. Davis, «The Miracle at Cana: A Philosopher's Perspective» [El milagro en Caná: La perspectiva de un filósofo], en David Wenham y Craig Blomberg, eds., *The Miracles of Jesus* [Los Milagros de Jesús], JSOT, Sheffield, 1986, p. 429, citado en Wilkins y Moreland, *Jesus Under Fire* [Jesús bajo ataque], p. 131.

17. Véase Sanedrín 43a.

18. Citado en Lee Strobel, *El caso de la fe*, Editorial Vida, Miami, FL, EE.UU., 2000, p. 155.

19. Véase Gary Habermas, *The Verdict of History* [El veredicto de la historia], Nelson, Nashville, TN, EE.UU., 1988, p. 107.

20. Los Hechos de Pilato a que hace referencia Justino Mártir no es el mismo que el libro apócrifo con ese nombre, una obra de ficción escrita siglos después del tiempo de Pilato pero que desafortunadamente ha sido citada como auténtica por algunos bien intencionados pero mal informados cristianos.

21. Templeton, *Farewell to God* [Despedida a Dios], p. 112.

22. Citado en Lee Strobel, *El caso de la Cristo*, Editorial Vida, Miami, FL, EE.UU., 2000, p. 171.

23. Citado en Wilkins y Moreland, *Jesus Under Fire* [Jesús bajo ataque], p. 133.

24. Citado en (Ibid, p. 134).

25. Bertrand Russell, «¿What Is an Agnostic?» [¿Qué es un agnóstico?] revista *Look*, 3 de noviembre de 1953, citado por Lee Strobel, *El caso de la fe*, p. 163.

26. Citado en Lee Strobel, *El caso de la fe*, Editorial Vida, Miami, FL, EE.UU., 2000, p. 163.

27. Alfred Edersheim, *The Life and Times of Jesus the Messiah* [La vida y los tiempos de Jesús el Mesías], Eerdmans, Grand Rapids, MI, EE.UU., 1972, p. 160.

28. Norman L. Geisler y Ronald M. Brooks, *When Skeptics Ask* [Cuando los escépticos preguntan], Victor, Wheaton, IL, EE.UU., 1990, p. 115.

29. Norman L. Geisler, *Baker Encyclopedia of Christian Apologetics* [Enciclopedia Baker de Apologética Cristiana], Baker, Grand Rapids, MI, EE.UU., 1991, p. 611.

30. Norman L. Geisler y Ronald M. Brooks, *When Skeptics Ask* [Cuando los escépticos preguntan], Victor, Wheaton, IL, EE.UU., 1990, pp. 114-115.

31. Véase Peter W. Stoner, *Science Speaks* [La ciencia se pronuncia], Moody Press, Chicago, IL, EE.UU., 1969.

32. Citado por Lee Strobel en *El caso de Cristo*, Editorial Vida, Miami, FL, EE.UU., 2000, p. 213.

33. Citado en (Ibid, p. 214).

34. Citado en (Ibid, p. 157).

35. Norman L. Geisler, *Baker Encyclopedia of Christian Apologetics* [Enciclopedia Baker de Apologética Cristiana], Baker, Grand Rapids, MI, EE.UU., 1991, p. 615.

36. Citado por Ruth Rosen, ed., *Jewish Doctors Meet the Great Physician* [Los doctores judíos conocen al gran médico], Purple Pomegranate, San Francisco, CA, EE.UU., 1997, p. 34.

37. Gary Habermas y Anthony Flew, *Did Jesus Rise from the Dead?* [¿Resucitó Jesús de entre los muertos?], Harper & Row, San Francisco, CA, EE.UU., 1987, xi.

38. Citado por Ross Clifford, ed., *The Case for the Empty Tomb: Leading Lawyers Look at the Resurrection* [El caso del sepulcro vacío: destacados abogados estudian la resurrección], Albatros, Claremont, CA, EE.UU., 1991, p. 112.

39. Citado por William D. Edwards et al., «On the Physical Death of Jesus Christ» [Acerca de la muerte física de Jesucristo], *Journal of American Medical Association*, 21 de marzo de 1986, p. 1463.

40. John A.T. Robinson *The Human Face of God* [El rostro humano de Dios], Westminster, Philadelphia, EE.UU., 1973, p. 131; citado por William Lane Craig en *Will the Real Jesus Please Stand Up: A Debate Between William Lane Craig and John Dominic Crossan* [¿Podría el verdadero Jesús ponerse de pie?: un debate entre William Lane Craig y John Dominic Crossan], Baker, Grand Rapids, MI, EE.UU., 1998, p. 27.

41. Citado por Wilkins y Moreland, *Jesus Under Fire* [Jesús bajo ataque], p. 165.

42. Citado por Lee Strobel en *El caso de Cristo*, Editorial Vida, Miami, FL, EE.UU., 2000, p. 230.

43. John Drane, *Introducing the New Testament* [Introducción al Nuevo Testamento], Harper & Row, San Francisco, CA, EE.UU., 1986, p. 99.

44. Véase Lee Strobel, *El caso de Cristo*, Editorial Vida, Miami, FL, EE.UU., 2000, p. 242.

45. Citado en (Ibid, p. 255-256).

46. Véase (Ibid, p. 272).

47. Véase (Ibid, p. 276-278).

48. Citado oir (Ibid, p. 140-141).

49. Carl Braaten, *History and Hermeneutics* [Historia y Hermenéutica], vol 2 de *New Directions in Theology Today*, ed. William Hordern, Westminster, Philadelphia, EE.UU., 1966, p. 78.

50. J.P. Moreland, *Scaling the Secular City* [Reto a la ciudad secular], Baker, Grand Rapids, MI, EE.UU., 1987, pp. 179-180.

51. C.F.D. Moule, *The Phenomenon of the New Testament* [El fenómeno del Nuevo Testamento], SCM, Londres, Gran Bretaña, 1967, p. 3.

52. Citado por John N. Akers, John H. Armstrong, y John D. Woodbridge, editores generales, *This We Believe* [Esto creemos], Zondervan, Grand Rapids, MI, EE.UU., 2000, pp. 108-9.

Capítulo seis

Preguntas difíciles acerca de la Biblia

1. Véase Norman L. Geisler y William E. Nix, *A General Introduction to the Bible* [Introducción general a la Biblia], Moody Press, Chicago, IL, EE.UU., 2000, parte 1.

2. Para más información sobre la inerrancia, véase Norman L. Geisler, editor., *Inerrancy* [La inerrancia], Zondervan, Grand Rapids, MI, EE.UU., 1980.

3. Para profundizar en el tema, consúltese Norman L. Geisler, *Systematic Theology* [teología sistemática], Bethany House, Minneapolis, MN, EE.UU., 2001, volumen 1.

4. B.B. Warfield, *Inspiration and Authority of the Bible* [La inspiración y autoridad de la Biblia], Presbyterian & Reformed, Philadelphia, PA, EE.UU., 1948, p. 299.

5. Véase Norman L. Geisler y Thomas Howe, *When Critics Ask* [Cuando los críticos preguntan], Victor, Wheaton, IL, EE.UU., 1992, pp. 15-26.

6. Sin embargo, Lucas podría haber estado refiriéndose a los evangelios canónicos de Mateo y Marcos, los que podrían ser anteriores a Lucas.

7. Véase F.F. Bruce, *The New Testament Documents: Are They Reliable?*[Los documentos del Nuevo Testamento: ¿Son fidedignos?], InterVarsity Press, Downers Grove, IL, EE.UU., 1960; Craig Blomberg, *The Historical Reliability of the Gospels* [La historicidad de los Evangelios], InterVarsity Press, Downers Grove, IL , EE.UU., 1987.

8. Serían nueve si uno de estos ocho autores no escribió Hebreos.

9. Véase Colin Hemer, *The Book of Acts in the Setting of Hellenic History* [El libro de Hechos en el contexto de la historia helénica], Eisenbrauns, Winona Lake, IN, EE.UU., 1990.

10. Véase Hemer, *The Book of Acts* [El libro de Hechos].

11. Véase Richard N. Ostling, «Jesus Christ, Plain and Simple» [Jesucristo, lisa y llanamente], *Time*, 10 de enero de 1994, pp. 32-33.

12. Robert Funk, «Opening Remarks» [Comentarios introductorios], *Foundations and Facets Forum* 1, no. 1 marzo 1985, p. 12.

13. Funk, «Opening Remarks» [Comentarios introductorios], p. 7.

14. Citado por Hemer, *The Book of Acts* [El libro de Hechos], p. 8.

15. Véase Edwin Yamauchi, «Easter: Myth, Hallucination, or

History? [Pascua: ¿mito, alucinación o historia?], *Christianity Today*, 29 de marzo de 1974.

16. Véase Hemer, *The Book of Acts* [El libro de Hechos], p. 8.

17. Véase John A.T. Robinson, *Redating the New Testament* [Nueva datación del Nuevo Testamento], SCM Press, Londres, Gran Bretaña., 1976.

18. Craig L. Blomberg, *The Historical Reliability of the Gospels*, [La historicidad de los evangelios], InterVarsity Press, Downers Grove, IL, EE.UU., 1987.

19. Gary Habermas, *The Historical Jesus: Ancient Evidence for the Life of Christ* [El Jesús histórico: evidencia de la antigüedad que prueba la vida de Cristo], College Press, Joplin, MO, EE.UU., 1996.

20. Simon Greenleaf, *A Treatise on the Law of Evidence* [Tratado acerca de las leyes de la evidencia], C.C. Little & Brown, Boston, MA, EE.UU., 1842.

21. Simon Greenleaf, *The Testimony of the Evangelists* [El testimonio de los Evangelistas], Baker, Grand Rapids, MI, EE.UU., 1984, reimpresión de la edición de 1874, pp. 53-54.

22. Ibid, p. 46.

23. A.T. Robertson, *An Introduction to the Textual Criticism of the New Testament* [Una introducción a la crítica textual del Nuevo Testamento], Broadman, Nashville, TN, EE.UU., 1925, p. 22.

Capítulo siete

Preguntas difíciles acerca de la Biblia, los falsos profetas y los libros sagrados de otras religiones

1. Para una discusión más completa acerca de la evidencia de que la Biblia es la Palabra de Dios, véase Norman L. Geisler, *Baker Encyclopedia of Christian Apologetics* [Enciclopedia Baker de Apologética Cristiana] Baker, Grand Rapids, MI, EE.UU., 1999; en especial los varios artículos reunidos en «Biblia, ...»

2. Véase en (Ibid, «Biblia, evidencia a favor de»).

3. En el contexto de esta referencia a los «setenta años» (Daniel 9:2), Daniel predijo que «el Ungido» (el Mesías) sería cortado (moriría) después de poner «fin a sus transgresiones y pecados, pidan perdón por su maldad, establezcan para siempre la justicia, sellen la visión y la profecía» (v. 24). El tiempo para esto debía ser 483 años después del mandato de reconstruir Jerusalén (dado en los años 445-444 a.C). Pero se tratan de años judíos lunares, de 360 días (meses de 30 días multiplicados por 12). Por lo tanto, si se multiplican los cinco días restantes por 483, habría que agregar seis años más a 477 (444 a.C. más 33 años d.C.), lo que equivale a 483 años. Esto es precisamente el año 33 d.C., el año en que Jesús murió en Jerusalén.

4. Véase «Profecía, prueba de la Biblia» de Norman L. Geisler, *Baker Encyclopedia of Christian Apologetics* [Enciclopedia Baker de Apologética Cristiana], Baker, Grand Rapids, MI, EE.UU., 1991.

5. Ruth Montgomery, *A Gift of Prophecy* [Un don de profecía], Morrow, Nueva York, NY, EE.UU., 1965, viii.

6. Véase «Nostradamus» en Norman L. Geisler, *Baker Encyclopedia of Christian Apologetics* [Enciclopedia Baker de Apologética Cristiana], Baker, Grand Rapids, MI, EE.UU., 1991.

7. John Ankerberg, *Cult Watch* [Alerta sobre los cultos], Harvest House, Eugene, OR, EE.UU., 1991, p. 340.

8. Citado por James Randi, *The Mask of Nostradamus* [La máscara de Nostradamus], Prometheus, Amherst, MA, EE.UU., 1993, p. 31.

9. Citado por Andre Lamont, *Nostradamus Sees All* [Nostradamus ve todo], W. Foulsham, Filadelfia, PA, EE.UU., 1943, p. 71.

10. Citado por Andre Lamont en (Ibid, p. 71).

11. Aunque el libro de Moisés enseña que hay un solo Dios, el libro de Abraham afirma que hay muchos dioses. Una comparación de los dos libros revela que el primero dice: «Yo, Dios» o «Yo, Dios el Señor», mientras que el segundo afirma «los dioses» o «ellos [los dioses]» (cf. Moisés 2:1,10,25; 3:8 [un extrac-

to de varios capítulos de Génesis en la traducción de la Biblia
de Joseph Smith] con el libro de Abraham 4:3,10,25; 5:8). En
1844 Smith llegó a creer que «Dios mismo, que está sentado en
las alturas celestiales, es un hombre como cualquiera de nosotros,
ese es el mayor de los secretos … Les diré cómo Dios llegó a ser
Dios … Dios mismo; el Padre nuestro habitaba sobre una tierra
del mismo modo que Jesucristo habitó en esta … Deben aprender cómo ser dioses ustedes mismos. Ningún hombre puede
aprender [sic] a ustedes más de lo que yo les he dicho» (citado por
John Taylor, ed. *Times and Seasons* [Los tiempos y las estaciones]
(publicación periódica de la Iglesia de Jesucristo de los Santos de
los Últimos Días), 5:613-14.

12. Para una discusión más detallada, véase Norman L. Geisler y
William E. Nix, *A General Introduction to the Bible*
[Introducción general a la Biblia], edición revisada y ampliada,
Moody Press, Chicago, IL, EE.UU., 2000, Segunda Parte.

13. Para esta y otras citas, véase Geisler y Nix, *A General
Introduction to the Bible* [Introducción general a la Biblia], cap.
16.

14. Ibid, cap. 16.

15. Roger Beckwith, *The Old Testament Canon in the New
Testament Church and Its Background in Early Judaism* [El canon
del Antiguo Testamento en la iglesia del Nuevo Testamento y
sus antecedentes en el judaísmo temprano], Eerdmans, Grand
Rapids, MI, EE.UU., 1986, p. 427.

16. Geisler y Nix, *A General Introduction* [Introducción general a
la Biblia], cap. 15.

17. Ibid, cap. 16 y 17.

18. Ibid, p. 431.

19. A algunos libros inspirados se los refiere con diferentes nombres, pero están incluidos en los sesenta y seis libros inspirados
que conforman la Biblia. Estos incluyen: (1) las cartas de Elías
que aparecen en 2 Crónicas 21:12-15; (2) el contenido de los
registros de Samuel, Natán el profeta, y Gad el visionario (1
Crónicas 29:29), que son paralelos a 1 y 2 Samuel; (3) la

«visión del profeta Isaías» (2 Crónicas 32:32) que probablemente sea lo mismo que el libro de Isaías; (4) los otros relatos
de la vida de Jesús (Lucas 1:1), que puede ser una referencia a
Mateo y Marcos (o algún otro registro existente pero no inspirado); (5) la «carta de Laodicea» (Colosenses 4:16) que podría
ser la epístola a los Efesios, escrita alrededor de la misma época
para que circulara; y (6) un carta a los Corintios (1 Corintios
5:9) que puede referirse a 1 Corintios, mediante el empleo de
una forma conocida como el «aoristo epistolar» que enfatizaba
la urgencia del mensaje, una forma que Pablo usó en otras partes de la misma carta (1 Corintios 9:15). No hay, por lo tanto,
ninguna evidencia de que escritos apostólicos inspirados se
hayan perdido y no estén en el Nuevo Testamento.

20. Véase Keith Marston, *Missionary Pal: Reference Guide for
    Missionaries and Teachers* [Compañero del misionero: guía de
    referencia para misioneros y maestros], Publisher's Press, Salt
    Lake City, Utah, EE.UU., 1976, p. 26.

21. N.L. Geisler y Thomas Howe, *When Critics Ask* [Cuando los
    críticos preguntan], Baker, Grand Rapids, MI, EE.UU., 1992,
    responden a estos y cientos de otros supuestos errores de la
    Biblia.

22. Por ejemplo, el Libro del Mormón enseña la monogamia
    (Jacob 2:23-27), pero Joseph Smith luego enseñó la poligamia
    («Doctrine and Covenants» [Doctrina y Pactos] 132:1-4, 37-
    39).

23. Kitab al-Wasiyah, 77. Citado por Abdiyah Akbar Abdul-
    Haqq, *Sharing Your Faith with a Muslim* [Como dar testimonio
    de tu fe a un musulmán], Bethany Fellowship, Minnesota,
    MN, EE.UU., 1980, p. 62. Véase también la defensa de Al-
    Maturidi de la posición ortodoxa contra los mutazilitas en
    John Alden Williams, ed., *Islam* [El Islam], George Braziller,
    Nueva York, NY, EE.UU., 1962, p. 182.

24. Véase M.H. Haykal, *The Life of Muhammad* [Vida de
    Mahoma], American Trust Publications, Indianápolis, IN,
    EE.UU., 1976, p. 74.

25. Véase N.L. Geisler, *Answering Islam* [Respuestas al Islam],

Baker, Grand Rapids, MI, EE.UU., 1993, pp. 162-163.

26. Véase, por ejemplo, Norman L. Geisler y Ronald M. Brooks, *When Skeptics Ask* [Cuando los escépticos preguntan], Baker, Grand Rapids, MI, EE.UU., 1989; Norman L. Geisler y Thomas Howe, *When Critics Ask* [Cuando los críticos preguntan], Baker, Grand Rapids, MI, EE.UU., 1999; Norman L. Geisler y Ron Rhodes, *When Cultists Ask* [Cuando los instruidos preguntan] Baker, Grand Rapids, MI, EE.UU., 1997 ; Norman L. Geisler, *Baker Encyclopedia of Christian Apologetics* [Enciclopedia Baker de Apologética Cristiana] Baker, Grand Rapids, MI, EE.UU., 1999.

Capítulo ocho

Preguntas difíciles acerca del hinduismo y la meditación trascendental

1. Para profundizar en más lecturas, véase Os Guinness, *The Dust of Death: The Sixties Counterculture and How It Changed America Forever* [El polvo de la muerte: La contracultura de los años sesenta y cómo cambió EE.UU. para siempre], edición revisada, Crossway, Wheaton, IL, EE.UU., 1994.

2. Ravi Zacharias, *Cries of the Heart* [Clamores del corazón], W Publishing Group, Nashville, TN, EE.UU., p. 2002.

3. Francis A. Schaeffer, *Francis A. Schaeffer Trilogy [The God Who Is There; He Is There and He Is Not Silent; Escape from Reason]* [Trilogía de Francis A. Schaeffer: el Dios que está ahí; Dios está presente y no está callado; Escape de la razón], Crossway, Wheaton, IL, EE.UU., 1990.

Capítulo nueve

Preguntas difíciles acerca del yoga, la reencarnación y el budismo

1. Bharat Thakur, «A Master Responds» [Un maestro responde], *Time*, Asia, 16 de julio de 2001.

2. C.S. Lewis, *cristianismo y nada más*, Editorial Caribe, Miami, FL,

EE.UU., 1977 (pp. 38-39 del original en inglés).

Capítulo diez
Preguntas difíciles acerca del Islam de la comunidad negra

1. Cita de James Melvin Washington, ed. A *Testament of Hope: The Essential Writing of Martin Luther King, Jr.* [Un testamento de esperanza: escritos esenciales de Martin Luther King, Jr.], Harper & Row, Nueva York, NY, EE.UU., 1986, pp. 54.55.

2. «Holy War: Rev. Fred Price is fighting the church over racism» [Una guerra santa: el rev. Fred Price se enfrenta a la iglesia por causa del racismo], *Emerge*, 31 de enero e 1999, p. 44. El texto en inglés está disponible en el sitio www.elibrary.com.

3. James Cone, *God of the Oppressed* [El Dios de los oprimidos], Orbis Books, Maryknoll, NY, EE.UU., 1997, pp. 49-50.

4. «En 1889, el autoproclamado Mahdi, mesías, de India, Mirza Ghulam Ahmad, fundó el movimiento de Ahmadiyya. Ahmad. No solo limitó su enseñanza al conocimiento social de India ni América, también acentuó la necesidad para la unidad islámica universal. Además fue el primero en organizar tal programa en América».

5. *The Muslim Almanac* [El anuario musulmán], Gale Research Group, Inc., Detroit, EE.UU., 1996.

6. Elijah Muhammad, *The History of Jesus' Birth, Death and What It Means to You* [La historia del nacimiento y la muerte de Jesús y lo que esto significa para ti], Secretarius Memps Publications, Atlanta, EE.UU., 1993.

7. «Creemos que Alá [Dios] se apareció en la persona de Master W. Fard Muhammad, en julio de 1930; el largamente esperado "Mesías" de los cristianos y el "Mahdi" de los musulmanes. Creemos además y fundamentalmente que Alá es Dios y que aparte de ÉL no hay otro Dios, y que él traerá un gobierno de paz en el que todos podremos vivir en paz unos con otros». Esta es la afirmación número doce de «Lo que los musulmanes creen» que puede encontrarse en cualquier revista *Final Call*,

publicación del ministro Louis Farrakhan y la Nación del Islam (http://finalcall.com).

8. Véase, en particular, Adam Edgerly y Carl Ellis, «Emergence of Islam in the African American Community» [La emergencia del Islam en la comunidad afroamericana], texto disponible en inglés en www. answering-Islam.org/ReachOut/emergente.html. Véase también la entrevista a Carl Ellis, «How Islam Is Winning Black America» [Cómo el Islam está ganando al norteamericano negro] disponible en inglés en www.christianity-today.com/ct/2000/004/27.52.html. Carl Ellis es un escritor de renombre y fundador de Project Joseph, un ministerio dedicado a enfrentar el impacto que el Islam tiene hoy en la iglesia negra.

9. «El Honorable Elijah Muhammad, estoy aquí para declarar, ha resucitado. El Jesús que ustedes buscan y esperan su venida ha estado en medio de ustedes desde hace cuarenta años, *pero ustedes no sabían quién era*. Un Santo ha obrado entre nosotros y solo ahora, después de su partida, nos damos cuenta quién era…
»Cuando ustedes me rechazan [a Farrakhan] y se niegan a aceptar esta verdad, están rechazando al Señor, el Salvador, el Mesías, y el Libertador que buscan. Este Libertador es el Honorable Elijah Muhammad» (citado en Tomas A. Landess y Richard M. Quinn, *Jesse Jackson and the Politics of Race* [Jesse Jackson y la política racial], Jameson Books, Ottawa, IL, Canadá., 1985, p. 94).

10. Citado en *Final Call*, revista 19, no. 19.

11. El original es un fragmento de Mischat-al-Masabih; citado en Edgard W. Blyden, *Christianity, Islam and the Negro Race* [El cristianismo, el Islam y la raza negra], Black Classic Press, Baltimore, MD, 1993; primera edición de 1888.

12. Buell Gallagher, *Color and Conscience* [Color y conciencia], Harper & Bros., Nueva York, NY, EE.UU., 1946, p. 191.

13. Daniel Pipes, «In Muslim America: A Presence and a Challenge» [EE.UU. musulmán: una presencia y un desafío], *National Review*, 21 de febrero de 2000 (véase http://www.danielpipes.org/article/329).

14. Elijah Muhammad, *The Supreme Wisdom: Solution to the So-*

Called Negroes' Problem [La sabiduría suprema: una solución al así llamado problema de los negros], National Newport News and Commentator, Newport News, VA, EE.UU., 1957, p. 43.

15. Wendy Murray Zoba, «Are Christians Prepared for Muslims in the Mainstream?» [¿Están los cristianos preparados para un mundo mayoritariamente musulmán?], *Christianity Today* (3 de abril de 2000, 40, texto en inglés disponible en http://www.christianitytoday.com/ct/2000/004/1.40.html).

16. Zoba, «Are Christians Prepared for Muslims in the Mainstream?» [¿Están los cristianos preparados para un mundo mayoritariamente musulmán?] 40. Véase también en esa misma publicación Carl Ellis, «How Islam Is Winning Black America» [Cómo el Islam está ganando al norteamericano negro], disponible en inglés en www.christianitytoday.com/ct/2000/004/27.52.html.

17. *Muhammad Speaks* [Habla Muhammad], periódico musulmán de las comunidades negras, 6 de junio de 1959.

18. «Jesus Is Killed» [Matan a Jesús] en *The History of Jesus' Birth, Death and What It Means to You* [La historia del nacimiento y la muerte de Jesús y lo que esto significa para ti]

ÍNDICE DE LOS VERSÍCULOS CITADOS

ÍNDICE TEMÁTICO

Nos agradaría recibir noticias suyas.
Por favor, envíe sus comentarios sobre este libro
a la dirección que aparece a continuación.
Muchas gracias.

Editorial Vida
7500 NW 25 Street, Suite 239
Miami, Florida 33122

Vida@zondervan.com
http://www.editorialvida.com